天才読書

Reading Genius

世界一の
富を築いた
マスク、
ベゾス、
ゲイツが選ぶ
100冊

山崎良兵

日経BP

はじめに

テスラのイーロン・マスク、アマゾンのジェフ・ベゾス、マイクロソフトのビル・ゲイツ。この3人の共通点は何だと思いますか？　いずれも世界が注目する天才的なイノベーターで、それぞれ10兆円以上の資産を持つ大富豪であり、米フォーブス誌が毎年公表する「世界長者番付」で1位になったことでも知られます。そして、実は3人は、猛烈な読書家でもあります。

過激な発言や行動で注目を浴びるマスクは、テクノロジー系スタートアップのスーパースターのような存在です。ＥＶ（電気自動車）で世界シェア1位のテスラに加えて、宇宙ロケットを開発するスペースＸのＣＥＯ（最高経営責任者）も兼務しています。ガソリン車やディーゼル車が中心だった自動車産業のＥＶへのシフトを先導。宇宙開発でも再利用可能なロケットを開発し、人工衛星打ち上げで驚異的なコストダウンを実現させました。

ベゾスが創業したアマゾンも、実店舗が中心だった小売りの世界をインターネットを活用して激変させました。書籍から家電、衣料、食品へと取扱品目を拡大し、２０２１年12月期のアマゾンの売上高は約4698億ドル（約66兆円）に達しました。クラウドコンピューティングのAWS（アマゾン・ウェブ・サービス）や電子書籍端末の「キンドル」、動画配信の「プライム・ビデオ」など多様な事業を展開しています。ベゾスもアマゾンを経営するかたわら、2000年に宇宙開発ベンチャーのブルーオリジンを創業。マスクに負けじと再利用可能なロケットを開発しており、ベゾス自身もすでに宇宙を旅しています。

ビル・ゲイツは、企業向けの大型コンピューターが産業の中心だった時代にマイクロソフトを創業。1990年代～2000年代にかけて、OS（基本ソフト）の「ウィンドウズ」シリーズで、個人がパソコンを使う時代を切り開きました。ゲイツが経営の第一線を退いた後も、マイクロソフトは成長を続け、キーボードの着脱が可能なタブレットPCやゲーム、ビジネスアプリの「チームズ」などに事業を拡大しています。

謎を解くカギは愛読書にあった

多様な業界の秩序を破壊するイノベーターたちは何者で、ユニークな発想はどこから来るのか。私は日経ビジネスや日本経済新聞の記者として、3人をそれぞれ独自取材する機会を何度か得て、特集やインタビュー記事などを執筆してきました。当然、取材の前後にさまざまな資料を読み込み、できる限り理解を深めて記事化してきました。

それでも世界が認める天才たちにどこまで迫れているのか、疑問が残ることが少なくありませんでした。例えば、マスクを取材した際に、「なぜ火星に行く宇宙ロケットを開発するのか」と質問したことがあります。返ってきた答えは、「人類の数千年にわたる歴史を考えると、文明が発展した時期がある一方で後退する時期もあった。再び同じことが起きないとは限らない。だからこそ来るべき危機に備えて、地球以外に人類が住める場所を確保する必要がある」。型破りなコメントに驚きましたが、なぜこのような発想をするのか、マスクの考え方の根っこの部分を理解できていないと感じて、心にひっかかりのようなものが残りました。

後に知ったのはマスクが猛烈な読書家で、SFやファンタジー、歴史関連の書籍が大好きなことです。例えば、マスクが愛読しているSFにはアイザック・アシモフの『ファウンデーション――銀河帝国興亡史』シリーズがあります。1万2000年続いた銀河帝国が衰退した後の宇宙を描いた壮大な作品で、時間軸は数百年単位と驚くほど長いのです。マスクは現実の歴史への関心も深く、エドワード・ギボンの『ローマ帝国衰亡史』やウィル・デュラントの『The Story of Civilization(文明の物語)』といった大著を愛読しています。このような読書経験が火星を目指すマスクの思考の根底にあります。

そこで考えたのが、天才たちがどんな本を読んでいるのかに焦点を当てた書籍を執筆することです。米国には、大富豪やイノベーター、セレブリティーといった著名人が薦める本を紹介する「ブックガイド」的なコンテンツが多数存在します。成功者が読んでいる本に強い興味を持ち、推薦されているタイトルを手に取ってみたいと考える人が多いからです。日本でも同じような関心を持つ読者が多いのではないかと考えました。

アマゾン起業につながった『日の名残り』

マスクだけではなく、ベゾスも読書好きです。実の父親と育ての父親が違うという複雑な家庭環境で育ったベゾスは、幼い頃から図書館に足しげく通い、膨大な数の本を読破してきました。そもそもベゾスは、アマゾンをリアルの書店と比べて品ぞろえが圧倒的に豊富な「インターネット書店」としてスタートさせました。

ベゾスの人生にも読書が大きな影響を与えています。例えば、アマゾンを創業する際に背中を押したというベゾスの「後悔最小化フレームワーク」。80歳になって人生を振り返ったときに、後悔を最小化できるように生きようという考え方です。

「挑戦して失敗しても後悔しないが、挑戦しなければずっと後悔しながら生きることになる」とベゾスが考えるようになったきっかけは、カズオ・イシグロの小説『日の名残り』を読んだことにあります。日の名残りは、第二次世界大戦前に大きな政治力を持っていた英国の名門貴族の執事だった人物が過去を振り返って思い悩む物語です。この執事のように年を取ってあれこれ後悔しないよう、「今やりたいことにチャレンジしよう」とベゾスは心に誓いました。

マスクとベゾスの読書リストに目を通すと分かるのは、2人ともSF好きであることです。イアン・バンクスの『カルチャー』シリーズやフランク・ハーバートの『デューン 砂の惑星』のように共通する愛読書も目立ちます。いずれも宇宙を舞台にした壮大なSFで、デューンは映画化もされています。若かりし頃に読んだSFが、2人の想像力をかきたて、宇宙開発のスタートアップをそれぞれ起業することにつながりました。

マイクロソフトを飛躍に導いたゲイツの「読書週間」

ゲイツに至っては、猛烈な「読書マニア」として米国で知られています。2016年のニューヨーク・タイムズとのインタビューで「1年間に本を50冊読む」と述べていたほどです。日頃読みあさっている多数の本の中から、毎年夏に5冊の推薦書を公表。選ばれた書籍が軒並みヒットするので、多くの出版社の垂涎の的になっています。

ゲイツもマイクロソフトの経営において読書を生かしてきました。ウィンドウズが世界を席巻する前の1990年代前半から、別荘にこもって大量の本を1週間かけて読みあさる「シンク・ウィーク（Think Week）」を1年に2回続けてきました。

とりわけ有名なのが、1995年のシンク・ウィークでゲイツがまとめた「インターネットの高波（The Internet Tidal Wave）」というメモです。当時のマイクロソフトはインターネット分野で出遅れていましたが、ゲイツは関連する本を集中的に読み込み、インターネットがIT業界の勢力図を根底から覆す可能性を強く認識しました。このメモをきっかけにマイクロソフトはインターネット戦略を本格化させ、飛躍のチャンスをつかんだのです。

もちろん本をたくさん読むだけで、イノベーションを起こせるわけではありません。SFを読んで未来を妄想し、科学や技術関連の書籍を参考に開発戦略を立案し、経営書を読んでマネジメント手法を考えるようなイメージです。空想の世界を描くSFが好きでも、理系のバックグラウンドを持つマスク、ベゾス、ゲイツは、科学的なアプローチを重視する現実主義者としての顔を持ちます。例えば、マスクは「ロケットに関する知識は読書から得た」と述べています。読書を現実の問題解決に活用する姿勢は、3人がイノベーションを実現する力になりました。

本書では、マスク、ベゾス、ゲイツが読んだ100冊の本を取り上げます。さらに3人を直接取材した経験を生かし、これらの本が彼らの生き方や経営にどのような影響を与えているのかも読み解きます。3人の本棚の中身を詳しく紹介することで、天才たちの関心や思考にできる限り迫りたいと思います。100冊は、彼らが書評を書いたり、著書やインタビュー、ブログ、SNSなどで読んだとコメントしたり、出版社が推薦を受けたと公表したりした書籍で、日本語版があるものから選んでいます。

本書は構想から完成まで足かけ3年を費やしました。過去の取材メモや資料をたどり、100冊を選ぶのにも時間がかかりましたが、とりわけ大変だったのは、大量の本を読破することです。100冊には上下巻に分かれていたり、シリーズ化されたりしている大著も多く、読むのは当初の想定以上に大変でした。会社員としての本業のかたわら、主に土日や祝日、深夜を読書と執筆に充てたため、家族には多大な迷惑をかけました。私のわがままを許し、サポートしてくれた妻と2人の子どもたちに心から感謝します。

教養をアップデートしよう

マスク、ベゾス、ゲイツが選んだ100冊を読んでつくづく感じたのは、読書が彼らの人生やビジネスに極めて大きな影響を与えていることです。歴史から科学、SF、経済学、経営学、自己啓発まで、驚くほど多岐にわたる本を読み、彼らはさまざまな問題に対する答えやヒントを見いだしてきました。

特徴的なのは、100冊には、古典だけではなく、最近になって出版された本が多数含まれていることです。3人は若い頃から読書を通じて深い教養を培ってきましたが、成功して大富豪になっても飽くなき読書欲を持ち、新しい本を読み続けています。

彼らは「教養をアップデートし続けている」ともいえるでしょう。

過去10~20年の間に科学は進歩し、遺伝子解析や人工知能(AI)などのテクノロジーは飛躍的な発展を遂げました。とりわけディープラーニング(深層学習)によって進化したAIは、自動運転や音声認識などの分野で急速に利用が広がっています。

経済学では、21世紀に入って「行動経済学」が脚光を浴びるようになりました。経済学と心理学を融合させたアプローチで、マーケティングなどにも役立つ身近で新しい経済学として認知されるようになりました。

さらにベストセラーの『ファクトフルネス』に記されているように、最新のデータを検証すると、世界の状況は20～30年前には想像できなかったほど変化しています。欧米や日本などの先進国と新興国の格差は縮小し、貧困は減り、医療も大幅に改善しました。

歴史でも、それぞれの国や地域に焦点を当てた伝統的な見方に対して、「人類史」という大きな視点に立った研究が目立っています。宇宙のビッグバンから現在までの歴史を、科学分野を含めて考察する「ビッグヒストリー」と呼ばれる学問分野も新たに誕生しています。

『天才読書』で取り上げた100冊には、このような最近の変化に焦点を当てた新しい本が多数含まれています。それは〝21世紀の教養〟といってもいいでしょう。もちろんエドワード・ギボン、アダム・スミス、ピーター・ドラッカーなどの古典もありますが、それらは天才たちが今読んでも価値があると考えている本です。

最近の日本では、教養がブームになっています。とりわけ歴史、哲学、思想、経済などの分野で、時を超えて読み続けられている本を紹介する書籍が人気になりました。インターネット検索で手に入れられるような情報では満足せず、より本質的で深い教養を学びたいと考える人が増えているのは喜ばしいことです。

教養に役立つことをアピールする書籍を手に取ると、古典と呼べるような本を多く紹介するケースが目立ちます。先人たちが積み重ねてきた発見を利用して知的進歩を遂げることを指す「巨人の肩の上に乗る」という比喩があるように、幅広い知識の土台を身につけることが重要なのは言うまでもありません。自分の思考の枠を超え、認識・理解できる世界を広げることは、私たちの人生を豊かにしてくれます。

ただ、教養を「今に生かす」という意味では、知識をアップデートし続けることも欠かせません。マスクやベゾスは、イノベーションを生み出し、ビジネスを成功させるために役立つ新しいアイデアやヒントを読書から得ようとしています。今は慈善家として活動するゲイツも、世界の問題を解決するために役立つ最新の知識をさまざまな本から学んでいます。

欧米エリート層の根底にあるリベラルアーツ教育

そもそも教養という言葉は何を意味するのでしょうか? 英語では「liberal arts(リベラルアーツ)」と呼ばれ、その語源はラテン語の「artes liberales(アルテス・リベラレス)」です。アルテスは技術を、リベラレスは自由を意味しており、ローマ帝国時代は、自由市民と奴隷に階層が分かれていたことに由来します。アルテス・リベラレスは、主人に支配される奴隷ではない「自由市民が身につけるべき技術」という意味になるでしょう。

古代ギリシャが起源で、ローマ帝国時代に広がったリベラルアーツは、天文学、数学、幾何学、音楽の4つで、後に修辞、文法、弁証法が追加されて7つになりました。さらに12世紀になると哲学も加わります。中世の学問の中心はカトリックの教会や修道院でしたが、やがてヨーロッパ各地に設立された大学へと広がり、14~16世紀にルネサンスが起きます。この頃に歴史、ギリシャ語、道徳哲学などがリベラルアーツに追加されました。

欧米で高等教育を受けるエリート層の教育基盤となったリベラルアーツの伝統は、現代にも受け継がれています。総合大学の教養課程だけではなく、米国にはリベラルアーツ専門のさまざまなカレッジが存在しています。日本でも東京大学や国際基督教大学（ＩＣＵ）に教養学部があり、大半の大学では一般教養の科目を学びます。しかし日本では簡単に単位が取れる科目を履修する学生が多く、哲学や歴史などの伝統的なリベラルアーツは敬遠されがちな印象もあります。

それでもゲイツが薦める書籍『ＲＡＮＧＥ（レンジ）知識の「幅」が最強の武器になる』にあるように、次のイノベーションがどこで起きるか分からない複雑化した世界では、分野を狭い範囲に絞り、専門化された知見を身につけるだけでは活躍しにくくなっています。今の時代は、「『超専門化』した人が成功できる分野は限られており、多くの分野に精通し知識と経験の『幅（レンジ）』のある人のほうが成功しやすい」というのがこの本の主張です。

この知識の幅に当たるものがまさに教養です。異なる分野の知識をかけ合わせることはイノベーションにもつながります。例えば、ＥＶの心臓部である電池にノートパソコン用のサイズのリチウムイオン電池を大量に使うというテスラのアイデアは、自動車産業において異端でしたが大成功を収めました。「異なる分野の一見無関係なアイデアをうまく結び付ける能力がイノベーターのＤＮＡの核心だ」。イノベーション研究の大家であるクレイトン・クリステンセンはこう述べています。

21世紀になって、知識の幅を広げる〝教養〟が改めて求められていると私も感じています。天才読書で紹介する１００冊には、新しい本でも、ギリシャ・ローマ時代から近代、現代に至るまで、世界の歴史に名を残す偉大な学者や知識人の研究を土台にしているものが目立ちます。まさに「巨人の肩の上」に乗り、最新の知見や研究の成果を踏まえて、過去、現在、未来について論じている本が多いといえるでしょう。

前置きが長くなりましたが、いよいよ本論です。本書は天才たちが読んだ100冊の中身を俯瞰できる「ブックガイド」的な書籍を志向しています。このため読者のみなさんが理解しやすいように、各書籍の概要やあらすじについて踏み込んで紹介している部分があり、内容に関するネタバレがあることをお許しください。どのパートからでも読み進められる構成にしておりますので、興味があるところから開いていただきたいと思います。なお本書では外国人の名前が多数登場するため、読みやすいように敬称を省略しています。天才たちに影響を与えた珠玉の書籍を取り上げていますので、本書を読んで関心を持たれた方は、ぜひ手に取っていただければ幸いです。

山崎良兵

Chapter 1

イーロン・マスクが選ぶ本

Elon Musk Book Recommendations

CONTENTS

Chapter 2 ジェフ・ベゾスが選ぶ本

Jeff Bezos Book Recommendations

Chapter 3

ビル・ゲイツが選ぶ本

Bill Gates Book Recommendations

CONTENTS

CONTENTS

歴史の大局を見渡す
未来は決して偶然起こるのではない。
アインシュタイン その生涯と宇宙 上
ウォルター・アイザックソン
Steve Jobs
スティーブ・ジョブズ I
ウォルター・アイザックソン
スターリン 上
エカチェリーナ大帝
ロバート・A・ハインライン
THE MOON IS A HARSH MISTRESS
銀河ヒッチハイク・ガイド
DON'T PANIC!
肩をすくめるアトラス
ゲーム・プレイヤー
イアン・M・バンクス
ステンレス・スチール・ラット
七王国の玉座
王狼たちの戦旗
竜との舞踏
THE BIG PICTURE
Sean Carroll
この宇宙の片隅に
ショーン・キャロル
広い宇宙に地球人しか見当たらない75の理由
スティーヴン・ウェッブ
WHERE IS EVERYBODY?
人工知能時代に人間であるということ
LIFE 3.0
スーパーインテリジェンス
超絶AIと人類の命運
ニック・ボストロム
人工知能
人類最悪にして最後の発明
DEEP LEARNING
深層学習
Adam Smith
国富論
杉之尾宜生 編著
現代語訳 孫子
THE ART of WAR
孫子の兵法
72歳、今日が人生最高の日
波乱万丈人生
John Green
The Fault in Our Stars
さよならを待つふたりのために
ゴドーを待ちながら
サミュエル・ベケット

Chapter

1

イーロン・マスクが選ぶ本

Elon Musk
Book
Recommendations

イーロン・マスクの横顔

世界を驚かせ続ける破天荒なイノベーター

イーロン・マスクは良くも悪くも世界で最も注目されている起業家の1人です。2022年4月に約430億ドル（約6兆円）でツイッターの買収に合意したものの、その後同社の経営に問題があるとして提案を取り下げます。しかし同年10月に、考えを変えて買収しました。ツイッター本社に白い流し台を持って出社し、同社の取締役を全員解任し、半数近い社員を解雇します。ほかにもマスクはテスラの株価を乱高下させるようなツイートをたびたび発信し、米証券取引委員会に訴えられたりしています。ウクライナ戦争の終結案や台湾を特区にする案まで提案し、物議をかもしました。

そんな〝お騒がせ経営者〟のイメージが強いマスクですが、起業家としては驚異的な実績を残して

写真:的野弘路

います。

EV（電気自動車）メーカーのテスラをCEO（最高経営責任者）として率い、世界シェアトップへと飛躍させました。洗練されたデザインと長い航続距離を実現し、自動運転機能を搭載したEVは、多数の熱狂的なファンを獲得して世界で人気になっています。テスラの急成長は投資家の将来への期待を高め、株式時価総額が自動車業界で首位となり、トヨタ自動車やドイツのフォルクスワーゲングループを圧倒しています。EVだけではなく、AIを搭載したヒト型ロボットの開発にもテスラは乗り出しました。

宇宙開発ベンチャーのスペースXでも、マスクはCEOとしてイノベーションを牽引してきました。宇宙産業の常識を変える再利用可能なロケットを開発し、打ち上げコストを大幅に削減。宇宙船も開発し、貨物輸送だけでなく、有人飛行も実現させました。今では、NASA（米航空宇宙局）の宇宙開発は、民間企業のスペースXに大きく依存するようになっています。

イノベーターとして大成功を収めたマスクは、2021年にジェフ・ベゾスやビル・ゲイツを抜いて世界一の富豪になります。保有するテスラ株の価値が膨らんだからです。一時は保有資産が3000億ドル（約42兆円）という天文学的な水準に達しました。

そもそも、マスクとはどのような人物なのでしょうか？

1971年に南アフリカのプレトリアでマスクは生まれました。母親のメイは、カナダ生まれで南アフリカ育ちのモデル・栄養士で、父親はエンジニアです。後ほど紹介するメイが書いた『72歳、今日が人生最高の日』によると、父親は暴力的で夫婦げんかが絶えず、1980年に2人は離婚します。

マスクは、人見知りで内向的だったものの、記憶力に優れた聡明な子どもでした。読書が大好きで、みんながパーティーで集まっているときも、1人で書斎にこもって本を読んでいるようなタイプだったそうです。10歳のときに独学でプログラミングを始めて12歳でゲームを開発し、パソコン誌に500ドルで買い取ってもらいました。

少年時代のマスクは深刻ないじめにあっていました。アシュリー・バンスが書いた伝記『イーロン・マスク 未来を創る男』によると、いじめっ子に階段から突き落とされて、殴る蹴るの集団暴行を受けたこともあります。顔が血まみれになる大けがを負い、病院で手術を受けたほどでした。執拗ないじめは3〜4年続き、マスクの心の傷になりました。いじめが原因で中学と高校は何度か転校しています。友達が少ない孤独な少年は、読書やプログラミングに没頭していきました。

高校卒業後、マスクは親戚を頼ってカナダに渡ります。農場での野菜の栽培や収穫、チェーンソーを使った木の伐採、製材所のボイラー室の清掃などのアルバイトをした後に、1990年にオンタリオ州のクイーンズ大学に入学しました。そして2年後に米国のペンシルベニア大学に編入し、物理学と経済学の学士号を取得します。

1995年、マスクは勃興期のインターネットに目をつけ、オンラインで地図や経路、電話番号などを提供する都市ガイドサービスのZip2を、弟や友人と起業します。1999年に同社を3億7000万ドル(約430億円)で売却し、7%の株式を保有していたマスクは2200万ドル(約31億円)を手にします。

それを元手に1999年にオンライン決済サービスのX.comを設立し、2000年に同業のコンフィニティと合併します。そして2001年にペイパルに社名変更しました。翌年に同社はインターネットオークション大手のイーベイに15億ドル（約2100億円）で買収され、ペイパルの筆頭株主だったマスクは1億8000万ドル（約250億円）を手にします。

この資金を使い、マスクは2002年にスペースXを起業します。火星に人間を送ることと、再利用可能なロケットを開発して打ち上げコストを10分の1以下に引き下げることを目指していました。スペースXは、NASAや米国防総省との契約を獲得しますが、当初は失敗続きで、ようやく初の打ち上げに成功したのは2008年秋のことでした。

2004年にマスクはテスラに出資して筆頭株主となり、会長に就任します。当時は、日常的な業務はほかの共同創業者に任せていましたが、2007〜2008年の金融危機で資金繰りが苦しくなる中、自らテスラのCEOに就任し、経営に積極的に関与するようになります。当時はスペースXもテスラも経営危機に瀕しており、破産の瀬戸際まで追い込まれましたが、マスクは従業員の給料を支払うために私財を投じて乗り越えます。

私がマスクに関心を持ったのは、2008年にテスラが最初の量産EV「ロードスター」を発売する前のことです。「シリコンバレーのスタートアップがすごいEVを開発している」。そんな噂を聞きつけた私は、同社の経営幹部をインタビューし、ロードスターにも試乗しました。

その体験は衝撃的でした。アクセルを踏み込むとEVならではの驚くような加速が味わえ、スポーツカーらしいキビキビした走りを実現していました。ロータスの「エリーゼ」のシャシーを流用したデザインも洗練されており、これなら高級スポーツカー好きを魅了しそうだと直感しました。

当時はテスラの会長だったマスクが、2人の共同創業者を退任させ、CEOを兼務するタイミングでした。EVの開発は当時CTO（最高技術責任者）だったJ・B・ストローベルが中心だったため、ストローベルと心臓部となる電池の担当者、営業担当者をインタビューし、組み立てラインなども見せてもらいました。

トヨタの社長が「未来の風を感じた」

2010年にテスラはトヨタ自動車と資本・業務提携します。当時、日経ビジネスで自動車担当だった私は、マスクと豊田章男の両トップの会見を取材して記事を執筆しました。ロードスターに乗った際に「未来の風を感じた」とトヨタの社長が語っていたのは本当に印象的でした。

その後、日経ビジネスのトヨタ特集のために、シリコンバレーで再びテスラを取材します。テスラが買収した、トヨタとゼネラル・モーターズの旧合弁工場にも足を運びました。買収額は4200万ドル（約59億円）と自動車工場としては格安で、マスクのしたたかさも透けて見えました。

2011年に日本経済新聞の編集局証券部に異動してからも、テスラへの関心は尽きず、担当外でしたが上司に許可をもらい、マスクを単独取材して、インタビューや解説記事を執筆しました。日経ビジネスに戻った後の2014年には、マスクのインタビューを含む「秩序の破壊者 イーロン・マスク」という大型特集を担当。EVだけでなく、宇宙ロケットや太陽光発電システム、次世代交通システムのハイパーループなども取り上げました。

私がマスクに魅了されたのは、「世界を救いたい」というSFに出てくるような壮大な目標を真顔で語る姿でした。少年時代にいじめにあっていたからでしょうか。マスクは雄弁ではなく、どこか自信なさげな、はにかんだような話し方をします。それでも話す内容は規格外で、EVや太陽電池を普及させてエネルギー問題を解決し、地球が滅亡しそうになったときのために火星など別の惑星に人類が移住できるようにするという仰天するような内容でした。

その後、日経ものづくりの副編集長としてテスラを含むEVの大型特集を担当し、日経ビジネスに戻って副編集長になってからも、米ネバダ州にテスラが建設したギガファクトリーを訪れて、マスクを取材するなど、継続的に記事を執筆してきました。四半期ごとの決算会見を含むマスクの発言も追いかけてきました。

ある意味、私自身がマスクにとりつかれているといえるでしょう。マスクは誇大妄想症のように思われがちで否定的な人も多いのですが、長期的な視野に立ち、技術的なハードルを着実に乗り越えて、イノベーションを実現しています。破壊的なアイデアをテクノロジーを使って具現化していく力が抜きんでており、最近はヒト型ロボットの開発や人工衛星を使った高速インターネットサービスにも取り組んでいます。

SFとファンタジーが「救世主になりたい」の原点

そんなマスクが読んでいる本にはどのような特徴があるのでしょうか。

まず目立つのが歴史関連の書籍です。とりわけ西欧文明の源流となる古代ギリシャやローマ帝国に関する本を愛読しています。マスクは歴史上の偉人や英雄の生涯にも興味を持っており、アインシュタインやエカチェリーナ大帝などの伝記を読んでいます。

マスクはSFやファンタジーにも強い関心を示しています。少年時代に深刻ないじめに苦しんだ孤独なマスクは、世界を救うために活躍するさまざまな物語の主人公に魅了されました。後ほど詳しく説明しますが、この原体験が、EVや宇宙ロケットで地球が抱える問題を解決する「救世主になりたい」というマスクの願望の背景にあります。

科学では、スペースXを起業しただけあって、宇宙関連が多く、宇宙の起源やロケット推進剤の開発についての本などを読んでいます。AI関連の書籍が目立つのは、EVの自動運転機能、宇宙ロケット、ロボットに不可欠なテクノロジーだからです。マスクはロケットを含む専門分野の知識を「読書で学んでいる」と述べています。

秩序や常識を破壊するイノベーションに挑み続けるマスクの頭の中はどうなっているのか――。これから紹介するマスクが読んだ数々の本は、破天荒なイノベーターの思考と生き方を理解したいと思う多くの人にとり、きっと役立つことでしょう。

PART 01

イノベーション

〝異常〟な才能を持つ起業家の哲学

「ペイパルマフィア」の〝ドン〟が語る起業論

イーロン・マスクが生きるシリコンバレーを中心とするスタートアップの世界を理解するうえで『ゼロ・トゥ・ワン 君はゼロから何を生み出せるか』は必読の書です。マスクを取り巻く〝異常〟な才能を持つ起業家たちとその価値観、彼らがどのような思考でイノベーションを生んでいるのかを理解するうえで欠かせないからです。

スタンフォード大学で受け持った起業講座の内容をまとめたこの本の著者はピーター・ティール。インターネット決済サービスの「ペイパル」を運営していたコンフィニティの創業者で、同社はマスクが創業したX.comと合併し、ペイパルに社名変更しました。ティールとマスクは、2002年にペイパルをネットオークションのイーベイに15億ドル（約2100億円）

ゼロ・トゥ・ワン
君はゼロから
何を生み出せるか
ピーター・ティール
NHK出版

で売却し、若くして大富豪になります。

「ペイパルマフィア」と呼ばれるペイパルの初期メンバーは、この元手を使い、目がくらむような成功をおさめます。マスク率いるテスラとスペースXは有名ですが、ティールらほかのメンバーも複数の著名なスタートアップを立ち上げて、大成功させています。動画のユーチューブ、SNSのリンクトイン、口コミメディアのイェルプ、社内限定SNSのヤマーが代表例です。

「ペイパル創業メンバー6人のうち4人が高校時代に爆弾を作っていた」（ティール）という変わり者集団の中で、ひときわ異彩を放つのがティールで、ペイパルマフィアの〝ドン〟とも呼ばれています。

米スタンフォード大学で哲学と生物学を学び、暴力と宗教の人類学で著名なルネ・ジラールに師事しました。「人間の行動は模倣に基づいており、模倣は無意味な競争や対立を引き起こす」というジラールの模倣理論に魅了されたティールは、この理論を個人的な生き方や競争を避けて独占的な地位の獲得を目指すビジネス戦略にも応用するようになりました。

ティールはスタンフォード大学を卒業したのちに、同大学のロースクール（法科大学院）に進学して法務博士号（JD）を取得。証券弁護士、デリバティブトレーダー、米教育長官だったウィリアム・ベネットのスピーチライターなどを経てベンチャーキャピタルを設立した後に、コンフィニティ（後のペイパル）を立ち上げました。

ペイパル売却後の2003年に起業した、ビッグデータ分析のパランティア・テクノロジーズはとりわけユニークです。ペイパルの不正送金を検知する技術をテロ対策に応用するというアイデアから始まっており、まず米国のＣＩＡ（中央情報局）や国防総省などを顧客として獲得しました。２００1年9月11日の米同時多発テロの首謀者とされ、10年間にわたり逃亡を続けていたウサマ・ビンラディンの捜索にも貢献したと報じられています。その後、金融機関から航空会社まで民間企業の顧客を増やし、２０２２年10月時点のパランティアの株式時価総額は2兆４０００億円に達しています。

創業期のフェイスブックに投資

ティールを有名にしたのは２００４年に、創業期のフェイスブック（現メタ）に投資したことです。フェイルスブックの可能性を見抜いたティールは同社の10％超の株式を取得し、取締役に就任し、２０２２年まで続けています。それ以外にも不老不死を研究する財団を支援したり、23歳未満の20人に年間10万ドルを授与して、大学を中退して独自のベンチャーを立ち上げることを奨励したり、海上国家建設を構想する研究機関を支援したりしています。

この本の第1章の最初のパートでゼロ・トゥ・ワンを取り上げたのは、ティールの生き方や考え方にはマスクと共通する部分が多いからです。２人とも同じペイパルの創業メンバーであるだけでなく、ＳＦやファンタジーが大好きで、アイザック・アシモフの『ファウンデーション』シリーズやロバート・ハインラインの作品、Ｊ・Ｒ・Ｒ・トールキンの『指輪物語』などを愛読しています。何より、すでにあるものを模倣するのではなく、ゼロから1を生み出すことを愛し、自身が起業家になったり、投資家としてスタートアップを支援したりすることに情熱を燃やし続けています。

ゼロ・トゥ・ワンの「はじめに」で、ティールが未来の起業家たちに向けて語る言葉は、彼の起業哲学を象徴しています。

「ビジネスに同じ瞬間は二度とない。次のビル・ゲイツがオペレーティング・システムを開発することはない。次のラリー・ペイジとセルゲイ・ブリンが検索エンジンを作ることもないはずだ。次のマーク・ザッカーバーグがソーシャル・ネットワークを築くこともないだろう。彼らをコピーしているようなら、君は彼らから何も学んでいないことになる」

起業家は誰かを模倣するのではなく、まだほかの人が取り組んでいない新しい分野に挑戦すべきだ――。それがティールの明快なメッセージです。「今、『ベスト・プラクティス』と呼ばれているものはそのうち行き詰まる。新しいこと、試されていないことこそ、『ベスト』なやり方なのだ」。

新たなビジネスを自ら生み出すのと同時に、多数のスタートアップへの投資を続けるティールが語るからこそ、この言葉は説得力を持ちます。EVや宇宙ロケットで、常識にとらわれず、多くの人が不可能だとあざ笑うようなテクノロジーを、高いハードルを乗り越えて実現してきたマスクも同じような起業家精神を持っているといえるでしょう。

人間は他人が欲しいものを欲しがる生き物

ティールが模倣を嫌うのは、先述したルネ・ジラールの模倣理論を学んだことが影響しています。人間は他人が欲しいと思うものを欲しがる生き物であり、全員が同じものを欲しがるようになると、不毛な争いや競争が起きる、という考え方です。むやみな競争が起きると、人間も企業も消耗します。このため可能な限り競争を避けて、独占的な地位を築ける立場や市場を目指すべきだとティールは主張します。

この思想はペイパルマフィアたちに強い影響を与えました。リンクトインを創業したリード・ホフマンも、「ティールからジラールの思想を学び、大いに刺激を受けた」と述べています。ティール自身が理想的な起業家として紹介するマスクも、ジラールの理論を踏まえて、テスラやスペースXで模倣を避ける経営を実践しています。

世界を見渡すと、誰かを模倣したようなビジネスがあふれています。EVが有望視されるようになると、米国でも中国でも似たようなEVメーカーが相次いで誕生します。そして不毛な競争が次第にエスカレートし、瞬く間に淘汰が始まります。SNS、薄型テレビ、携帯電話でも模倣が連鎖して競争が激化した結果、事業から撤退したり、倒産したりする企業が目立ちました。

新しい何かを生み出すより、すでにあるものをコピーする方が簡単だからです。グリム童話の「ハーメルンの笛吹き男」で、不思議な笛の音色に誘われて、ネズミの大群が次々に川へ飛び込んで溺れ死んだように、模倣企業の多くは失敗します。

「生き残りを賭けた厳しい闘いからの脱却を可能にするものは、ただひとつ――独占的利益だ」。ティールはこう強調します。競争を原則とし、独占禁止法が存在する資本主義社会でそんなことが実現できるのかと疑問に思う方も少なくないかもしれませんが、実例はたくさんあります。

その象徴と言えるのがＧＡＦＡ（グーグル、アップル、フェイスブック、アマゾン）です。米調査会社のStatCounter Global Statsによると、検索エンジン市場におけるグーグルの世界シェアは約92％（２０２２年4月までの1年間）、ＳＮＳ市場におけるフェイスブックの世界シェアは約75％（同）に達しています。ｉＰｈｏｎｅ（ｉＯＳ）のシェアも米国で約58％、英国で約54％、日本は約68％（２０２２年2月時点）と先進国では圧倒的です。米調査会社のeMarketerによると、アマゾンの米国の電子商取引市場におけるシェアは２０２２年に約40％で、２位以下を大きく引き離しています。

最近はＧＡＦＡの独占的な地位に対する痛烈な批判が起きており、競争を妨げているので規制を強化し、解体すべきだとの声も強まっています。独占はイノベーションを阻害するという意見もありますが、ティールは否定します。アップルのｉＯＳがリードするモバイルコンピューティングの台頭で、マイクロソフトの長年にわたるＯＳの独占的なシェアが崩れたからです。「独占は進歩の原動力になる」「独占はすべての成功企業の条件なのだ」。こうティールは主張します。

どうすれば独占的な地位を築けるのか？

ではどうすれば独占的な地位を築けるのでしょうか。ティールの理論をテスラに当てはめて説明します。

ＥＶでライバルを圧倒する独占的な地位を築いたのがテスラです。２０２１年の米国市場におけるシェアはExperian Automotiveによると約70％。２位の日産自動車（９％）を大きく引き離しています。

テスラはライバルが事実上存在しない、独占的なシェアを獲得できる小さな市場からスタートしました。２００８年にまず発売したのは、高級スポーツカータイプのＥＶ「ロードスター」。洗練されたデザインで１回の充電で走行可能な距離（航続距離）は約４００㎞でした。当時の日産を含む多くの伝統的な自動車大手は、ＥＶは航続距離が短くても安価な方がいいと考えていましたが、真逆の道をマスクは選んだわけです。初代のロードスターを発売した当時、高級スポーツカーのＥＶでテスラのライバルはほぼ存在しませんでした。

スタートアップにもかかわらず、テスラは優れた技術力を持っていました。一般的なノートパソコンに使われる１８６５０サイズの電池を約６８００個つなぎあわせて搭載する独創的な電池パックを開発。フェラーリを凌駕する加速性能ときびきびした走りを実現するパワートレーン（駆動システム）も開発しました。

テスラのロードスターは瞬く間に高い評価を受けるようになり、ハリウッド俳優などのセレブリティーが先を争って買い求めるようになります。高いブランド力を築いた後の2012年に価格がより手頃で実用性が高い5人乗りのセダン「モデルS」を投入。EV市場で存在感を一気に高めます。その後、2016年に価格をさらに引き下げた小型セダン「モデル3」を発売して爆発的にヒットさせ、高級車から普及価格帯のクルマまで幅広い品ぞろえのEVメーカーとして独走態勢に入りました。

どんなビジネスでも答えを出すべき7つの質問がある。ティールはこう主張します。すでにテスラのケースで触れた「エンジニアリング（技術力）」と「独占（大きなシェアが取れる小さな市場から始めているか）」に加えて、「タイミング」「人材（チーム）」「販売」「永続性」「隠れた真実」があります。

タイミングという意味でテスラは、2010年に米政府の環境テクノロジーに関する支援制度を利用して、4億6500万ドル（約650億円）を獲得しています。その後すぐに支援制度はなくなったので、まさに千載一遇のチャンスをマスクはつかみました。人材面では、世界の自動車産業において革命を起こすようなEVの新ビジネスに携わることの魅力を採用活動で伝えて、優秀なエンジニアを惹きつけました。

販売では、ディーラー（代理店）に頼る業界慣行に逆らい、メーカーが顧客と直接コンタクトできる直販の店舗網を構築します。永続性については、株式を上場し、ファンを増やして株主にし、時価総額を拡大させることで豊富な資金力を手にしました。マスクが気づいた隠れた真実は、乗っているだけでかっこいいと思われる「クールなクルマ」を消費者が求めていることです。テスラは多くの人があこがれる洗練されたデザインと環境性能を両立させたクルマだけを商品化していきます。

ほかの自動車メーカーとは全く違う、わが道を行く戦略で、テスラはEV市場において独占的な地位を手にしました。「小さな違いを追いかけるより、大胆に賭けた方がいい」というティールの言葉通り、途方もなく大きな賭けを成功させたのです。

スタートアップを成功に導く条件

ティールは、スタートアップを成功に導く普遍的な条件を考察しています。詳細を知りたい方はぜひこの本をお読みいただきたいのですが、特に印象的な3つのポイントをお伝えします。

1つ目が起業家の資質です。シリコンバレーでは人付き合いが極端に苦手なアスペルガー気味の人間が有利に見える、とティールは指摘します。空気を読めない人間は、周囲の人と同じことをしようとは思わないからです。「ものづくりやプログラミングの好きな人は、ひとり淡々とそれに熱中し、卓越した技能を自然に身につける。そのスキルを使う時、普通の人と違ってあまり自分の信念を曲げることもない」。

日本では空気が読めない人は排除されがちです。しかし他人にどう見られるかを気にせずに好きなことに集中している人の方が、突き抜けたイノベーションを生み出す可能性が高いということでしょう。

2つ目は、スタートアップの成功確率は高められるという考え方です。「成功は決して偶然じゃない」とツイッター創業者のジャック・ドーシーはかつて語りました。「成功したのは運のおかげ」と謙遜するのが一般的な風潮がある中で否定的に受け止める人も多かったのですが、ティールはドーシーの意見は正しいと述べます。

19世紀の思想家で詩人として知られるラルフ・ウォルドー・エマーソンの「浅はかな人間は運を信じ、流れを信じる。強い人間は因果関係を信じる」という言葉や、人類として初めて南極点に到達したロアール・アムンゼンの「完璧な準備のあるところに勝利は訪れる。人はそれを幸運と呼ぶ」という言葉を紹介し、科学的な思考に立ち、計画がうまくいかなかった場合に備えて準備しておくことの重要性を説きます。

3つ目は長期計画の大切さです。アップルといえば、商品の優れたデザインや使い勝手の良さで人気になっていますが、「大事なことはほかにある」とティールは主張します。ジョブズから学ぶべき教訓は、「アップルは、新製品を開発し、効果的に販売するための明確な複数年計画を描いてそれを実行したことだ」といいます。

テスラもEVのロードスターを発売して間もないころから、モデルS、モデルX、モデル3を発売するというロードマップを描いていました。2012年時点でマスクは、生産規模を段階的に拡大して年間100万台を目指すという計画をはっきり語っていました。当時、私がテスラを取材した際は〝絵に描いた餅〟のようにも思えましたが、それは間違っていました。多少の時期のズレこそあれ、テスラはおおむね長期的な計画通りに商品を発売し、成長を実現させています。

最後にマスクにも共通するティールの世界観を象徴する言葉を紹介します。

「すべての歴史は繁栄と衰退の繰り返しだと古代人は考えていた」「その不運を永遠に避けられるかもしれないと人間が希望を抱くようになったのはほんの最近のことだ」

「競争圧力を和らげる新たなテクノロジーがなければ、停滞から衝突に発展する可能性が高い。グローバル規模での衝突が起きれば、世界は破滅に向かう」

世界が破滅するという最悪のシナリオを避けて、より良い未来を創るためには「ゼロから1を生み出す」ような革新的なテクノロジーが必要だとティールは信じています。だからこそ自ら起業し、多くのスタートアップを支援するのです。マスクは、地球が滅びても人類が生き延びる道を拓くために、宇宙ロケットを開発して火星への移民を目指しています。

ティールの知性はこの本を読む人を圧倒します。シェイクスピア、ピタゴラス、アインシュタイン、ボブ・ディラン、マルクス、フェルマー、ゲーテ……。聖書、古今東西の哲学者、生物学者、経済学者、作家、探検家の言葉や思想を縦横無尽に引用しながら、独自の起業論を展開していくからです。ティールの理論は、自身の起業やスタートアップ投資の経験に裏打ちされていて説得力があり、起業に関心を持つ人はぜひ読むべき本といえるでしょう。

歴史

PART 02

古代ギリシャ・ローマ…歴史に魅了されたマスク

「歴史の本を読むことに魅了されている」。イーロン・マスクはこう語っています。とりわけローマ帝国に関心があり、2021年4月にツイッターの自己紹介に「Imperator of Mars(火星の皇帝)」という呼称を追加したほどです。Imperator(インペラトール)とは、古代ローマの皇帝という意味のラテン語で、英語のEmperorとほぼ同義ですが、ローマ時代には軍隊の最高指揮官という意味もありました。2021年12月には、サンタクロースをローマの独裁者だったルキウス・コルネリウス・スッラと比較するツイートもしています。スッラは「味方にとっては最高の友であれ、敵にとっては最悪の相手であれ」という名言で知られています。

250年前に執筆された『ローマ帝国衰亡史』の魅力

このためマスクが読んでいる歴史関連の本の中からは、エドワード・ギボンの『ローマ帝国衰亡史』をまず紹介したいと思います。初巻が発売されたのは1776年で、実に250年近く前に執筆された古典です。

いまさらそんな古い本を読んで意味があるの？　と思われる読者の方もいるかもしれませんが、ローマ帝国衰亡史を読むといい意味で裏切られます。退屈な「年代記」のような本とは違い、歴代のローマ皇帝の成功や失敗、勇気、悩みに迫る大変魅力的な本だからです。もちろん歴史学の研究が進んだ現代から振り返ると、誤りもあるようですが、それを補ってあまりある示唆に富んでいます。

とりわけリーダーのあるべき姿とは何かを考えさせられます。長い歴史の中でローマ帝国には、内戦、外国との戦争、疫病、飢饉、奴隷の反乱など、ありとあらゆる困難が襲いかかってきました。そのたびに当時の皇帝たちは難局に立ち向かい、乗り越えてきたことでローマ帝国は命脈を保ってきました。

だからこそ歴史に名を刻む後世の多くのリーダーたちはこの本に魅了されてきたのでしょう。ナチスドイツに追い詰められた英国を救った名宰相ウィンストン・チャーチル、インドの初代首相のジャワハルラル・ネルーもローマ帝国衰亡史を愛読していたといいます。歴史上のリーダーたちの成功と失敗について学べることが、優れた偉人たちがローマ帝国衰亡史を読む理由といえるでしょう。

英雄にも光と影がある――。この本はそう教えてくれます。

例えば、五賢帝の1人として知られるマルクス・アウレリウスについては、功罪の両面をギ

[新訳]
ローマ帝国衰亡史
エドワード・ギボン
PHP研究所

ボンは描きます。マルクス・アウレリウスは『自省録』で知られる学識が深い人物で、ライバル国家だったパルティアとの戦争に勝利した武人としても活躍しました。文武両道で、ギリシャの哲学者、プラトンが理想としたような「哲人君主」として尊敬を集めてきた人物です。

しかしギボンは、「マルクス・アウレリウスは、(禁欲的な)ストア派の高潔さがある一方で、息子のコンモドゥスを後継者としてうまく育てられなかった」と指摘します。ほかの五賢帝は優れた人物を見いだして「養子」として迎え、皇帝の帝王学を学ばせて後継者にしてきましたが、マルクス・アウレリウスはそうしなかったからです。

コンモドゥスは皇帝になってから暴政が目立ち、31歳で暗殺され、五賢帝が築いたローマ帝国の黄金時代に終止符を打ったとされます。マルクス・アウレリウスが優秀な人物であったとしても、後継者の育成に失敗したのは致命的だったという評価です。このようなリーダーの失敗学も学べるのがローマ帝国衰亡史の魅力です。

さらにギボンは、キリスト教の迫害者として〝暴君〟のイメージが強かったディオクレティアヌス帝を再評価しました。ディオクレティアヌスは、解放奴隷の家系に生まれ、一兵卒から身を起こして皇帝になった立志伝中の人物です。軍人皇帝が乱立して混乱が続き、「3世紀の危機」といわれた窮地にあったローマ帝国の再建に活躍しました。広大な帝国を防衛しやすいように、4人の皇帝が分割統治する「4分割統治(テトラルキア)」という仕組みも導入していました。

しかしテトラルキアは首都ローマの重要性を低下させ、ローマ帝国の東西分裂にもつながりました。さらにそれぞれの皇帝が居住する都市が豪奢を競うことになって経済に悪影響を及ぼし、税金が増えて人々の生活を圧迫したとギボンは指摘しています。

衰亡よりも重要な、長期間続いた理由

この本は〝衰亡史〟と銘打っているものの、読み進めていくと、むしろローマ帝国が（東ローマ帝国を含めて）1500年にわたって続いた理由に目を奪われます。それは当時のローマには他の国家を圧倒する「優れたシステム」があったからです。

まず際立つのは、ローマ人の徹底した合理主義です。2世紀前半のトラヤヌス帝の時代までローマ帝国は膨張を続けましたが、その後はいたずらに版図を拡大せず、河川などにより天然の防衛ラインを構築しやすい場所に国境線を定める一方、農耕に適していたり、資源を算出したりするなど経済的な利益が期待しやすい地域の支配を重視しました。

何より、民族や出身地を問わず、優れた人材がチャンスを得られる多様性を認める文化がローマ帝国の活力になります。今でいうところのダイバーシティです。例えば、五賢帝の1人のトラヤヌスは属州だった現在のスペイン出身で、このほかにもローマ帝国で活躍した人物には属州や征服された国出身の人物が多数います。

さらに奴隷でも、お金を貯めたり、主人の許しを得られたりすれば、自由を手にして、ローマ市民になることも可能でした。「奴隷でも希望が持て、差別されていた者でも自由や栄誉を

手に入れられる社会だった」「征服された民族はローマ帝国の一員となることを喜んだ」と、ギボンは指摘します。

多様性が認められた背景には、キリスト教が国教化されるまで、ローマ帝国は異なる宗教や文化に寛容な社会だったことがあります。多神教社会で、もともとはギリシャやエジプトの神であっても、ローマの神々に加えることさえ当たり前でした。ローマ帝国は芸術や哲学などの思想を含むギリシャ文化を大胆に取り入れたことも広く知られています。

宗教や文化の自由が認められる一方、ローマ帝国には強固なシステムを守る仕組みが存在していました。学問、芸術ではギリシャ語が浸透していましたが、「法律や行政では、ラテン語を使い続けていた」とギボンは述べます。

ローマ帝国の安全を脅かす最大の脅威は外敵でしたが、最盛期のローマ人の愛国心は強く、兵役の義務を守り、有事の際には身を挺して国防にあたることを誓っていました。「軍隊には厳しい規律があり、激しい訓練を繰り返して戦闘力を磨いていた。個々の戦闘に敗れることはあっても戦争には必ず勝つのがローマだ」とまでいわれたほどです。自由と規律を両立させる仕組みがローマを支えていたといえるでしょう。

「アッピア街道」で有名なローマ街道は、現代の高速道路のように機能していました。ローマ人は大地を削って極力まっすぐな道を建設し、軍隊の移動を高速化させていました。だからこそ限られた数の軍団でも、広大な帝国を防衛することが可能でした。ローマ街道には駅伝制も設けられており、情報の伝達や物資の輸送も高速化させていたのです。

ローマ人は、陸の道路網だけでなく、多数の船が頻繁に行きかう「海の道」も地中海から黒海、北海にまで張り巡らせており、多様な物資が行きかっていました。小麦、オリーブ油、ワイン、塩など、さまざまな産物を効率的に生産できる最適地から、需要がある帝国各地の都市へと運んでいたのです。

グローバルな交通・輸送システムはローマ帝国の長期的な繁栄を支えていました。農産物の他地域への効率的な輸送が可能ならば、どこかの地域で干ばつが起き、飢饉に悩んでいても、支援することが可能になります。

食料に困らなくなった結果、最近注目を浴びている「ベーシックインカム（すべての人に一定の金額の現金を支給する制度）」に似た世界もローマ帝国では実現されていました。パン（原料となる小麦などの穀物）、戦車競走や剣闘士の試合などの見せ物、公衆浴場などが、ローマ市民に無料で提供されるようになったのです。皇帝は、市民にワインやお金を配ることもありました。もちろんこれは一部の都市住民に限られた話ですが、働かなくても食べていける世界が実現したかのようでした。

ローマはなぜ滅びたのか？

これほどの栄華を極めたローマ帝国はなぜ衰退し、滅亡したのでしょうか？　もちろんさまざまな要因があり、これが決め手とは言い難いのですが、ギボンはいくつかのポイントを指摘しています。

まずローマ人の愛国心に支えられ、強力だったローマ帝国の「軍制」が機能しなくなったことです。帝国の防衛は4世紀以降、蛮族出身の傭兵に依存するようになり、ローマ人自身が伝統的に持っていた自らの手で国を守ろうという意識が低下していきました。さらに東と西に分かれたローマ帝国では、皇帝同士が対立し、それぞれが困難に直面しても協力しないようになっていきました。

ギボンの指摘の中でとりわけ印象的なのが、ローマ帝国の衰亡にキリスト教が与えた影響です。「キリスト教の国教化が、宗教対立に火をつけ、皇帝は、軍隊よりも、キリスト教の宗派の正統性などを議論する公会議に関心を持つようになった」と指摘します。

キリスト教においては、皇帝よりも、神への信仰が常に優先されます。また一神教であるがゆえに、異教に対して厳しいスタンスを取る排他的な側面も目立ちました。そのキリスト教が国教化され、皇帝の権力と結びついたことが、ローマ帝国の強みだった多様性・寛容性にマイナスの影響を与えたようです。

もちろんローマ帝国衰亡史は18世紀後半の史料をもとにしており、現代から見ると違和感がある点も少なくありません。それでも歴史の教訓とリーダーの生き方が学べる名著は今後も輝きを放ち続けていくでしょう。

■デューラントの『文明の物語』のエッセンス

マスクが薦める歴史関連の書籍では、ウィル・デューラントの作品もあります。代表作といえるのが、1935年から1975年にかけて執筆された11巻の大著『The Story of Civilization（文明の物語）』です。米国では会員になると話題の書籍が割引価格で購入できる「ブッククラブ」で扱われ、長年にわたって売れ続けてきたベストセラーです。

マスクはツイッターに「『文明の物語』を読もう」というコメントを書き込んでいます。「第1巻より第2巻の『The Life of Greece（ギリシャ人の生活）』がお薦めだ」とも述べています。残念ながら、文明の物語は現時点で日本語訳を入手できないため、デューラントがその要約版としてまとめた『Heroes of History』の日本語版である『誰が文明を創ったか』を代わりに紹介します。

この本も古今東西の歴史上の英雄の魅力が詰まった本で、一般向けにとても分かりやすく書かれています。デューラントの作品の特徴は哲学的な視座にあります。デューラントは『西洋哲学物語』の著者でもあり、「歴史は哲学の一部である」「私は、人間とは一体何かを知るために、歴史を学ぶと決めた」「歴史は、時間の中で起きた事象を考察することによって、哲学的視点を得ようとする試みである」と語っています（『誰が文明を創ったか』の「序文」より）。

誰が文明を創ったかに登場する人物は多岐にわたります。中国の老子、孔子、李白、インド

誰が文明を創ったか
──ブッダから
シェークスピアまで
ウィル・デューラント
PHP研究所

のブッダ、ガンジー、ギリシャのソクラテス、プラトン、アリストテレス、ペリクレス、ローマのユリウス・カエサル、アウグストゥスと五賢帝、イエス・キリスト、ムハンマド、レオナルド・ダ・ヴィンチなどです。テーマとしては、古代中国、ギリシャ、ローマ、エジプト、インド、中国、ルネサンス、宗教改革などを取り上げています。

西洋史に詳しい印象が強いデューラントですが、この本の最初の部分では、古代中国の思想家や詩人について触れています。老子が中国の都市文明を批判した『道徳経』は、ジャン＝ジャック・ルソーやトーマス・ジェファーソンが出現する2300年前に書かれたにもかかわらず、まるで彼らの思想の要約のようである。老子によれば、正しい生き方とは、知性を小手先で利用することを避け、自然と調和し、古い思想や習慣にのっとった素朴で静かな生活を送ることである」とデューラントは老子を絶賛します。孔子についても、教育によって、道徳と社会秩序の復活を目指した人物として好意的に紹介しています。

デューラントは中国文明に対して尊敬のまなざしを投げかけています。この章の締めくくりとして紹介されている、デューラントが1932年ごろに書いたという文章はとりわけ印象的です。

「これほど豊かな資源を有し、生命力にあふれた国は、武力によっても、外国の経済力によっても、長く支配することができない。……今後100年以内に中国はかつての侵略者たち（編集注：当時の侵略者は日本）を吸収し、束の間に近代産業と呼ばれているものの技術をすべて学んでしまうだろう。……最終的には無秩序は正され、独裁制の下でバランスを保つようになり、古い障害はだいたい取り除かれ、果てしない、新たな成長が見られるだろう。……中国はこれまで何度も死を経験し、そして何度も生まれ変わってきたのである」

もちろん日本は吸収されていませんが、経済面で中国への依存は強まっています。数多くの文明の興亡を研究してきた歴史家の90年前の予言は、今振り返っても驚くほど正鵠を射たものです。

インド文明について触れた第3章で、デューラントが紹介するブッダの言葉も印象的です。「怒りを優しさで克服しよう。……そして悪を善で克服しよう。……憎しみは憎しみによっては消えない。愛によってのみ消えるのだ」。この言葉は、ガンジーの非暴力思想に通じるところがあります。「〝目には目を〟は全世界を盲目にしているのだ」とガンジーは語っています。長い歴史を経てブッダの哲学はインド独立の父に受け継がれたともいえるでしょう。仏教における、煩悩を克服して悟りの智慧（菩提）を完成した境地である「ニルヴァーナ（涅槃）」についての解説も、哲学に詳しいデューラントならではの分析が光ります。

出色なのは、第6～8章の古代ギリシャです。ソクラテス、プラトン、アリストテレスといった哲学の泰斗たちの知られざる人となりを描きます。人間の知性の限界を指摘した「無知の知」で有名なソクラテスは、ギリシャの民主主義を批判、嫌悪しており、その弟子たちの多くが（神々への）信仰心を失った、と指摘します。

『国家』などの著作で知られるプラトンは、アテネは「二つの都市になった。一つは貧者の町、もう一つは金持ちの町で、両者は対立していた」と書き、共産主義的な理念に傾倒していました。

師のソクラテスを処刑したギリシャの民主主義をプラトンも敵視するようになります。自由を毛嫌いし、芸術家や詩人を規制・追放する独裁政府を提案するようになっていました。プラトンの考えたユートピア（理想郷）は「原始共産制的階級社会」で、19世紀以降の共産主義の発展にも影響を与えています。

プラトンの弟子のアリストテレスは哲学者のイメージが強いものの、「科学の父」としての功績が大きかったといえるでしょう。デューラントは「彼は観察、報告、実験をおこない、初めて科学調査のためのグループを組織した」と指摘します。アリストテレスの興味は、ギリシャの都市国家の憲法、動物の臓器、植物の属性と分布、哲学の歴史など、多岐にわたり、「万学の祖」と呼ばれるようになりました。

人間キリストの実像とは？

第13章の「人間キリストの生涯」も、キリスト教における神や神の子ではなく、人間としてのイエス・キリストはどのような人物だったのかに迫る興味深い内容です。とりわけイエスの〝革命家〟としての側面にデューラントは関心を持ち、以下のように述べています。

「（イエスが理想とした）神の国は共産主義的ユートピアであり、イエスは社会的革命家であったと解釈した者も多い。福音書にはこうした考え方の裏付けとなるような記述がいくつかある」。

これは、新約聖書のマタイ伝19章21節にある「帰ってあなたの持ち物を売り払い、貧しい人々に施しなさい。……そしてわたしにしたがってきなさい」とお金持ちに対してイエスが述べた言葉などを根拠にしています。

つまりイエスの弟子たちは、『神の国』は既存の貧者と富者の関係を革命的に転換させるものであると捉えていた。使徒たちや初期のキリスト教徒は『すべてのものを共有』する共産主義的集団を構成していたのである」とデューラントは指摘します。

イエス自身は政治的な革命を目指していたわけではなかったようですが、伝統的な宗教規範に挑戦するような発言や思想はユダヤ教の指導者たちの反発と怒りを買います。「イエスは反乱を企てている」と糾弾され、ローマ総督のもとに送られて、十字架ではりつけにされました。少なくともローマ側からは、ユダヤ教のリーダーたちが主張するような〝革命家〟とみなされて、イエスは命を落とした、といえそうです。

このほかにもこの本は、ムハンマド、ルターなどの宗教家を含めた人物の思想や人間性を描いており、洞察に富む文章は読む人を虜にします。西洋、東洋、古代、中世、近現代を自在に行き来して思考するデューラントの著作からは、普遍的な人間の価値や偉人たちの思想・哲学とは何かを知る貴重な機会を得られるはずです。

日本語で読めるデューラントの著作としては、The Story of Civilization のエッセンスを抽出して〝歴史から学べるレッスン〟という形にまとめた『歴史の大局を見渡す――人類の遺産の創造とその記録』もお薦めです。原題は『The Lessons of History』で、歴史から人間の性質

歴史の大局を見渡す
――人類の遺産の創造とその記録
ウィル・デュラント
アリエル・デュラント
パンローリング

や国家の行動などを理解するうえで役立つ出来事とそれに対する論評を13のエッセイとしてまとめています。

すでに紹介した誰が文明を創ったかが、歴史に影響を与えた〝人物〟に焦点を当てているのに対して、この本ではデューラントが「人類の過去の体験を俯瞰してほしい」と序文で述べているように、〝大局的な歴史の流れ〟を知ることができます。

ほかの著書と比べるとコンパクトですが、デューラントの巨視的な歴史観が凝縮されています。人類の歴史を「生物学」「人種」「人の性質」「モラル」「宗教」「経済学」「社会主義」「戦争」といった切り口からまとめており、歴史が好きな人でも気づいていなかったような世界史の大きな流れや見方を知ることができます。

例えば、社会主義・共産主義は、18世紀後半にシャルル・フーリエやアンリ・ド・サン＝シモンらが生んだ「空想的社会主義」がルーツとなり、「土地は万人のものである」と宣言して私有財産を否定したフランソワ・バブーフらが発展させ、カール・マルクスとフリードリヒ・エンゲルスによる１８４８年の『共産党宣言』や『資本論』により理論化され、１９１７年のレーニンらによるロシア革命につながっていったようなイメージを持っている人も少なくありません。

これに対してデューラントは社会主義的な思想や経済システムは、古今東西のさまざまな文明や国家に見られるものだと指摘します。プトレマイオス朝のエジプトでは、国が土地を所有して農業を管理し、鉱山や油、塩、織物の生産もすべて管理し、規制する仕組みがありました。ローマのディオクレティアヌス帝による国家の価格統制や公共事業による失業者の救済も、社会主義的な政策と見なしています。中国でも漢の武帝の時代から宋の時代まで「国家社会主義が何度か試みられた」とし、「社会主義と資本主義との闘いは、富の集中と分散を繰り返す歴史の一部である」と述べ、歴史上、普遍的に繰り返されてきた動きだと指摘します。

歴史の大局を見渡すで特に興味深いのは、第12章の「発展と衰退」です。この部分は私が取材した際にマスクが語った「人類の歴史は発展と衰退を繰り返してきた。また同じようなことが起きる可能性がある」といったコメントにも重なります。

「歴史は繰り返す。だが、それは概略においてのみである。将来も過去と同じように、新しい国が生まれて古い国が亡びるだろう」とデューラントは述べています。この言葉自体はマーク・トウェインが語ったとされる名言「歴史はそのまま繰り返さないが、韻をよく踏む」と同義ともいえます。

この本の最後で、デューラントは文明や国家が亡びても、その文化的な遺産は引き継がれていくと指摘します。「文明は何世代にもわたって受け継がれてきた民族の魂である。生き物が生殖によって死を乗り越えるように、老いてゆく文化はその遺産を次の世代、別の土地へと引き継ぐ」。環境問題の深刻化や戦争などの危機が起きて、地球に住み続けることが困難になる可能性をマスクは懸念しています。だからこそ人類が築いてきた文明を移植できる新天地となる可能性がある別の惑星＝火星を目指すのでしょう。

ヘッジファンドの帝王として知られる米ブリッジウォーター・アソシエーツの創業者レイ・

ダリオもデューラントの歴史の大局を見渡すを推薦しています。ダリオも歴史好きとして知られており、2021年には『Principles for Dealing with the Changing World Order: Why Nations Succeed and Fail(変化する世界秩序に対応するための原則：なぜ国家は成功し、失敗するのか？)』という本を出版しました。過去500年間に経済的な覇権を握ったオランダ、英国、米国などを研究し、変化の根底にあるパターンと原因・結果の関係性を分析した大著です。

人類が歩んできた歴史とは何か、それを動かしてきたリーダーは何者だったのか、彼らが大事にしていた哲学や思想はどのようなものだったのか……。マスクに限らず、傑出したリーダーたちは、歴史を学ぶことに貪欲です。

PART
03

歴史上の人物

反逆者がイノベーションを生む必然

すでに触れたように、イーロン・マスクが読んでいる歴史関連の書籍には、古今東西の英雄の生き方やリーダーのあり方に迫ったものが目立ちます。マスクは、特に関心が高い歴史上の人物については、より掘り下げた伝記も読んでいます。

本パートで紹介する4冊は、相対性理論で物理学を飛躍的に発展させたアルベルト・アインシュタイン、アップル創業者のスティーブ・ジョブズ、ロシア革命後のソ連で絶対的な権力を握った独裁者スターリン、ロシアの領土をポーランドやウクライナに拡大し、女帝として君臨したエカチェリーナ二世を描いた、いずれも重厚な伝記です。

「ろくな人間にならない」と断言されたアインシュタイン

まず紹介したいのが『アインシュタイン その生涯と宇宙』です。宇宙に強烈な関心を持ち、スペースXを起業して火星を目指すマスクがアインシュタインについて知りたいと思うのは当然でしょう。

アインシュタインといえば、物理学の世界に革命を起こした「相対性理論」が有名です。相対性理論は、時間と空間に関する以前の考え方を根底から覆しました。「光の速度は一定だが、時間と空間は相対的なもので変化する」「光は重力によって曲がる」といった理論を発表し、世界に衝撃を与えました。

「一般相対性理論における重力場方程式を手にしたアインシュタインは、宇宙の性質を研究する基礎を築いて、現代宇宙論の創始者になった」。この本の著者のウォルター・アイザックソンはアインシュタインの功績をこう紹介します。「宇宙は膨張または収縮している」「ブラックホール」といった宇宙を科学的に理解するうえで欠かせない理論も、アインシュタインから始まっています。

それだけではありません。「今日の科学技術の殆どは彼と関わっていることは明らかである。光電池とレーザー、原子力発電とファイバー光学、宇宙旅行、そして半導体さえも、遡れば全て彼の理論に行き着く」とアイザックソンは指摘します。アインシュタインは、科学技術の基盤となる物理学の世界を作り変えました。

アイザックソンは、アインシュタインの幼少期からの歩みと人柄、いかにして画期的な理論を生み出したのかを、丹念なリサーチと取材で描き出しています。上下巻で900ページを超える大著を執筆するために、歴史的な事実についてはカリフォルニア工科大学やヘブライ大

アインシュタイン
その生涯と宇宙
（上・下）
ウォルター・アイザックソン
武田ランダムハウスジャパン

学のアインシュタイン研究の専門家から、物理学についてはイエール大学、コロンビア大学、ハーバード大学の物理学の専門家からアドバイスを受け、偉大な物理学者の実像に迫りました。

アインシュタインは、幼少期から生意気で、権威に反抗する強情な性格でした。ある校長は彼を学校から追い出し、別の校長は、「彼はろくな人間にならない」と断言したほどでした。しかし驚くほど強かった彼の反骨心は、常識にとらわれない独創的な理論を生み出す土壌になります。

少年時代のアインシュタインに大きな影響を与えた科学書があります。アーロン・ベルンシュタインの書いた挿絵入りのシリーズ『みんなの自然科学（Naturwissenschaftliche Volksbücher）』です。その第一巻の冒頭部分でベルンシュタインは光の速さを扱っており、後にアインシュタインが相対性理論を生み出す際に用いた思考実験につながる内容でした。「すばらしい本だ。私の全人的な成長に大きな影響を及ぼした」。アインシュタインはこの本をこう称賛していたそうです。

ベルンシュタインは光に強い関心を持っており、「光は種類に寄らず速度が正確に同じであることが立証されているので、光速の法則はあらゆる自然法則の中で最も包括的なものということができよう」と述べました。

アインシュタイン自身が後に試みたように、ベルンシュタインは全ての自然界の力を統一したいと思いました。例えば、光のような電磁現象はすべて波として考えられることを議論した後に、重力についても同じことが成り立つのではないかと推測し、「全ての概念は、その下に単一性と単純性が基本として横たわっている」と指摘しています。

数学と物理で傑出した才能を示し、チューリヒ工科大学に進学したアインシュタインですが、反抗的な態度は変わりませんでした。この姿勢は教授陣の怒りを買います。「アインシュタイン君、君は大変賢い。極めて賢い。でも大きな欠点を持っている。君のことを他人がどのように話しているかを、君自身が決して聞こうとしないことだよ」。最初の指導教官だったハインリッヒ・ウェーバーはこう語って聞かせました。アインシュタインは別の物理学教授ともトラブルを起こし、物理学実習に真面目に出席しなかったという理由から公式な懲戒処分を受けたりもしています。

しかしそんな中でもアインシュタインの才能を認める人物がいました。数学の天才、マルセル・グロスマンです。大学卒業後に就職先が見つからずに苦労していたアインシュタインにスイス特許局への就職を斡旋し、特殊相対性理論から一般相対性理論への拡張に必要な数学的な問題でも手助けした人物です。

グロスマンのような理解者が存在したことが、敵の多かったアインシュタインが最終的に相対性理論を世に出し、ノーベル賞を手にする力になりました。スイス特許局に就職することで十分な収入を得ながら、自由になる時間を使ってアインシュタインは１９０５年に特殊相対性理論の論文を書き上げ、世に問いました。

特殊相対性理論は、アイザック・ニュートン以来の物理学の世界において一般的だった「時間は常に一定の速さで流れる」という〝絶対時間〟の概念を否定する画期的なものでした。駅のプラットフォームにいる人の観点からは高速で走っている電車内の時間は遅く進むというアインシュタインの思考実験から発展した「時間は不変ではない、動いているものの時間は遅れる」という理論は文字通り、科学の世界を変えました。

さらにアインシュタインは特殊相対性理論を発展させ、もし時間が相対的なら、空間も距離も相対的であることを示しました。それが一般相対性理論です。相対性理論は、物理学を劇的に発展させ、宇宙の理解を深め、マスクも目指す宇宙旅行への道を開いたといえるでしょう。

ジョブズとマスクは非常に似ている

次に紹介したい本が『スティーブ・ジョブズ』です。アップル創業者のジョブズは、マスクと比較されることも多いカリスマで、この本もアインシュタインの伝記を執筆したウォルター・アイザックソンが書いたものです。実はアイザックソンは2022年の時点でイーロン・マスクの伝記も執筆中で、「マスクとジョブズは非常に似ている」と語っています。「ある意味で、彼（マスク）は私たちの時代のスティーブ・ジョブズだ。彼は世界を変えることができると思うほど頭がおかしいので、世界を変える人の1人かもしれない」。マスク本人の依頼を受けてアイザックソンは伝記を執筆しており、取材も重ねているので、その意見には説得力があります。

それでは、イノベーターとしてのジョブズの真髄はどこにあるのでしょうか。文系（人文科

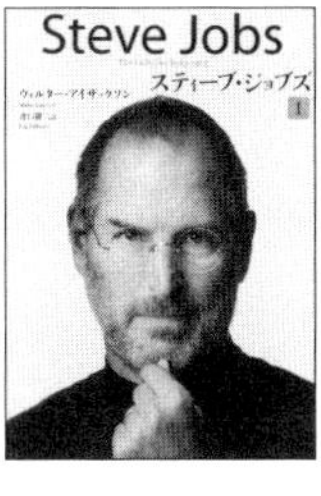

スティーブ・ジョブズ（Ⅰ・Ⅱ）
ウォルター・アイザックソン
講談社

学）と理系（自然科学）が交差する場所で強烈な輝きを放った人物だった――。こうアイザックソンは考えており、この本の冒頭で、次のようなジョブズの言葉を紹介しています。

「僕は子供のころ、自分は文系だと思っていたのに、エレクトロニクスが好きになってしまった。その後、『文系と理系の交差点に立てる人にこそ大きな価値がある』と、僕のヒーローのひとり、ポラロイド社のエドウィン・ランドが語った話を読んで、そういう人間になろうと思ったんだ」

「人間と機械の共生」。それがジョブズのイノベーションに共通するテーマだったといえるでしょう。マニュアルを読まなくても、人間が視覚的、直感的に操作できるようなインターフェース、多くの人を魅了するシンプルで美しいデザインがアップル製品の特長です。例えば、1984年に発売したマウスとGUI（グラフィカル・ユーザー・インターフェース）を使う「マッキントッシュ」。今では当たり前に思われていますが、キーボードで操作するのが常識だった当時のコンピューターの世界では革命的でした。「iPod」「iPhone」「iPad」も直感的に使えるユーザー・インターフェースと、ハードウエアとしての美しいデザインが支持され、大ヒットしました。

完璧を追求する情熱と周囲との軋轢を恐れない猛烈な実行力でジョブズは6つの業界で革命を起こしました。コンピューター（マッキントッシュ）、アニメーション映画（ピクサー）、音楽（iPod）、電話（iPhone）、タブレットコンピューター（iPad）、デジタルパブリッシングです。

この本では、ジョブズの不幸な生い立ちと、アップル創業で勝ち取った栄光と追放劇による挫折、そして経営トップに返り咲いてからの復活が丹念に描かれています。もちろん周囲の人をナイフのように傷つける奔放で過激な性格は、多くの人がお手本にしたいと思うようなものでは全くありません。しかしピーター・ティールが『ゼロ・トゥ・ワン 君はゼロから何を生み出せるか』で挙げる優れたイノベーターの資質をほぼ完全に満たす人物がジョブズであるといえるでしょう。

その意味で、スティーブ・ジョブズという本は「イノベーションの書」でもあります。ジョブズはイノベーションを持続的に生み出す究極のアイコン（偶像）になっているからです。創造性とテクノロジーをつないで、1つのプロダクト（製品）として実現することに、ジョブズは異常な執念を燃やしました。

「ジョブズは上司としても人間としてもモデルになるような人物ではない。悪鬼につかれているかのように、周囲の人間を怒らせ、絶望させるのだ。しかし、彼の個性と情熱と製品は全体がシステムであるかのように絡み合っている――アップルのハードウェアとソフトウェアがそうなっていることが多いように」。アイザックソンはジョブズをこう評します。

アップル製品にはジョブズの哲学が色濃く映し出されています。ジョブズは求道者のように人間の本質とは何かを探究しました。とりわけ東洋思想に強い関心を持ち、大学時代は、悟りを得るためにインドを長期間旅し、その後は日本の「禅」にも傾倒しました。

インドへの旅について、ジョブズはこの本でこう述べています。「僕にとっては真剣な探求の旅だった。僕は悟りという考え方に心酔し、自分はどういう人間なのか。なにをすべきなのか知りたいと思ったんだ」「インドの田舎にいる人々は僕らのように知力で生きているのではなく、直感で生きている。直感はとってもパワフルなんだ。僕は知力よりもパワフルだと思う。この認識は、僕の仕事に大きな影響を与えてきた」。

商品開発でも、経営でも、本能的な〝直感〟を大事にし、アップルにおいても人間が直感的に操作できる製品を目指したジョブズらしい言葉です。

禅については、カリフォルニア州で布教活動をしていた曹洞宗の僧侶、乙川弘文《おとがわこうぶん》から学びました。1975年に乙川と出会ったジョブズは禅センターに入りびたり、2人は親交を深めます。その後、1985年にいったんアップルを追放された後に起業したNeXTでは、乙川を宗教顧問として招聘。1991年にジョブズが結婚した際も、乙川が式を司りました。

「仏教、とくに日本の禅宗はすばらしく美的だと僕は思う。なかでも、京都にあるたくさんの庭園がすばらしい。その文化がかもし出すものに深く心を動かされる。これは禅宗から来るものだ」

禅はジョブズにどのような影響を与えたのでしょうか。「無駄をそぎ落とし、本質を追求したシンプルさを目指す」といった考え方は禅の思想に通じるものがあります。ジョブズは、アップルの商品開発において、「フォーカスとシンプルさ」を追求し、「シンプルであることは複雑であるより難しい」と語っていました。

もちろん自身の理想を追い求め、完璧を追求する姿勢は、妥協を許さない厳しさにもつながり、周囲との軋轢も生みます。しかしそんな反発を突破する稀有な能力をジョブズは持ち合わせていました。

「現実歪曲フィールド」というジョブズを象徴する有名な言葉があります。「だれもが不可能だと思っていることでも、巧みな話術によって、実現できると納得させてしまうこと」（デジタル大辞泉）を指します。

「カリスマ的な物言い、不屈の意志、目的のためならどのような事実でも捻じ曲げる熱意が複雑にからみあったもの——それが現実歪曲フィールドです」。この本に登場するソフトウエアデザイナーのアンディ・ハーツフェルドはこう述べています。

現実歪曲フィールドの根底にあるのは、自分は特別な存在であり、世間のルールや秩序に従う必要がないというジョブズの確固たる信念です。「自分は特別な人間、選ばれた人間、悟りを開いた人間だと考えており、力への意志や超人のような概念を感じる」とアイザックソンは指摘しています。

「超人」という概念はドイツの哲学者、フリードリヒ・ニーチェの思想から来ています。ニーチェは『ツァラトゥストラはかく語りき』で、「精神、ここに自らの意思を形作り、かつて世界に敗れた者が今度は世界を征服する」と述べました。追放された後にアップルに復帰して世界を変える商品を相次いで生み出したジョブズには、まさにこの言葉がぴったりきます。

画期的な製品を作ろうという情熱と、不可能に見えることでもやり遂げられるという信念をジョブズはアップルの社員に植え付けました。

誰もが不可能と思うことに挑戦する姿勢はマスクにも似ています。

テスラは、複数の自動車大手の幹部から「EVの時代なんて20年は来ない」「テスラはクルマづくりをわかっていない。すぐに倒産する」といった批判を受けていましたが、初の量産EVの発売からわずか10年あまりで世界的な自動車メーカーへと躍進しました。

スペースXでも「いったん打ち上げたロケットを地球に帰還させて再利用する」という難題にマスクは挑み、失敗を何度重ねてもあきらめずに成功に導きました。「最近の人工衛星は、スペースXの宇宙ロケットで打ち上げることを前提に設計されるようになっている」と日本の重工大手の幹部が舌を巻くほどのロケット技術を短期間で発展させました。

ソ連を恐怖で支配した独裁者の生涯

マスクはロシアの歴史を変えた絶対権力者にも関心を示しています。英雄だけでなく、負のイメージが強い独裁者にも興味を持っているようです。『スターリン――赤い皇帝と廷臣たち』は、ヒトラーのナチスドイツと国家の生死をかけて「大祖国戦争」を戦って勝利した旧ソビエト連邦の元首、ヨシフ・スターリンの生涯を描いた本です。スターリンは、「大粛清」と呼ばれる、彼が反対勢力と見なした数百万人の人々を容赦なく処刑したり、強制収容所送りにしたりした血塗られた独裁者としても知られています。

この本の著者であるサイモン・セバーグ・モンテフィオーリは、1965年生まれの英国の

スターリン
――赤い皇帝と廷臣たち
〈上・下〉
サイモン・セバーグ・モンテフィオーリ
白水社

歴史家です。母親は20世紀初めに当時のロシア帝国から逃れてきた両親のもとに生まれており、モンテフィオーリも自身のルーツの1つであるロシアの歴史に強い関心を持って何冊も本を書き、数多くの賞を受賞しています。

ソ連崩壊後の各地に足を運び、さまざまな公文書や文献、関係者に当たったという膨大な調査や取材に裏付けられた新しいスターリン像は、多くの日本人が知らない衝撃的なエピソードのオンパレードです。

スターリンはロシア帝国支配下のジョージア（旧グルジア）出身で、本当の姓はジュガシヴィリ。スターリンは「鋼鉄の人」を意味するペンネームで、イメージ戦略のために使うようになったようです。ジョージアの貧しく荒々しい靴職人の家庭に生まれたスターリンは、筋金入りの共産主義者のイメージが強いのですが、実はロシア正教の神学校で教育を受けました。

スターリンをより深く理解するためには彼の前半生を知ることがカギになります。その意味では、同じモンテフィオーリ著で、独裁者の青春時代に迫った『スターリン――青春と革命の時代』を併せて読むことが助けになります。

モンテフィオーリの一連の著作を読んで気がつくのは、恐怖の独裁者というイメージの強いスターリンが一面では大変な魅力的な人物として描かれていることです。神学校時代に労働運動に目覚めたスターリンは、活動資金の調達という名目で銀行強盗や殺人、放火などの荒々しい活動を続け、何度もロシア帝国の秘密警察に逮捕されてシベリアなどの辺境に流刑されています。そのたびにスターリンは脱走を繰り返してきました。

山賊さながらの活動を続ける中で、スターリンはリーダーとして頭角を現し、仲間たちを率い、革命勢力の中で目立った存在へとなっていきます。マフィア小説を彷彿とさせる生き生きとした筆致でモンテフィオーリが描くスターリンの姿に、読み手はぐいぐい引き込まれていきます。

ロシア革命後にレーニンに認められてボリシェビキの幹部になったスターリン。持ち前の暴力をいとわないマフィア的な行動が敵対勢力の粛清に役立つとレーニンに認められ、次第に重用されるようになっていきます。革命期の混乱の中で、ボリシェビキが権力を掌握するには、敵に対して容赦しないスターリンのような「暴力装置」が求められていたからでしょう。

1924年のレーニンの死後、スターリンは政敵であるレフ・トロツキーらとの争いに勝利し、1929年に絶対的な権力を手中に収めます。しかし、それはスターリンに信頼されていた幹部でも、いったん忠誠を疑われると、瞬く間に権力を奪われ、粛清される恐怖の時代の始まりでもありました。

スターリン――赤い皇帝と廷臣たちでとりわけ詳細に描かれているのがスターリンの恐怖支配を支えた秘密警察の幹部たちです。革命直後の1917年12月にレーニンによって設立された秘密警察「チェーカー」は広く知られています。幼い子どもたちを含めたニコライ二世一家の虐殺は、ソ連時代の秘密警察がもたらした背筋が凍る恐怖の最たるものでしょう。

スターリン政権下で恐れられたのが、チェーカーの後継の「GPU（国家政治保安部）」を引き継いだ秘密警察「NKVD（内務人民委員部）」です。スターリンの大粛清の実行者となったのは、2代目長官のニコライ・エジョフでした。身長が150㎝程度と小柄で「毒入りの小人」「血まみれの小人」と呼ばれたエジョフは、スターリンの敵対勢力とみなされた人物を「反革命罪」の容疑で次々に逮捕して、処刑したり、強制収容所送りにしたりしていきます。

この本を読んで感じるのは、独裁体制の下で生きることの恐ろしさです。いったん認められて出世しても、いつ逮捕されて粛清されるか分からず、犯してもいない罪を強制的に自白させられます。逮捕された際には、自分が助かるために家族を売り渡さなければならないような世界です。

無実の容疑者を「自白」させ、見世物にするスターリン時代の公開裁判（見せしめ裁判）の様子は、ウクライナのセルゲイ・ロズニツァ監督が、当時撮影された映像を使って2018年にドキュメンタリー映画の『粛清裁判』を制作しているので、興味がある方はぜひご覧いただきたいと思います。

モンテフィオーリが描くスターリンの大粛清の様子はあまりにも残忍かつ非情で気持ちが悪くなるほどです。マルクスの『資本論』を読んでおり、共産主義、社会主義への関心を示しているマスクですが、この本は「あまりにダークで（最後まで）読み続けられなかった」と述べているほどです。

例えば、スターリンの忠実な部下として非情な粛清を実行してきた前述のNKVD長官、エジョフ。エジョフがソ連を支えていた共産党のエリートの多くを処刑したことは、国家運営や経済に負の影響を与えることになります。その後、スターリンの不興をかって権力を奪われていったエジョフはいつ処刑されるか疑心暗鬼になって酒浸りになり、ついには逮捕されます。執拗な拷問を受けたエジョフは「ドイツのスパイだった」とウソの自白をさせられ、1940年に銃殺刑に処せられました。

エジョフの後を継いで、NKVDの3代目長官になったのが、ラヴレンチー・ベリヤです。スターリンと同じジョージア出身で、同地の少数民族のミングレル人でした。モンテフィオーリによると、ソ連の秘密警察にはミングレル人が目立ち、「ミングレルマフィア」と呼ばれるほどの力を持つようになったといいます。

ベリヤはいったん粛清の手綱を緩めたものの、その後もスターリンの要請を受けて反革命活動を引き続き厳しく取り締まっていきました。1941年にナチスドイツとの戦いが始まった後は、ナチスへの協力者の逮捕や処刑、ドイツ系少数民族やクリミア・タタール人の強制移住を実行。こうした行動がスターリンに評価され、ベリヤの存在感は高まっていきます。

しかし、猜疑心の強いスターリンは権勢を強めたベリヤに対しても不信感を抱き、第二次世界大戦後にベリヤの権力を段階的に奪い、ベリヤ派の人物を更迭して、次第に攻撃的な姿勢を強めていきます。

モンテフィオーリが描くスターリンと側近たちの物語は、ロシアの辺境出身の粗野で暴力的なテロリストたちが絶大な権力を握り、エリートから庶民まで罪のない人々を恐怖に陥れ、命を簡単に奪うような絶望的な世界の実態を明らかにしています。

ロシアによるウクライナ侵攻により、この本を読む価値は今高まっています。ロシアという国家とその歴史を理解するうえで大変役立つからです。歴史を振り返ると、ロシアは西欧や米国のような民主主義をまったくといっていいほど経験していません。帝政ロシアとロシア革命後の共産党による長期間の一党独裁を経て、1989年にベルリンの壁が崩壊して1991年にソ連が解体され、新しいロシアの時代が幕を開けます。

しかし、ボリス・エリツィンによる指導体制に続いて、2000年にKGB出身のウラジミール・プーチンが政権を握ると強権的な政治が再び勢いを増します。プーチンの出身母体である秘密警察や軍の出身者で主に構成される「シロヴィキ」を使い、権力基盤を強化して反対派を弾圧。プーチンに批判的な政敵やジャーリストを毒殺しようとしたという疑惑さえもたれています。

西側の常識からすると、毒殺のような行為は信じられないような蛮行に映ります。しかしモンテフィオーリの著作を読むと、ソ連においては、不当な逮捕や処刑、毒殺、自作自演は当たり前のように起きており、なんら驚くべきことではありません。そもそもロシアの歴史においては、民主主義と自由が事実上存在しない時代がほとんどであったことを、日本を含む西側の人間はもっと理解すべきでしょう。

ウクライナを征服した女帝エカチェリーナ

本パートの最後で紹介するのは『エカチェリーナ大帝：ある女の肖像』です。この本もウク

エカチェリーナ大帝：ある女の肖像（上・下）
ロバート・K・マッシー
白水社

ライナ侵攻で注目を浴びるロシアの理解を深めるために役立ちます。エカチェリーナ（エカチェリーナ二世）はロマノフ朝の第8代皇帝で、ロシア帝国の版図をポーランドやウクライナに拡大させました。とりわけオスマントルコとの戦いに勝利し、クリミア半島を含む黒海沿岸地域の支配を確立させて、「大ロシア」を実現。南下政策の要としてセヴァストポリに要塞を築き、黒海艦隊を編成させました。

エカチェリーナへの関心が高まっているのは、プーチンのウクライナ侵攻と結びついているからです。プーチンは大統領執務室の控えの間にエカチェリーナの肖像画を掲げています。現在のウクライナに当たる地域を征服し、大ロシアを実現させた皇帝だからでしょう。ウクライナはもともとロシアが征服した不可分な領土だと国民に主張するうえで、エカチェリーナは都合がいい人物です。

この本の著者のロバート・K・マッシーはロマノフ朝に詳しい歴史作家で、ピョートル大帝の伝記でピュリツァー賞を受賞し、ロシア最後の皇帝となったニコライ二世を描いた『ニコライ二世とアレクサンドラ皇后――ロシア最後の皇帝一家の悲劇』でも知られています。

マッシーがこの本で描くのは「1人の女性」としてのエカチェリーナの波乱に満ちた生涯です。色恋沙汰も面白いのですが、とりわけリーダーシップという観点から教訓に満ちています。弱い立場だったはずのエカチェリーナが巧みに権力を握り、臣下や軍隊、国民の支持を得ていく過程が大変興味深いのです。

エカチェリーナは実は正当な帝位の継承者ではなく、〝簒奪者〟でした。神聖ローマ帝国領だった北ドイツ（当時）のポンメルン領主の娘として生まれ、母親はデンマーク王家の出身。エカチェリーナは16歳にして、当時17歳で同じくドイツ育ちのロシア皇太子、ピョートルと結婚します。しかし夫婦仲は悪く、エカチェリーナは公然と浮気をしていました。それでも、エカチェリーナは熱心にロシア語を勉強し、流暢に話せるようになりましたが、ピョートルはドイツ文化へのこだわりが強かったとされます。

2人には、「ロシア語の読解と会話を教えるために教授がひとりつけられ、ロシア正教の教義と典礼の教育には学識豊かな聖職者が指名された。ピョートルは教師が教えようとすることすべてに抵抗し、反撥した。これとは対照的に、ゾフィー（編集注：エカチェリーナ）は喜んで勉強に励んだ」とマッシーは述べます。

1762年、ピョートル三世はロシア皇帝として即位します。当時ロシアは、フランスやオーストリア、スペインなどと同盟し、イギリス、プロイセンと七年戦争を戦っていました。しかしプロイセン王のフリードリヒ二世に心酔していたピョートルは、ロシア軍が戦いを有利に進めていたのにもかかわらず、即位後すぐに講和条約を結びます。

これを裏切り行為と受け取ったロシアの軍隊や貴族は不満を募らせます。皇太子時代からロシア語やロシアの文化に対する理解が足りなかったピョートルは、ロシアの貴族と対立していました。しかもロシア正教に改宗したエカチェリーナと違って、ピョートルはルター派の信仰を捨てようとしませんでした。つまりピョートルはロシアの貴族も軍隊も教会も敵に回していたのです。

そこでエカチェリーナを皇帝に擁立し、ピョートルを排除しようとするクーデターが画策されます。「大公女（編集注：エカチェリーナ）はピョートル同様にドイツ人として生まれた。だが、18年間、ロシアで暮らし、ロシア正教を信仰している。若い方の帝位継承者の母親であり、その絶対的忠誠心はロシアに向けられている」。こうロシアの有力な貴族たちは考えるようになります。

さらにピョートルはロシア陸軍の関係者にも嫌われていました。フリードリヒ二世に心酔しすぎた結果、プロイセン大佐の青い制服を着て、プロイセンの黒鷲勲章をつけ、フリードリヒの小さな肖像画が入った指輪をみせびらかすようになりました。さらに皇帝になるや、ロシア陸軍をプロイセン・モデルに従って再編しようとします。「軍服、規律、教練、戦場における戦術、指揮官もすべてをプロイセン化しようとしたのだ」とマッシーは述べます。

ロシアの皇帝が当時戦争を行っていた敵国であるプロイセンをほめそやし、そのやり方を真似ろと命令すると、陸軍の将兵が不満を募らせるのは当然です。自己否定されているようなものだからです。さらにピョートルは、ロシア正教会も政府の管轄下において、その全資産を国有化する勅令まで出します。高位聖職者を国家公務員にし、司祭たちにはトレードマークの髭も剃るように命じました。

この結果、貴族、軍隊、ロシア正教会までがこぞってエカチェリーナ擁立に傾く動きが加速します。当時は妊娠中で態度を決めかねていたとされるエカチェリーナも、皇帝による自身の逮捕命令が出る中、ついに腹を固め、クーデターは実行に移されました。ピョートルがロシア皇帝になってからわずか6カ月後のことです。その後、ピョートルは廃位されて幽閉され、暗殺されることになります。

しかしロマノフの血筋ではなく、正当な皇位継承者ではないエカチェリーナが皇帝に即位するのは無理筋であり、高いハードルがあります。それでも、貴族や教会の支持を背景に、エカチェリーナは皇帝として即位します。

ロシア人でもなく、皇位継承権もない女性が皇帝になることに対して、一部には強い反発がありました。ロマノフの血を引く別の皇帝をかつぎだそうという動きも起きます。そんな逆風続きの中でも、エカチェリーナは巧みに危機を乗り越えていきます。

この本を読んでいて印象的なのは、エカチェリーナの忍耐力と味方をつくる能力の高さです。15歳から異国だったロシアの地で暮らす中で、侮辱的な発言をされてもうまくやり過ごす術を身に着けていました。また敵になりかねない人物を自分の味方にすることの重要性も分かっていました。帝位簒奪者だったエカチェリーナは、貴族や教会の声をよく聞いて支持を得ることが、権力を維持するために不可欠だと理解していたのです。

誤解している人も少なくないのですが、厳密にはマスク自身がテスラを起業したわけではありません。もともとの創業メンバーはマーティン・エバーハードとマーク・ターペニングらで、マスクは当初は〝投資家〟としてテスラにかかわっていました（関係者が合意して現在はマスクを含む5人が共同創業者となっている）。しかしテスラが初の量産EVの「ロードスター」を発売する2008年にマスクがCEOに就任し、直接経営に関与するようになりました。

今では多くの人がテスラはマスクの会社だと思っています。もちろんテスラの成功は、あらゆる面でマスクがCEOとして経営を指揮することによって達成されたといえるでしょう。しかし、ある意味でマスクも〝簒奪者〟という見方をすることもできます。

創業者ではない人がトップになって組織を指導する際には、人間の心理を理解し、巧みに支持を集めていくエカチェリーナのような立ち振る舞いは参考になりそうです。

PART 04

SF

「イノベーションを生む「SF思考」

イーロン・マスクが読んでいる本のリストを見ると、SFが非常に多いことに驚かされます。マスクが子どもの頃は1日に2冊の本を読む〝本の虫〟で、とりわけSFが大好きでした。アイザック・アシモフ、ロバート・ハインライン、イアン・バンクスなどが著した、さまざまなSFを読んでいます。

SFを愛読してきたことは、マスクに大きな影響を与えています。再利用可能な宇宙ロケットを開発して火星を目指すというマスクの計画は、子どもの頃にSFを読んで想像した世界を自ら実現しようとしているようにも思えます。

多くのSFは「未来を先取り」しようとしています。現在の科学理論などをベースに、はるか先の未来を想像するため、宇宙を舞台にしたSFには「恒星間航行」「ワープ」「ホログラフィー」「アンドロイド」といった多様な技術が登場します。

〝究極の未来〟を想像するSF的な思考は、イノベーションにつながる刺激やヒントに満ちています。例えば、SFテレビドラマの『スタートレック』に登場するコミュニケーター（通信機）は、携帯電話・スマートフォンによく似ており、『スター・ウォーズ』に登場する立体的な映像で人が現れて話をする3Dホログラムも、実際に使われるようになりました。

SF作家のアシモフは、60年近く前に自動運転車の登場を予言していました。1964年に、ニューヨーク・タイムズに掲載された2014年のニューヨーク万国博覧会を予想する記事で、「『ロボットの頭脳』を備えた車両の設計には多くの努力が注がれるだろう」とアシモフは語っていました。自動運転車がたくさん展示されるような世界です。

実際に2014年にラスベガスで開かれたCES（国際家電見本市）では、ドイツのアウディなどが自動運転の試作車のデモを実施しました。2022年時点で自動運転車の開発は加速しており、高速道路などを自動運転で走行できる世界がすでに現実になろうとしています。

SFの歴史を変えたアシモフの名作

本パートでまず紹介したいのは、アシモフが1940年代に執筆を始めた『ファウンデーション』シリーズです。「SFの中でもアイザック・アシモフ（の作品）は本当に偉大だ。とりわけファウンデーションシリーズは史上最高傑作の1つと言える」。マスクは本シリーズをこう絶賛しています。

ファウンデーションシリーズの舞台は1万2000年続いてきた銀河帝国です。長く繁栄し

ファウンデーション
──銀河帝国興亡史
〈1〜3〉
アイザック・アシモフ
早川書房

てきた銀河帝国は衰退を始めていました。危機感を持った元宰相で数学者のハリ・セルダンは、人類の未来を予測する「心理歴史学」により、帝国の崩壊を予見します。心理歴史学とは、歴史、社会学、数学的な統計を組み合わせて、銀河帝国のような非常に大きな集団の人々が将来どのように行動するかを予測する架空の学問です。

心理歴史学により、帝国の崩壊で「3万年の暗黒時代が到来する」と予測したセルダン。3万年の暗黒時代を1000年に短縮するために、全人類の知識を集約する銀河百科事典を編纂する「ファウンデーション」を宇宙の辺境にある惑星に設立します。

原子力などの先端技術と優れたリーダーを擁するファウンデーションは次第に力を強め、文明と技術が衰退する帝国のほかの惑星を支配下に収めるようになります。強力な帝国軍と対峙することになったファウンデーションですが、巧みに立ち回り危機を乗り越えます。

そんなファウンデーションを窮地に陥れたのが、ミュータント（突然変異体）で超能力者の「ミュール」です。他人の精神に干渉し、抵抗心をなくし、自分に対する忠誠心を持つように仕向けられる強力な超能力を持つミュールは、ファウンデーションの首都ターミナスを制圧し、支配下に置きます。

しかしセルダンは、ファウンデーションがこのような危機に陥る可能性も心理歴史学で予測しており、あらかじめ「第二ファウンデーション」を設立していました。その存在を知ったミュールは、第二ファウンデーションを敵対視して、探索に乗り出します。ミュールと対決することになった第二ファウンデーション。その長である「第一発言者」と呼ばれる人物は、ミュールを罠にかけて無力化し、戦いを終結させます。

なぜファウンデーションシリーズは偉大なのでしょうか？　スター・ウォーズのようなSF大作も同シリーズなしに存在しなかったからです。日本の『銀河英雄伝説』や『機動戦士ガンダム00』のストーリーにも似たところがあり、一定の影響を与えているといえるでしょう。

本シリーズにおいて、アシモフは「銀河帝国」という壮大な世界観（宇宙観）を提示しました。銀河帝国というモチーフは、スター・ウォーズに限らず、多数のSFに登場しています。宇宙を舞台にしたSFには帝国が頻繁に登場する一方、民主国家はなぜ少ないのかと、SFが好きだった10代の私はしばしば疑問に思いました。今振り返ると、アシモフの作品が多くのSF作家に影響を与えたことが一因でしょう。

さらにファウンデーションシリーズでは、物語の随所でセルダンがホログラムとして登場します。宇宙をテーマにしたSFでは同様のシーンをしばしば目にしますが、ルーツの1つはここにあります。

ガンダム00で主人公たちが所属する私設武装組織「ソレスタルビーイング」の創設者であるイオリア・シュヘンベルグが物語の時代設定から200年前の人物にもかかわらず、頻繁に映像で登場するのはファウンデーションシリーズにおけるセルダン的な存在と言えるでしょう。ミュールのような超能力を持つミュータントも、映画『X-MEN』シリーズに代表される多くの作品で取り上げられています。

つまり、宇宙をテーマにしたSFにおける1つの〝ファウンデーション（土台）〟を創ったのがアシモフといっていいでしょう。アシモフが本シリーズを書く際に参考にした本があります。それがエドワード・ギボンの『ローマ帝国衰亡史』で、それを何度も読み返してからシリーズ第3巻の『第二ファウンデーション』を書いたと同書の冒頭で述べています。本章のパート2で紹介したように、壮大な歴史を描くローマ帝国衰亡史はアシモフに加えてマスクの愛読書でもあります。

マスクのSF的な世界観を理解するうえで、彼が愛読するファウンデーションシリーズは欠かせません。

宇宙を支配する〝スパイス〟を巡る壮大なSF

次に紹介したいのが、マスクに加えて、アマゾン創業者のジェフ・ベゾスも推薦する宇宙を舞台にした壮大なSF小説『デューン 砂の惑星』です。2021年に映画化されて、日本でも公開され、改めて知名度が高まりました。

舞台は、はるか未来の荒涼とした砂漠の惑星で通称〝デューン〟と呼ばれる「アラキス」。この星は、宇宙を支配するといわれる「メランジ」と呼ばれるスパイスを産出する唯一の惑星です。

AI（人工知能）を搭載する機械による反乱を鎮圧した人間は、宇宙の様々な惑星を支配する帝国を築いていました。中世も想起させられるこの世界で、絶大な権力を持つのが皇帝「パ

デューン 砂の惑星〔新訳版〕（上・中・下）
フランク・ハーバート
早川書房

ディシャー」です。

しかし帝国では、メランジの力で惑星間航行を独占する「スペースギルド」や超能力を持つ種族などが勢力を拡大し、その支配は安泰ではありませんでした。

こうした状況に危機感を募らせた皇帝は、メランジの採掘権を持つハルコンネン家とそのライバルであるアトレイデス家を対立させようとします。そして両者の争いに帝国が介入し、メランジを産出するデューンを一気に掌握することを狙います。

アトレイデス家の当主は殺されて、アラキスは帝国直轄領となり、すべて皇帝の思惑通りに進むと思われました。しかし、砂漠に逃れたアトレイデス家の生き残りで未来を見通す能力を持つポールが立ち上がり、戦いを挑みます。

メランジをめぐる争いは、現代社会におけるエネルギーの争奪戦を彷彿とさせます。再生可能エネルギーの必要性は叫ばれていますが、石油や天然ガスは今も変わらず、国家と人々の生活を支える生命線です。ウクライナ危機ではロシアからの天然ガスの供給に依存する欧州諸国がウクライナを支援するかどうか悩む場面もありました。

マスクは別の観点からもこの本を評価しています。「素晴らしい。(デューンの著者は)ＡＩを規制することを提唱している」。マスクはＡＩの進化が人類にとって脅威になる可能性があると繰り返し指摘しています。２０１７年には「ＡＩが第三次世界大戦を引き起こしかねない」とツイートしました。

マスクはＡＩの知性が人間を超える「シンギュラリティ(技術的特異点)」に到達すると、人間が制御できないようになり、人類を滅ぼす可能性があるという説を信じており、「ＡＩ開発を規制すべきだ」と主張しています。

「火星から来た男」が地球人に突きつけた問い

ロバート・ハインラインも、マスクがお気に入りのＳＦ小説家で、本パートで2冊紹介する中の1冊目が１９６１年に出版された『異星の客』です。

主人公は地球から火星に送り込まれて遭難した第一次火星探検隊のメンバーの子どもであるヴァレンタイン・マイケル・スミス。遭難から25年後に火星に送られた第二次火星探検隊がスミスを発見し、地球に連れて帰ります。

火星人に育てられたスミスは超能力を身につけていました。一瞬で人やモノを消せることや、テレパシー、自己治癒のような力です。何よりスミスは多くの地球人とは異なる価値観を持っていました。火星人の文化には所有や私有といった概念が存在せず、財産や食料、知識も「みんなの共有物」として扱われていたからです。

カール・マルクスとフリードリヒ・エンゲルスが唱えた「原始共産制」や初期キリスト教の共同体における「財産共有制」に近い考え方です。共有が当たり前の火星の価値観を持つスミスには、所有権をめぐる人間同士の争いや国家間の戦争は奇妙なものに映ります。私有、所有という地球の文化が様々な問題を引き起こしているように見えたからです。

異星の客
R・A・ハインライン
東京創元社

そこでスミスは、火星の価値観をベースにした「すべての世界の教会」という宗教活動を始めます。「巣（ネスト）」と呼ばれる場所で共同生活を送り、火星語を学び、火星人のように表層的ではなく内面を重視する思考や超能力を身につけることを目指します。人間や動物を含むあらゆる生きものを神と見なす汎神論的な思想で、モノの共有だけでなく、男女のパートナーも独占しないルールになっており、自由な交わりを持ちます。生まれた子どもは共同体により育てられます。

このような宗教活動が、伝統的な宗教の関係者や社会にとって受け入れがたいのは当然です。既存の道徳や常識に反するスミスの思想は敵視され、すべての世界の教会は迫害を受けます。〝教祖〟のスミスも糾弾され、最後は、怒れる暴徒たちに命を奪われるというストーリーです。

火星を目指すマスクが異星の客に興味を持つのは当然でしょう。超能力に加えて、地球に住む人間の常識とはかけ離れた火星人的な思考も大変面白く、引き込まれる本です。何より精神的な世界を描こうとするハインラインの意欲に圧倒されます。

実は異星の客は「ヒッピーの経典」ともいわれています。ヒッピーとは、1960年代後半に米国で生まれたカウンターカルチャー運動に参加した若者を指します。自由恋愛を信奉し、インド哲学、禅、瞑想などで精神世界を学び、コミューン（共同体）生活を送るようなライフスタイルが当時の若者たちの心を捉えました。火星人をモチーフに、当時の社会へのアンチテーゼのようにして描かれた異星の客の世界観は、ヒッピーたちに強く支持されました。

ガンダムのルーツになった『月は無慈悲な夜の女王』

マスクが薦めるハインラインのもう1つの人気SFが『月は無慈悲な夜の女王』で、地球に支配されている月の植民地の住民たちが起こす反乱を描いた作品です。この本のストーリーは、機動戦士ガンダムに似ている部分がありますが、実は同じハインラインの『宇宙の戦士』と2冊合わせて〝ガンダムのルーツ〟ともされています。

この本の舞台は２０７５年、すでに人類は月を開発して植民地化しています。地球政府（世界連邦）は月を流刑地にしており、３００万人の住民は、大半が犯罪者、政治亡命者、またはその子孫で、地下都市に暮らしています。地球は人口が１１０億人に達して食糧不足に陥っていました。そこで月の植民地は岩石に含まれる水を利用して小麦などの穀物を栽培し、それを地球の国家に輸出するようになります。

月のインフラや機械は、高性能なコンピューターの「マイク」によって管理されていました。主人公はコンピューター技術者のマニーで、ある日、彼はマイクが知性を持っていることに気づきます。仕事量が増え続ける中で性能が強化されたマイクは自己認識を持つようになり、覚醒していたのです。

マイクの依頼を受け、マニーはマイクが監視できない反体制派の会議に出席します。そこでマニーが得た情報をマイクが分析したところ、月の行政府が現在の政策を続けると、7年で月

月は無慈悲な夜の女王
ロバート・A・ハインライン
早川書房

の資源が底をつき、食糧危機が起きて、人間同士の共食いが起きる可能性があることが判明します。

地獄のような未来を避けるために、月の行政府を倒し、地球から独立しようと反体制派は考えます。「革命が7分の1の確率で成功する」というマイクの分析を受けて、マニーらは革命運動を始めることを決断。秘密組織をつくり、月の独立に向けて組織を拡大していきます。しかし革命を成功させるには、独立を支持するように地球の世論も変えなければならず、地球人の協力者も必要です。マニーは、地球から観光客として月を訪れていた人物を協力者にすることに成功します。

ついに月は地球からの独立を宣言します。マニーらは地球を訪れ、月の自治権を主張する世界ツアーも始めます。しかし、地球政府は月の独立を認めようとはせず、宇宙艦隊を派遣し武力で制圧しようとします。革命派の反乱軍は宇宙船を保有しておらず不利な立場にありましたが、秘密兵器を隠し持っていました。

それが月から地球に穀物などの物資を送るという名目で建設した電磁カタパルト（マスドライバー）です。月の重力は地球の6分の1しかないため、重い物体の打ち上げに適しています。月の独立派は電磁カタパルトで穀物の代わりに岩石を発射して地球を攻撃。マイクは高度な軌道計算を実行して、地球上のターゲットをピンポイントで破壊していきます。

原子爆弾の爆風並みのエネルギーが生じる岩石攻撃の破壊力に地球に住む人々はおののき、次第に月の独立を認める国家が現れるようになります。地球からの独立戦争に勝利した革命派ですが、独立した月はユートピアとは程遠い状況でした。マイクもコンピューターとしては機能するものの、いつの間にか会話ができなくなってしまい、マニーは孤独を感じます。

不毛で活気がないと思っていた月で多くの人が生活する世界を描いたことに、マスクは感銘を受けたそうです。マスクは火星を目指していますが、その前に月に行くことを計画しています。さらに超知能を持つコンピューターが〝神〟のような力を持つ世界は、AIに強い関心を持つマスクにとり、間違いなく刺激となったことでしょう。

ギークのバイブル⁉『銀河ヒッチハイク・ガイド』

次に紹介するのは「ギーク（オタク）のバイブル」とも呼ばれる『銀河ヒッチハイク・ガイド』です。このシリーズは、ファウンデーションシリーズやデューンといった正統派のSFとは全く異なる、宇宙を舞台にした〝はちゃめちゃ〟なコメディーで、テクノロジー企業の関係者を中心に多くのファンがいます。

まず物語の冒頭でいきなり地球が破壊されてしまいます。銀河ハイウエイの建設工事で、地球が通り道になっていたためです。通常のSFでは地球の危機を救うストーリーが一般的ですが、全く展開が異なります。

主人公は間抜けでさえない英国人のアーサー・デント。地球の破壊からアーサーを救ったのが、地球に住んでいた異星人のフォード・プリーフェクトです。2人は地球を破壊した不快で

銀河ヒッチハイク・ガイド シリーズ
（全5巻）
ダグラス・アダムス
河出書房新社

官僚的な宇宙人、ヴォゴン人の宇宙船に潜入し、銀河へと旅立ちます。ヴォゴン人に見つかって捕まりそうになった2人ですが、からくも脱出し、ちょうど通りかかった宇宙の大統領で、フォードの友人でもあるザフォドの宇宙船に乗せてもらいます。

そこで出会ったのはとにかくネガティブで後ろ向きの発言ばかりするロボットのマーヴィンと、地球にいた頃からアーサーが好きだった女性、トリリアンです。ザフォドがひそかに地球を訪れた際に知り合って、トリリアンも宇宙を旅していました。

実は宇宙には、人間よりもはるかに頭脳が発達した超生命体（見た目はハツカネズミ）が何百万年も前から存在していました。彼らは長年「生命、宇宙、そして万物についての究極の疑問の答え」を見つけ出そうとしていました。そのために使ったのが世界で2番目に高性能なコンピューター「ディープ・ソート（深い考え）」です。そのコンピューターが750万年かけて出した答えはなんと「42」。質問の仕方に問題があったために意味不明な答えになってしまったのです。

ディープ・ソートの提案により、この疑問に答えられる宇宙で最も高性能なコンピューターが新たに開発されることになりました。宇宙で一番高性能な生命体を組み込んだコンピューターは惑星と間違えられるくらい巨大で、「地球」と名付けられます。

しかし長年にわたり計算を続け、疑問への答えが導き出されるわずか5分前に、地球が破壊されてしまいます。困ったハツカネズミ（超生命体）たちは、破壊される直前まで地球にいたアーサーの脳を調べれば、疑問の解につながる手掛かりが得られるのではないかと考えます。

アーサーは捕らえられ、脳を解剖されそうになります。しかしそこにマーヴィンらが助けに現れ、アーサーは救出されます。

マスクは、この本がある重要な点を浮き彫りにしたと述べています。「多くの場合、質問は答えよりも難しいということだ」。適切な質問を考えることができれば、答えはより簡単に得られるという気づきを得たそうです。

「問い」を立てる力は、ビジネスだけでなく人生においても非常に重要です。正しい答えを得るためには、正しい問いが必要になるからです。それは「課題を解決する力」よりも「課題を発見する力」の方が大切であると言い換えることができるでしょう。

マスクやティールに影響を与えた〝危険な思想書〟

『肩をすくめるアトラス』はロシア系米国人の女性作家、アイン・ランドが1957年に発表した小説です。個人的な自由と経済的な自由の両方を重視する「リバタリアン（自由至上主義者）」や米国の保守主義に今でも強い影響を与えている思想書でもあります。マスクと共に初期のペイパルを率いたティールもこの本の影響を受けており、アップル創業者の故スティーブ・ジョブズやフェイスブック創業者のマーク・ザッカーバーグなど、さまざまなテック系スタートアップの経営者にも支持されています。FRB（連邦準備制度理事会）元議長のアラン・グリーンスパンや経済学者のルートヴィヒ・フォン・ミーゼスも、肩をすくめるアトラスとランドのファンであることを公言していました。

名だたる起業家や経済界のリーダーは、なぜ肩をすくめるアトラスに魅了されたのでしょうか？　この本は、発明家や事業家などの優れた天才たちが、強い意志と徹底的な利己主義により社会を正しく導こうとする物語です。

舞台は、長引く不況に直面して社会主義化が進みつつある米国。国家による統制や規制が強まる中、民間企業のリーダーや、起業家、科学者たちは技術や製品を提供することを拒否する〝ストライキ〟を決行します。

革新的なモーターや軽量で耐久性が高く安価な金属を発明するなど、傑出した高い能力を持つ人々が相次いで姿を消した結果、経済は立ち行かなくなり、政府は必死になって行方を捜します。彼らはロッキー山脈の渓谷に集まり、優れた能力を持つ者だけのコミュニティーを形成します。社会に途方もなく大きな価値を生み出す天才たちが真っ向から反旗を翻したことにより、政府は崩壊し始めます。

マスクやティールのような天才たちには共感できる点が多いストーリーでしょう。個人が生み出す成果は純粋にその人物の能力のおかげであり、優れた能力と知性がある人間は逆境を克服できるというのがランドの主張です。

しかしながら、選民主義的で、優れた能力を持つ天才を称賛する一方、無能な人間を徹底的に否定するランドのメッセージには、嫌悪感を覚える人も少なくありません。このためこの本が出版された直後から批判的な意見が目立ち、「危険な思想書」と呼ぶ人もいます。肩をすく

肩をすくめるアトラス
（第一部、第二部、第三部）
アイン・ランド
アトランティス

めるアトラスは、個人の自由と資本主義を礼賛する一方、全体主義、社会主義的な世界を憎悪する、ランドの怒りの感情が強くにじみでています。

ランドがこのような思想を持つようになった背景には、彼女の生い立ちが深く関係しています。1905年に帝政ロシアで生まれたランドは、富裕で恵まれた生活を送っていましたが、12歳で革命が起き、一家は財産を没収されて困窮します。それでも革命で大学が女性に解放されたのをきっかけにペトログラード大学（現サンクトペテルブルク大学）に入学。歴史を専攻し、アリストテレスやプラトン、ニーチェを研究しました。

卒業間際に、ランドはブルジョワ（資本家階級）的とされ、ほかの多くの学生と共に大学から追放されますが、なんとか卒業を許可されます。1925年に親類を頼って渡米し、米国の自由な空気に魅了され、移住を決意。映画の脚本家・作家としての道を歩み始めました。

いくつか映画の脚本を書いた後、1936年に半自伝的な小説『われら生きるもの』を出版。旧ソ連の絶望的な世界とそこから脱出しようとする若者たちを描いた作品です。共産党の有力者や彼らと癒着した一部の人々が甘い汁を吸う一方で、庶民は飢えと逮捕や処刑におびえる抑圧的な生活を強いられる世界を描いています。

「『われら生きるもの』は『ソビエトロシア』についての小説ではない。国家と対立する個人についての小説だ。その主題は人の命の神聖さ——神秘的な意味ではなく、『至上の価値』という意味での神聖さである」。われら生きるものの序文でランドはこう述べています。この本は、ナチスドイツなどの全体主義やほかの社会主義国家を含むあらゆる独裁に関する場所と時代を問わない物語であり、暴力の支配が人間をどう変えてしまうか、それが人間の持つ最上のものをどのように破壊するかについて描いたものだ、といいます。

現代の人は信じられないかもしれませんが、当時はソ連や社会主義、共産主義が美化されることが多い時代でした。しかしランドは実体験に基づき、自由がない暴力的な世界の恐ろしさを批判的に描きました。

ベストセラーを出し、小説家として名を高めたランドは「オブジェクティビズム（客観主義）」という独自の思想を打ち立てます。詳細は省きますが、「自分自身の幸福を人生の目的として、生産的な成果を最も崇高な活動として、そして理性を唯一の絶対的なものとする英雄的な存在としての人間」を理想とする思想です。個人の権利を最大限尊重する自由な資本主義が理想的な唯一の社会体制である、というのがランドの主張です。

ランドの思想は、21世紀になって再び脚光を浴びるようになります。革新的なテクノロジーを発明して世界を変えようとするスタートアップのリーダーや、自由主義的な立場から資本主義を正当化したい保守派の政治家にランドの思想に共感する人が増えたからです。ドナルド・トランプが大統領だった時代は、政権幹部にランドの信奉者が多いとしばしば指摘されました。米国の政治思想の潮流を理解するには、ランドが書いた肩をすくめるアトラスは必読の書といえるでしょう。

もっともマスクは、ランドの思想をやや過激だと捉えている印象もあります。肩をすくめるアトラスは、「共産主義への対処法であり、それ自体は有用だが、優しさで和らげられるべきだ」とマスクは述べています。

マスクが偏愛するカルチャーシリーズ

イアン・バンクスの『カルチャー』シリーズ（全10冊）もマスクが大好きなＳＦです。本シリーズに登場する「カルチャー」とは、約９０００年の歴史を持つ、人類とエイリアン種族、ＡＩによって形成された高度な宇宙文明圏です。生産は自動化されており、人々は働くことなしに欲しいものを手に入れられます。バンクスはこのような社会を「宇宙社会主義」と定義しています。非常に高度なＡＩである「マインド」が、この世界の計画や管理のほとんどを担っており、人類は病気になったり、死んだりすることもほとんどありません。

残念ながらカルチャーシリーズには日本語に翻訳されていない作品が多いため、邦訳されているシリーズ第2作の『ゲーム・プレイヤー』を簡単に紹介します。

主人公はジュルノー・モラット・グルゲー。あらゆるゲームを極めた最高のプレーヤーです。数多くのゲーム大会で活躍しており、大きなトーナメントへの参加、論文の執筆、新しいゲームに対するコメント、弟子入りの希望など、さまざまな依頼がひっきりなしにやってきます。ただグルゲーは、このような生活にうんざりし、やる気を失いかけています。

そんなグルゲーに、銀河系の外にある「アザド帝国」で実施される〝究極のゲーム〟に参加しないかというオファーがやってきます。

ゲーム・プレイヤー
イアン・M・バンクス
角川書店

帝国名と同じ、アザドと呼ばれるそのゲームは非常に複雑です。まず駒は、遺伝子操作された細胞から生み出された人工物で、植物と動物の中間のようなものです。いったん盤上におかれると、その駒は変化し、例えば、戦艦だと思ったものが兵士になったりします。

実は、このゲームはアザド帝国をまとめている力であり、帝国全体がこのゲームを中心に動いています。結果次第でプレーヤーの社会的かつ政治的な地位も決まります。驚異的なゲームの映像を見せられて関心を持ったグルゲーは、親友のドローン（ＡＩロボット）と一緒にアザド帝国に向かいます。

ゲームに参加したグルゲーは、苦戦する場面もありましたが、持ち前の機転で乗り越え、勝ち残っていきます。アザド帝国の強力な政治家と対戦し、最終的にはゲームの達人である皇帝のニコサールと対決することになります。グルゲーはニコサールを追い詰めますが、敗北を覚悟した皇帝は、部下にすべての参加者を殺すよう命じます。

この本を読んで印象的だった言葉を紹介します。「すべての現実はゲームだ。最も基本的な物理現象、この宇宙の構造そのものは、いくつかのかなり単純な法則と偶然の相互作用が直接に生み出した結果だ。最もエレガントで、知的かつ審美的に満足できるゲームにも、それと同じ表現があてはまる。不可知であること、原子内部のレベルでは完全に予測できない事象から生まれることで、未来は柔軟性を持ち、変化の可能性、繁栄する希望が残される」。

遊びでも仕事でも、「すべての現実はゲームだ」と思わせられる場面は少なくありません。受験でも営業でも商品開発でもそうです。大会ごとに勝者が頻繁に入れ替わるスポーツのように、高いスキルがあっても結果は偶然や運に左右されます。何がしかの法則が存在しても、それを絶対視せず、未来は予測できないという前提に立って、目の前にある〝現実〟というゲームに向き合いたいものです。もちろん人生では苦しく、つらいゲームに参加しなければならないこともあります。そんなときは現実であっても「これはゲームだ」と割り切った方が、気持ちが楽になるかもしれません。

マスクがどれだけ本シリーズにはまっているかを象徴するエピソードがあります。スペースXが打ち上げた宇宙ロケットを海上で回収する複数の自律ドローン船には、カルチャーシリーズに出てくる宇宙船の名前が付けられているのです。「Just Read the Instructions(説明書を読むだけ)」「Of Course I Still Love You(もちろん私はまだあなたを愛している)」といった奇妙なネーミングは、マスクがカルチャーシリーズをこよなく愛していることの証左といえます。

恐るべきコンピュータープログラム

これまでマスクが読んでいるSFから7作品(シリーズを含む)を紹介して解説してきました。多くのSF作品がマスクに影響を与えていることは十分伝わったかと思いますので、残りの3冊については手短に紹介したいと思います。

『ステンレス・スチール・ラット』はハリイ・ハリスンの人気シリーズで、1冊目は米国で1961年に出版されました。舞台は人類が宇宙中に植民した未来で、管理統制型の社会に

ステンレス・スチール・ラット
ハリイ・ハリスン
サンリオ

なっています。主人公は、詐欺師、泥棒であるものの、機知に富んだジェイムズ・ボリバー・ディグリッツ。「ステンレス・スチール・ラット」という別名も使用しています。

未来社会の「ねずみ小僧」といったイメージがぴったりくる魅力的な人物です。変装の達人で、武術にもすぐれており、銀行強盗など犯罪のリーダーとして活躍します。盗みをしますが、殺人は嫌っており、社会にエンターテインメントを提供すると主張し、自分の犯罪を正当化します。主人公が恋する残酷で危険なヒロイン、アンジェリーナも魅力的で、冒険活劇として楽しめる作品です。

『デーモン』はＩＴコンサルタントから作家になったダニエル・スアレースが著したＳＦです。物語は天才的な頭脳を持つプログラマーでゲーム会社のサイバーストーム・エンターテインメントＣＴＯ（最高技術責任者）のマシュー・ソボルの死から始まります。ソボルは恐るべきコンピュータープログラム「デーモン」を密かに開発していました。

ある条件が満たされると起動するデーモンの最初のミッションは、サイバーストームで働き、デーモンの開発を手伝った2人のプログラマーの殺害でした。デーモンはコンピュータープログラムでありながら、オンラインゲームを使って実世界で工作員になってくれるエージェントを募集します。リポーターや麻薬の売人などさまざまな人物が工作員になります。デーモンは一般の人の目に触れない「ダークネット」と呼ばれるオンラインサービスを提供し、工作員同士は自由に情報交換できます。

デーモンは大量殺人も実行する恐ろしい存在ですが、驚くべき知能を持ち、ついには世界経

デーモン（上・下）
ダニエル・スアレース
講談社

済にも影響を与えるような存在になります。もちろん政府はデーモンを止めようと、刑事、FBI（連邦捜査局）、NSA（国家安全保障局）、ハッカーなどを動かします。しかしこれまでの犯罪者とは全く違うデーモンに彼らは翻弄されてしまいます。

戦慄を覚えるような全知全能のコンピュータープログラムは、AI脅威論を唱えるマスクからすると間違いなく興味深い存在でしょう。さらにこの本には殺人兵器にもなる無人運転車の「AutoM8」やロボットアームで2本の剣を使う自律型オートバイの「レイザーバック」も登場します。テスラはEVの自動運転に早くから取り組んでおり、高速道路での自動運転機能を実用化しています。

最後に紹介するのが『機械が止まる』です。『眺めのいい部屋』や『ハワーズ・エンド』で知られる英国の作家、E・M・フォースターが1909年に発表したSFの古典で、機械文明が進化した果てに崩壊する様子を描きます。

この本が描く未来社会では、人間は地下にあるハチの巣のような六角形の部屋に1人ずつ暮らしています。部屋は機械で制御されており、窓からの照明がないのに柔らかい明かりで充たされ、換気孔もないのに空気は新鮮です。そしてボタンを押すだけで、食事、飲み物、衣服が自動的に手に入る仕組みになっています。人々は互いに直接顔を合わせずに、テレビ電話のような機械を使ってコミュニケーションします。人々は機械を絶対的に信頼しており、体を動かすことすら面倒に思うような世界です。

主人公はヴァシュティという女性で、ある日、遠く離れて暮らす息子のクーノーから「どう

機械が止まる
（E・M・フォースター著作集 5
天国行きの乗合馬車
短篇集〈1〉に収録）
E・M・フォースター
みすず書房

しても会いたい」という連絡を受けます。ヴァシュティは飛行船に乗って息子に会いに行きます。クーノーは人間が機械に支配される世界に疑問を感じており、許可なく地表に出たところ、死刑に当たる刑罰を受けそうになっていました。

「母さんにはわからないのかなあ！……死にかかっているのはぼくたち人間で、この地下で本当に生きているのは機械だけだということが！　ぼくたち人間が思い通りにさせようと機械を作ったのに、いまでは思い通りにさせることができないのだ」。こうクーノーは叫びます。しかし機械を盲信しているヴァシュティは、その声を真剣に受け止めず、息子と別れます。

　それから数年経ったある日、ヴァシュティはずっと音信不通だった息子から「機械が止まる」という警告を受けます。実際に機械のトラブルがだんだん増えていき、修理を頼んでも対応してもらえなくなり、人間は故障だらけの機械に囲まれて生活するようになります。ついに明かりさえも機能しなくなり、空気も汚れて、耐え切れなくなってパニックに陥った人々は脱出しようと地上を目指します。しかし通路は混み合い、毒ガスも漂う中で多くの人は命を落とすことになります。

　機械に依存する社会の危うさと人間とは何かを問いかけた作品です。

■グーグルもアップルもＳＦ作家をコンサルタントに

２０１７年にハーバード・ビジネス・レビューに掲載された記事で、ＳＦ作家のエリオット・ペパーはこう述べています。

「SFは、予言的だから役立つわけではない。私たちの世界観を再構築するから、役立つのだ。海外旅行や瞑想のように、SFも心に別宇宙をもたらすので、自分の思い込みにみずから疑問を持つことが可能になる」

テクノロジー分野で画期的なイノベーションを生み出そうと思うならば、SFから学ぶことは力になります。米国のIT業界をリードするグーグルやアップル、マイクロソフトも、SF作家をコンサルタントとして雇っているそうです。

「架空の未来を探索することで、私たちの思考は誤った制約から解放される。正しい質問をしているだろうかと、疑問を持つようになる。想像力のほうが分析より大切なときがあると、認めざるを得なくなる」（ペパー）。マスクは子どもの頃から愛読しているSFから想像力の翼を羽ばたかせて、世界を変えるイノベーションに挑み続けています。

PART
05

ファンタジー

「世界を救いたい」という発想の原点

イーロン・マスクがSFと並んで好きな本のジャンルがファンタジーです。とりわけJ・R・R・トールキンの『指輪物語』を愛読しています。1950年代に発売された世界中にファンがいるロングセラー作品です。2001年には『ロード・オブ・ザ・リング』として映画化されて、改めて人気が高まりました。

指輪物語は、遠い昔に闇の冥王サウロンが作った世界を支配する魔力を秘めた〝指輪〟をめぐる冒険譚です。物語の舞台である「中つ国（ミドル・アース）」は、かつて指輪の力を手中に収めたサウロンに支配されそうになりました。しかし、イシルドゥアという勇者が立ち向かい、サウロンの指を切り落として勝利します。その際に指輪を破壊すれば、悪を永久に滅ぼすことができましたが、イシルドゥアは指輪を手にしたいという欲望に抗うことができず、自分のものにしてしまいます。しかしイシルドゥアは指輪に裏切られて命を落とし、その後、指輪は行方不明になります。

指輪物語
（全10巻）
J・R・R・トールキン
評論社

それから長い年月が経った中つ国のホビット庄で物語は始まります。主人公はホビット族のフロド・バギンズ。育ての親のビルボ・バギンズが111歳の誕生日を迎え、フロドも33歳の成人となったことを祝う宴が開かれます。しかし挨拶が終わった後にビルボは姿を消してしまいます。ビルボの財産を引き継いだフロドは、指輪も譲り受けます。

偉大な魔法使いのガンダルフから、その指輪が持つ恐ろしい魔力と甦ったサウロンがそれを探していることを聞いたフロドは仲間たちと旅に出ることを決意します。暖炉の火で燃やそうとしても壊せない指輪を破壊するには、モルドールという地方にある巨大な火山に行かなければなりません。

しかし強い魔力のある指輪はフロドの仲間たちに悪い影響を及ぼします。いつのまにか指輪を自分のものにしたいという誘惑にかられてしまうのです。ついにはフロドから指輪を奪おうとする仲間まで出てきます。もともとはサウロンを倒すために集まった5人の賢者の1人だった魔法使いのサルマンも指輪に魅せられた1人です。こともあろうか敵であるはずのサウロンと同盟を結び、指輪を奪おうとフロドたちに襲いかかります。しかしガンダルフの助けもあり、サルマンは撃退され、賢者たちのグループから追放されます。

指輪を破壊するために、モルドールの火山「滅びの山」を目指すフロドたち。しかし指輪を投げ込む場所に迫るにつれ、フロド自身も指輪の魅力に抵抗できなくなり、ついに自ら身に着けようとします。同じく指輪を欲する仲間のゴラムと奪い合いになり、二人は崖から転落しそうになります。フロドは生き残りましたが、指輪を持ったゴラムは火口に落ちて指輪は破壊されます。指輪が破壊されたことで、サウロンも消滅し、戦いは終わりました。

イーロン・マスクが「大のお気に入りだ」と公言する指輪物語。その魅力はどこにあるのでしょうか？　人間だけでなく、ホビット、エルフ、ドワーフなどファンタジーで定番となるさまざまな種族も登場する古典的な冒険譚で、私も少年時代に読んでおり、映画のロード・オブ・ザ・リングも含めて、大好きな作品です。

この本を読んで感じるのは、強さも弱さもある主人公のフロドと仲間たちが苦労しながら旅を続け、ガンダルフやエルフたちなどさまざまな人物の助けも借りながら、世界を救うストーリーの面白さです。主人公たちと一緒に旅をしているような気持ちになり、続きをどんどん読みたくなります。世界で1億5000万部のベストセラーとなり、世界中の少年少女を魅了し続けているのもうなずけます。

では指輪物語は、マスクにどのような影響を与えたのでしょうか。「私が読んだ本のヒーローたちは、常に世界を救う義務を感じていた」。マスクはこう述べています。ファンタジーでは、世界を救うために困難に立ち向かうストーリーが多く、物語の主人公になることを少年少女が夢見るのはよくある話です。

しかしマスクは大人になってテスラやスペースXを経営するようになってからも「地球を救いたい」と本気で考えています。私がマスクを取材した際にも、「EVを普及させることによって地球を環境破壊から救いたい」「（環境問題や核戦争などにより）地球に人間が住めなくなった場合に備えて、人類が別の惑星に移住できるようにしたい」と述べていました。

ファンタジーは、内向的な性格で現実社会においていじめにあっていた少年時代のマスクが英雄になった姿を夢想できる架空の世界でした。南アフリカで育ったマスクは学校で階段から突き落とされて気絶するまで殴られたこともありました。

指輪物語は、マスクが大人になってからも「世界を救いたい」と考え、ＥＶや宇宙開発に力を注ぐインスピレーションにつながっているようです。

「月か太陽へ、ゆくかもしれぬ」

マスクだけでなく、ティールも指輪物語の大ファンです。この本に登場する遠く離れた世界と過去や未来を見ることができる不思議な石の名を冠した、パランティア・テクノロジーズというデータ解析企業をティールは起業しています。この章のイノベーションのパートで触れたティールの起業に関する考え方を紹介した書籍『ゼロ・トゥ・ワン』には、次のような指輪物語の言葉が紹介されています。

角を曲がれば、待ってるだろうか、
新しい道が、秘密の門が。
今日はこの道、す通りしても
明日またこの道、来るかもしれぬ。

そして隠れた小道を通り、
　月か太陽へ、ゆくかもしれぬ。

新しい道や隠れた小道を進むことが実はチャンスにつながる――。そんなティールの考え方を象徴する言葉です。ティールはスタンフォード大学のロースクールを卒業して最高裁の法務事務官を目指したものの面接に落ちるという挫折を味わいます。しかし別の道を選んだことで、起業家や投資家として大成功しました。

ティールも繰り返し指輪物語を読んで、そこからさまざまなインスピレーションを得ました。「月や太陽へ、ゆくかもしれぬ」という言葉は、ティールよりマスクの方に当てはまりますが。

実は指輪物語は、それ以降に書かれたファンタジー作品だけでなく、ロールプレイングゲーム（ＲＰＧ）にも強い影響を与えています。１９７０年代にはＲＰＧの源流となるボードゲームが大ブームになります。プレーヤーが、人間、ドワーフ、エルフなどからどの種族になるかを選ぶという設定は指輪物語の世界観を下敷きにしています。

そして１９８０年ごろにはパソコン用の本格的なＲＰＧゲームが誕生します。例えば、１９８１年に発売されて大ヒットしたパソコン用ＲＰＧの「ウィザードリィ」。ウィザードリィで選べる種族も人間、ホビット、エルフ、ドワーフ、ノームです。同年に発売された「ウルティマ」などを含めて、初期のＲＰＧのストーリーとキャラクター設定は指輪物語からインスピレーションを受けているといえるでしょう。

マスクも12歳でゲームソフトを開発したパソコン少年で、ウルティマなどのRPGで遊んでいました。日本の「ドラゴンクエスト」シリーズや「ファイナルファンタジー」シリーズなども、もちろんこれらの米国生まれのRPGの影響を受けており、指輪物語の世界観を間接的に受け継いでいるといえるでしょう。

ドラマ『ゲーム・オブ・スローンズ』の原作となった大作

マスクが好きなもう1つのファンタジーが米国の作家、ジョージ・R・R・マーティンの『氷と炎の歌』シリーズで、「近年出版されたファンタジーの中では、マーティンの作品がベストだ」と評価しています。

『氷と炎の歌』シリーズは、中世の英国や15世紀の薔薇（ばら）戦争などにインスピレーションを得た壮大なファンタジーです。最初に書かれた『七王国の玉座』の出版は1996年なので、マスクは大人になってからもファンタジーが好きなことが分かります。本シリーズは小説だけでなく、カードゲームやボードゲーム、RPG、さらに2011年にはテレビドラマの『ゲーム・オブ・スローンズ』にもなり、世界的なブームになりました。

氷と炎の歌の主な舞台は、英国を想起させる架空の大陸ウェスタロスと、その東にある大陸のエッソスです。ウェスタロスにはアンダル人が侵入し、先住民を征服して七王国が成立しま

七王国の玉座
（氷と炎の歌1）
（上・下）
ジョージ・R・R・マーティン
早川書房

したが、その後、あとからやってきたヴァリリア人に再征服され、ターガリエン家が支配する統一王朝が成立します。

しかし物語が始まる十数年前に、ロバート・バラシオン率いるバラシオン家が反乱を起こし、ターガリエン家を倒して玉座を奪います。シリーズ1作目の七王国の玉座は、ロバート王の死とその後に起きた玉座をめぐる権力闘争を描いたものです。

ストーリーは、ロバート王が、ウェスタロスの北部を治めるエダード・スタークを訪れるところから始まります。ロバートは古くからの戦友であるエダードに宰相である「王の手」になるよう依頼します。エダードは乗り気でありませんでしたが、前任の王の手が死んだ理由をつきとめるために、その依頼を受諾。娘のサンサとアリアを連れて王都に向かいます。

サンサはロバート王の12歳の息子のジョフリーと婚約します。しかし実はジョフリーはロバート王の子どもではなく、王妃サーセイとその双子の弟との近親相姦で生まれた子どもで、正当な王位継承者ではありませんでした。その秘密にエダードは気づきますが、事実を告げる前にロバート王は死んでしまいます。サーセイを逮捕しようとしたエダードですが、仲間だと思っていた人物に裏切られて逆に逮捕されています。

こうしてジョフリーが王位を継ぎ、エダードは処刑されてしまいます。そこで立ち上がったのが、エダードの次男であるロブ・スタークです。エダードの妻の家系であるタリー家と組んで、戦いを挑み、巧みな作戦で勝利。ジョフリーが王の実子でないことを明らかにし、ロブは北部を支配する王となります。

王狼たちの戦旗
（氷と炎の歌2）
（上・下）
ジョージ・R・R・マーティン
早川書房

『七王国の玉座』以外にも『王狼たちの戦旗』『竜との舞踏』などさまざまな作品がある本シリーズでは、多様なキャラクターが登場する複数の物語が同時に進行します。

ウェスタロスの北には、七王国を守るために築かれた氷の防壁が存在していました。かつてローマ人が英国の北部に築いたハドリアヌスの長城のようなもので、未開の部族や超自然的な生物の侵入を防ぐためのものです。

この〝壁〟では、エダードの私生児で守備隊の一員であるジョン・スノウが活躍します。私生児として侮辱されることも多かったスノウは、壁を防衛する軍団への参加を自ら志願。武人として経験を積み、やがてリーダーとして力を発揮するようになります。スノウは、本シリーズのさまざまな物語で重要な役割を果たします。

一方、ロバートの反乱で権力の座を追われたターガリエン家の末裔で、海を挟んだ東の大陸エッソスで兄のヴィセーリスと共にさすらいの亡命生活を送るデナーリス・ターガリエンも重要人物です。デナーリスは兄の玉座奪還という目的のために武勇に優れた遊牧民の族長と結婚します。しかし族長が急死したことを受けて、女族長になり、炎を吐くドラゴンを自在に操り、その背に乗って大空を駆けめぐるユニークなキャラクターへと成長して活躍します。

人間が持つ「善」と「悪」の二面性を描く

世界で累計7000万部以上の大ベストセラーになった氷と炎の歌シリーズの魅力は、ユ

竜との舞踏
(氷と炎の歌5)
(上・中・下)
ジョージ・R・R・マーティン
早川書房

ニークなストーリーとキャラクター設定にあります。

まず全編にわたる主人公といえる人物が存在しません。というよりも、複数の主人公がいるといった方が正しそうです。最初はエダード・スタークが中心的なキャラクターとして登場しますが、シリーズの序盤で捕らえられ、殺されてしまいます。その後、息子のロブ・スタークが活躍しますが、裏切りにあって非業の死を遂げます。さらに私生児のジョン・スノウ、美貌の竜使いのデナーリス・ターガリエンなどがそれぞれの場面で中心的なキャラクターとして登場します。

通常なら主役がはっきりしないとストーリーが成立していないように感じられたり、面白くなかったりする場合が多いのですが、本シリーズは違います。それぞれのキャラクターの個性が生き生きと描かれており、むしろたくさんの「異なる視点」が存在することで、物語が多面的になり、面白さが増しています。ゲーム・オブ・スローンズのテレビドラマも大変面白く、個性的な登場人物たちが織りなす物語に引き込まれます。いったん見始めると止まらなくなり、私は寝不足になってしまいました。

さらに面白いのは、欧米のファンタジーとしては珍しく、「善」と「悪」を併せ持つ登場人物が多いことです。一般的には主人公が善で、敵は悪として描かれますが、本作品では必ずしもそうではありません。ある人の視点からみれば正義でも、別の人の視点から見ると悪であることは、現実にはあります。人間の持つ二面性が描かれていることも本シリーズの魅力になっています。

恐ろしい騎馬民族の族長が実は思いやりのある夫だった。戦いが苦手で臆病で自信がなく、親にも見捨てられた人物が、実は知性があって思慮深く、その観察眼を生かして活躍する。障害がある小人で家族からも嫌われているものの、知性と良心があり、敵とも信頼関係を築ける魅力がある……。完全無欠のスーパーヒーローよりも、強さと弱さを併せ持つキャラクターの方が人間らしくて感情移入しやすいのかもしれません。

ヒーローにも強さと弱さがあり、善と悪の両面がある――。それが指輪物語と氷と炎の歌シリーズを読んで、とりわけ印象に残ったことです。英雄や賢人といわれている人物が、強烈な力を持つ指輪をどうしても手に入れたくなるという誘惑に負けてしまう。正義だと信じて行動したことが、多くの人を不幸にすることがある。登場人物が思い悩んだり、究極の選択を迫られたりする場面で「自分なら、どうするか」を考えるのは楽しいものです。

マスクも完璧とは言い難いヒーローです。ツイッターなどでの失言も多く、子どもっぽい行動も目立ちます。熱狂的なファンが多い一方で、批判的な人も少なくありません。しかしデコボコがあり、自分が思ったことを抑えきれずに直感的に発信してしまう〝人間らしさ〟は、マスクの魅力でもあります。

PART
06

科学

宇宙から構造物まで——科学の本質に迫る

テクノロジーによるイノベーションに力を注ぐマスクは、当然、科学の本質や根源的な意味を問うような本に強い関心を示しています。とりわけ関心が高いのが宇宙です。

『この宇宙の片隅に——宇宙の始まりから生命の意味を考える50章』は宇宙と人間について考えるヒントに満ちた本です。著者のショーン・キャロルはカリフォルニア工科大学の教授で、『ヒッグス 宇宙の最果ての粒子』を執筆した世界的な理論物理学者。英語のタイトルは『The Big Picture』で、自らの専門である物理学の世界を超えて、宇宙、世界、生命、死、脳、意識について縦横無尽に語ります。50章、６３０ページにわたる大作で読むのは大変ですが、たくさんの気づきを得られる本です。

キャロルは「プロローグ」でこの本の狙いについてこう述べています。「私たちの目の前にある目標は二つ。一つはこの宇宙の筋書きと、それを正しいと考える理由、つまり私たちが今理解している大きな構図（ビッグ・ピクチャー）を明らかにすることだ。……もう一つの目標は人

この宇宙の片隅に——宇宙の始まりから生命の意味を考える50章
ショーン・キャロル
青土社

生にかかわる癒しをいささかでも提供することだ。私は、私たちは根底にある非人称的な法則に従って動く宇宙の一部ではあるものの、それでも私たちは大事だということを論じたい」。

宇宙という複雑な世界を、それらを構成する素粒子、力、量子的現象というミクロレベルにまで深掘りして捉え直す一方で、人間の人生とその意味という「哲学の問い」にまで踏み込みます。

キャロルが第1部で取り上げるのは宇宙です。単純に宇宙について説明するのではなく、アリストテレスなどの哲学者の思想と、物理学を大きく発展させたアイザック・ニュートンや統計力学とエントロピーの研究で知られるルートヴィヒ・ボルツマンなどの理論を踏まえた科学の歴史を俯瞰しつつ、宇宙とは何かを深掘りしていきます。

「ラプラスの悪魔」はスーパーコンピューター？

第1部でたびたび登場するのが、18世紀後半から19世紀前半にかけて活躍したピエール＝シモン・ラプラスです。「ラプラスの悪魔」として知られる「未来は決定されている」という決定論で知られている数学者です。

「現代風の言い方をすれば、ラプラスは宇宙がコンピュータのようなものだと説いたのだ。入力（現時点の宇宙の状態）を入れれば、それを計算し（物理学の法則）、結果（一瞬後の宇宙の状態）を出力する」。こうキャロルは述べます。

ラプラスは「巨大な知性」を想像しました。宇宙にあるすべての粒子の位置と速度を知っていて、粒子にかかるすべての力を理解し、ニュートンの運動の法則を適用するだけの十分な計算能力を持つ存在です。「そのような知的存在にとって、不確実なことは何もなく、未来は過去が眼前にあるのと同じようにある」。巨大な知性は、現代でいうところの驚異的な計算能力を持ったスーパーコンピューターに当たる存在といえるでしょう。

ラプラスの理論はマスクにとって大いなる刺激となり得るものです。ＡＩやＳＦのパートでも書いているように、マスクは、ＡＩが人間の知能を超えるシンギュラリティ（技術的特異点）に到達すると、人類にとって危険な存在になると警鐘を鳴らし、研究開発を規制すべきだと繰り返し発言してきたからです。

とりわけ面白いのはラプラスの「宇宙の正確な状態についての情報は、時間を経ても保存され、過去と未来の間に根本的な違いはない」という指摘です。アリストテレスは『自然学』で、無数の変化するものが散らばる世界を観察し、それぞれの原因を推察するというアプローチを取っています。つまり運動には「原因」が存在するという考え方です。

しかしキャロルは「ラプラスの情報保存が、アリストテレスが原因に置いた中心的な役割を崩す」と指摘します。何事にも〝原因〟があり、ある出来事が別の出来事によって引き起こされるという考え方は自然に思われていますが、物理学の世界においては必ずしも当てはまらないというのです。

この本は知的刺激に満ちた多様なテーマが目白押しで紙幅が足りないのですが、特に面白いと感じたものを追加で列挙します。

第2部「理解」では「ベイズ推定」で知られるトーマス・ベイズを紹介しつつ、確率論について掘り下げます。「自分の知識を更新する」「すべてを疑ってもよいか」などの章を読むと、人間は誤った思い込みをしがちで、物事はデータを基に冷静に捉えた方がいいことや、自分の想定に反するような新しい証拠が出てきたら、柔軟に考えを変えるべきであることに気づかされます。

第3部「本質」は、著者のキャロル自身も12歳のときにはまった「超能力」の話が出色です。超能力について大真面目に論じるだけでなく、それが科学的には否定されているからといって科学で何でも説明できると考えるべきではないと主張します。第3部の「なぜ宇宙は存在するのか」という章も、根源的な問いを立て、科学に向き合う著者の思考が光ります。

この本を読んでつくづく思うのは、世界的に活躍するキャロルのような科学者は、古代ギリシャ・ローマからルネサンス、産業革命期、近代、現代に至るまで、世界の歴史に大きな影響を与えた科学者や哲学者の思想や理論に驚くほど造詣が深いことです。

先人の積み重ねてきた成果に基づいて何かを発見することを指す「巨人の肩の上に乗る」という言葉があります。17世紀にニュートンが友人にあてた手紙で「私がかなたを見渡せたのだとしたら、それは巨人の肩の上に乗っていたからです」と述べたことでこの言葉は有名になりました（ニュートンが初めに語ったかのように誤解されていることも少なくありませんが、実際には12世紀のフランスの哲学者が最初に用いたそうです）。

学問の世界に大きな足跡を残した偉人たちについては日本の学校教育でも教えますが、彼らの業績や歴史的な意義を深いレベルまで理解できている人は少ないように思います。巨人たちの肩にきちんと乗って物事を深く考えることを、優れた科学者は大事にしています。

宇宙と科学の本質を突き詰める

マスクが読んでいる宇宙に関するもう1冊の本が『広い宇宙に地球人しか見当たらない75の理由――フェルミのパラドックス』です。「宇宙人がいる証拠は見つかってもよさそうなのに、いるように見えない」という矛盾をフェルミ・パラドックスと呼びます。エンリコ・フェルミはマンハッタン計画に参画し、原子爆弾の開発に成功したノーベル賞物理学者で、世界初の原子炉の運転を成功させたことでも知られています。

「宇宙にはたくさんの生命体が存在し、知的生命体も多数あると考えられるのに、なぜ地球にやってきた証拠がないのか」。フェルミが提示したこの問いに対する答えは、すべて3つの分類のいずれかに収まると、この本の著者であるスティーヴン・ウェッブは主張します。

①地球外生命体はすでに何らかの形で地球に来ている（来たことがある）
②地球外生命体は存在するが、何らかの理由でその存在を示す証拠が見つかっていない
③宇宙（少なくとも銀河系）にいるのは我々だけで、地球外生命体などいない

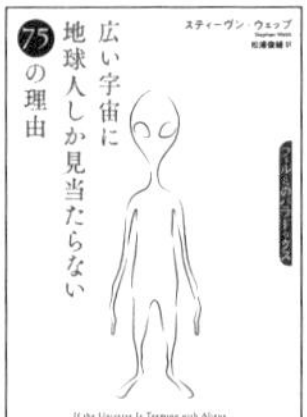

広い宇宙に地球人しか見当たらない75の理由――フェルミのパラドックス
スティーヴン・ウェッブ
青土社

この3つの分類に基づき、筆者は実に75通りもの解（解決案）を考えてこの本で論じています。冗談にしか思えないユーモアが笑える解もあり、読み進めるのが楽しい本です。宇宙に強い関心を持つマスクがこの本を読んだのもうなずけます。

まず①の地球外生命体はすでに地球に来ているという仮説に対する最初の解は「彼らはもう来ていて、ハンガリー人だと名乗っている」。フェルミがいた原子爆弾を開発したロスアラモスの研究所では、「ハンガリー人は火星人だ」という話がよく語られていました。「宇宙からやってきたので、マジャール語という他のインド・ヨーロッパ語族の言語とは類縁関係がない独自の体系を持つ言葉を話す」と。ジョン・フォン・ノイマンに代表されるロスアラモスで大活躍した4人の天才的な科学者を輩出したこともありますが、もちろん「ハンガリー人＝火星人説」には科学的な根拠はありません。

このほかにも宇宙人は「すでに地球に来ている」「地球に来た証拠を残している」から「人類はみんなエイリアンだ」といった奇妙に聞こえるものまでを含めて、さまざまな説を科学的かつ大真面目に検証しています。

次が②の地球外生命体は存在するが連絡がまだないというものです。「星があまりに遠い」という解では、星と星の距離が遠すぎて恒星間旅行ができないという説を、ロケット技術やアインシュタインの相対性理論を踏まえた「ワープ駆動」による高速移動を含めて検証します。さらに「地球に来るだけの時間がまだ経っていない」「向こうは信号を送っているが、その聴き方がわからない」「こちらの探査方針が間違っている」「通信する気がない」といった多様な解も取り上げています。

最後に③の宇宙にいるのは人間だけという分類にも触れます。「宇宙はわれわれのためにある」という解では、技術的に進んだ文明が発達するまでの道筋にはいくつも「起きにくい段階」があると指摘します。生命の発生、多細胞生物の進化、象徴言語の発達などがそれに当たります。こうしためったに起きそうにない、確率の低いことが重なって起きて、人類が存在しているので、「われわれが存在しないような宇宙は、可能性があっても無視できる」とします。「惑星系はめったにない」「岩石質の惑星はめったにない」「生命の誕生がめったにない」「人間なみの知能はめったにない」といった解も興味深いものです。

この本の最後で、著者はフランスの生物学者ジャック・モノーの言葉を紹介します。「進化は翼が生えた偶然だ」「人間はいずれ、無情にも広大な宇宙の中に自分だけがいて、自分はそこから偶然によって生まれたことを知る」。タイトルにもある、広い宇宙には地球人しかいないという主張は、75の解を読み進めていくと、説得力があるように感じられます。

ロケットについてのすばらしい本

「ロケットについてのすばらしい本。すごく面白い」。こうマスクが絶賛するのが『点火！——液体燃料ロケット推進剤の開発秘話』です。筆者のジョン・D・クラークはスタンフォード大学で博士号を取得した後に、ニュージャージー州にある海軍航空機用ロケット試験場（後に液体ロケット推進研究所）に入り、液体燃料ロケット推進剤の開発に長年関わってきました。

宇宙ロケットに使われる液体燃料ロケット推進剤の開発史を描いたマニアックな本ですが、インサイダーが語る開発ストーリーはとても興味深く、宇宙ロケットの創成期において研究者たちがどのような試行錯誤を繰り返して推進剤を開発してきたかが丁寧に書かれています。クラークは、成功した研究開発の計画だけでなく、失敗に終わった計画についてもあますところなく描きます。爆発の危険にさらされ、化学品の悪臭にまみれながらも、何かにとりつかれたように熱心に研究に取り組んだエンジニアたちの歴史は、読者の心を揺さぶります。失敗を繰り返すことで技術は成熟し、ロケットの性能も安全性も高まっていきました。スペースXで数々の失敗を繰り返して再利用可能なロケットを実現したマスクは共感する点が多々あったことでしょう。

点火！の序文は、ＳＦの泰斗で「ロボット三原則」でも有名なアイザック・アシモフが執筆しています。著者のクラークとプライベートで親交があったアシモフは2人の出会いを振り返りつつ、この本の意義を説明する序文をわざわざ執筆してくれたそうです。

この本を読むことで、「あなたはクラークや、彼と同じ分野で活躍した他の並外れた変わり者達について、多くを知る事になります。そして、常に死の危険を伴うにしても、それでも研究を進める価値があると思わせた、研究者達の感動を垣間見る事ができるでしょう」とアシモフは述べています。

とりわけ面白いのは第1章の「ロケット推進剤の開発の始まり」と第2章の「ペーネミュン

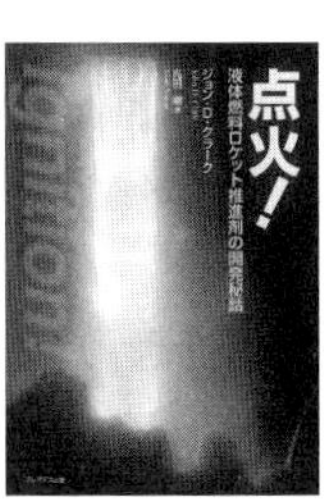

点火!
――液体燃料ロケット推進剤の開発秘話
ジョン・D・クラーク
プレアデス出版

デとジェット推進研究所（ＪＰＬ）」です。

第1章では、ロケットを使えば、宇宙に行けることを証明し、「宇宙旅行の父」とも呼ばれたロシアの科学者コンスタンチン・ツィオルコフスキーの業績を紹介します。ツィオルコフスキーは１８９７年に「ロケット噴射による、増速度の合計と噴射速度と質量比の関係を示す式」という公式を発表して、ロケット工学の基盤を作りました。さらに１９０３年には『反作用利用装置による宇宙探検』という論文を発表し、宇宙旅行は可能であり、その手段はロケットになると主張しています。ツィオルコフスキーは、多段式ロケットや軌道エレベーターのアイデアも考案していました。

ツィオルコフスキーはＳＦ作家でもあり、『月世界到着！』などの小説やエッセイも書いています。「地球は人類のゆりかごである。しかし人類はゆりかごにいつまでも留まっていないだろう」という有名な言葉も残しました。幼い頃の病気で耳が不自由になったロシアの学校教師が、独学で数学や天文学を勉強して、宇宙開発に大きく貢献する偉業を成し遂げたことには驚かされます。

第2章に登場する「ペーネミュンデ」とは、１９３７年にドイツ陸軍によって設立された兵器実験場の1つで、第2次世界大戦中に英国を恐怖に陥れた「Ｖ2ロケット」を開発したヴェルナー・フォン・ブラウンらのチームがロケット兵器の研究に使っていました。フォン・ブラウンは終戦間際に米軍と交渉し、５００人のチームを引き連れて米国への移住を認めてもらい、戦後もロケット研究を続けました。月を目指すアポロ計画で使われたサターンロケットの開発を指揮したことでも知られています。

ナチスドイツは宇宙ロケットの基盤となるロケット兵器に力を入れており、実戦でも使用していたため、研究が進んでいたのです。このためドイツの技術者たちは、米国とソ連の間で奪い合いになりました。自分たちの価値に気づいていたフォン・ブラウンは米国と取引することで、月に行くための宇宙ロケットを開発するチャンスを得たのです。もちろんロケット推進剤の研究成果やノウハウもフォン・ブラウンらと共に米国に渡りました。

第9章「ソ連の状況」も、東西の壁の向こう側の知られざる世界でどのようなロケット推進技術の開発がなされていたのかがうかがえる貴重な内容です。米国がフォン・ブラウンらを受け入れたのに対して、ソ連もドイツの技術者たちを手中に収めて、ロケット開発に参加させています。

ロケット推進剤については、ドイツの巨大化学メーカーだったI・G・ファルベン出身の化学者たちを使って研究させています。ソ連に送られたドイツ人の化学者たちは自己着火性の推進剤や、そのために使う添加剤の開発に取り組みます。東西でロケットの開発競争が繰り広げられましたが、「課題に取り組む化学者の考え方はどの国も同じなので、彼らの研究は米国と同じような経緯をたどった」とこの本は指摘します。

宇宙ロケットの開発をどうやって学んだのかと聞かれて、マスクは「本を読んで勉強した」と語っており、この本もその1冊に当たります。経営トップであっても、宇宙ロケットの推進剤という技術の根っこの部分から関心を持って学ぶのがマスク流です。

企業に都合の良い虚偽情報をばら撒く〝御用学者〟

次に紹介したいのが『世界を騙しつづける科学者たち』です。タバコとがんの関係や地球温暖化に関する論争をテーマに、企業に都合の良い虚偽の情報をばら撒く〝御用学者〟の実態に迫ります。

著者の1人であるナオミ・オレスケスは科学史の研究者でカリフォルニア大学サンディエゴ校の教授を経て、ハーバード大学の科学史と地球・惑星科学の教授として活躍しています。世界的に権威のある科学誌のネイチャーやサイエンスに複数の論文が掲載されたことでも知られています。

今でこそ地球規模の問題として人類の共通認識になっている地球温暖化ですが、かつては懐疑論が目立った時期もありました。「温暖化による気温の上昇は起きていない」「データに信ぴょう性がない」「人間の経済活動による温室効果ガス（二酸化炭素など）の増加よりも、自然的な要因の影響が大きい」といった意見です。

このような懐疑論は、産業にとって都合のいい話をする学者たちに支えられてきたと筆者は指摘します。「この説は間違っているかもしれない」「異なる考え方もある」といった指摘をすることで、その説がさも疑わしいものであるかのような印象を世間に広め、対応を遅らせていくのです。

世界を騙しつづける科学者たち（上・下）
ナオミ・オレスケス
エリック・M・コンウェイ
楽工社

疑問を呈する形であれば、科学者たちは責任を問われることはありません。科学的に100％立証することは困難なので、細かな点を突けばいくらでも否定的なイメージを広めることはできます。このため、このような御用学者たちが人々を騙しているとオレスケスらは批判します。

地球温暖化に対する懐疑論のようなパターンは、タバコの健康被害や、酸性雨、オゾン層の破壊などさまざまな問題に関して、共通して見られました。

その象徴的な事例としてこの本で登場するのがタバコです。タバコメーカー大手のR・J・レイノルズが1979年に開いた国際会議のプレゼンテーションで、同社のコリン・H・ストークス会長（当時）はこう語りました。「実のところ、タバコのせいだとされている慢性的変性疾患――肺ガン、肺気腫、心血管障害など――の原因や進行の機序（メカニズム）は、科学でほとんど解明されていない」。

1950年代以降、喫煙のせいで肺がんや心血管障害になったと訴える人が増え、多数の訴訟がタバコメーカーに対して起こされていました。それでもタバコメーカーは彼らに有利な科学者の証言を利用することで、原告側に対して勝利し続けていました。

R・J・レイノルズは、タバコ産業が有利になるような証拠を集めるために、生体医療を支援するという名目で科学者たちに巨額の資金を提供するプログラムを提供。当時、すでにタバコの害に関する研究は進んでおり、肺がんや肺気腫になる確率が大幅に高まる可能性は指摘されていましたが、御用学者を使って科学的な根拠がさも疑わしいものであるかのようなイメージを社会に広めていったのです。

日本でも「喫煙率が下がっているのに肺がん患者は増えている」「受動喫煙の健康被害は証明されていない」といった、タバコの有害性の軽視につながるような言説が目立った時代がかつてありました。もちろん現在なら、タバコの有害性については受動喫煙を含めて科学的に検証されており、否定する人はいません。しかし少なくとも20〜30年前には、このような懐疑論を大真面目に語る人が多数いたのです。

タバコ業界に限らず、環境や健康に悪いと分かっていても、規制が強化されることを妨害することで、自分たちのビジネスを延命させようとする動きは、世界中で見られます。科学への疑いを作り出し、人々に「まだ論争状態にある」と思わせる。こうした手法に注意を払うべきだというのがこの本の主張です。

マスクが率いるテスラは環境問題の申し子です。ＥＶの普及が加速している背景には、ガソリン車やディーゼル車など内燃機関のクルマに対する規制強化があります。一方で、ＥＶに対しては車両購入時に補助金が支給され、工場を建設すれば、税金面での優遇措置も受けられる場合があります。マスクはこうした追い風を巧みに利用して、ビジネスを成功させているのです。この本に書かれているような自分たちが有利になる世論形成の手法を学ぶことは、マスクがテスラの戦略を考える助けになったはずです。

テスラは最初のＥＶ、ロードスターを発売してから間もない２０１０年代初頭から、補助金を引き出す力になりそうなロビイスト的な人材を積極的に雇用しており、私も取材したことがあります。「環境にやさしい未来のクルマである」という特徴を積極的にアピールして、政府や自治体からの支援を引き出したことが、赤字に苦しんでいた初期のテスラを救いました。

身近にあっても意外と知らない構造物の原理

『構造の世界――なぜ物体は崩れ落ちないでいられるか』は、身近にあっても意外と知らない構造物の原理について、とても分かりやすく解説した本です。住宅から教会、ビル、橋、駅、飛行機、船舶、身体までさまざまな物体の構造を取り上げています。

　この本の魅力は、単純にさまざまな物体の構造を紹介するのではなく、背景に何があるかを丁寧に説明していることにあります。多数のイラストに加えて、事故などの失敗を含めた歴史を描いており、示唆に富んでいます。物体が、なぜそのような構造になっているのかが、原理から理解できる本です。

「構造設計の入門書を探しているなら、これは本当に本当に良い本です」。マスクはこの本をこう推薦しています。英語では１９６８年に出版された古い本ですが、日本語訳は１９９１年に発売されています。

　この本が理解しやすいのは、著者のジェイムス・エドワード・ゴードンが研究者であるのと同時に、実際に設計も手がけるエンジニアだったからでしょう。ゴードンは英国のグラスゴー大学で造船学を学んだ後に、ヨットのデザインを志して造船所に勤務。第二次世界大戦中は王

構造の世界
――なぜ物体は崩れ落ちないでいられるか
ジェイムス・エドワード・ゴードン
丸善出版

立航空研究所に移り、航空機に使われる複合材料や樹脂の新材料を研究しました。さらに爆撃機などに搭載される海難救助用の航空機投下型で自動組み立て式の救命ボートも設計していました。

この本の1章の冒頭で、ゴードンはこう述べています。「結局のところ、あらゆる植物や動物、そして人間が作るほとんど全てのものは、大なり小なり、機械的な力を支えながら壊れずにいなければならない。だから、全ての物体は事実上、何らかの形の構造物なのである」。私たちが住む世界は、ありとあらゆる構造物で満ちています。

なぜ、つり橋は多数のクルマが走行しても崩壊しないのか、ダムは大量の水をどのように貯蔵・制御しているのか、ノートルダム大聖堂はなぜ500年以上経っても健在なのかといった素朴な疑問に丁寧に答えてくれます。構造物を理解するうえで重要な、応力、せん断、ねじれ、破壊などについても丁寧に説明しており、エンジニアや理系の人に限らず、構造物を原理から理解したい文系の人でも読みやすい本だと思います。

マスクが構造の世界に関心を持ったのは、科学の本質や原理にとても強い関心を抱いているからでしょう。テクノロジー分野でイノベーションを起こすためには、知識の幅と深さが求められます。

PART 07

AI

AIは本当に人類を滅ぼすのか？

イーロン・マスクがＡＩ（人工知能）関連の書籍に強い関心を持つのには必然があります。マスクが起こそうとするイノベーションとＡＩは切っても切れない関係にあるからです。

マスクがＣＥＯを務めるＥＶのテスラ。テスラのクルマはエンジンの代わりにモーターと電池で走行するＥＶであることが人気の理由だと思っている人も多いのですが、実は別の魅力があります。それが自動車業界で群を抜く高性能なオートパイロット（自動運転）機能を搭載していることです。

完全自動運転を視野に、マスクはテスラのＥＶに高度な演算処理能力を持つコンピューターを搭載。高性能なＡＩが周囲を走るクルマや障害物、人間の状況を判断して、加速したり、減速したり、停車したりします。

マスクが率いる米宇宙開発ベンチャーのスペースＸの宇宙ロケットも高度なＡＩ技術を活用しています。スペースＸの宇宙ロケットの革新性は、以前は使い捨てだった高価な1段目のロケットを再利用していることにあります。
「宇宙ロケットの打ち上げコストを10分の1にする」というマスクの野望を実現するためには、いったん打ち上げたロケットを地上まで安全に帰還させることが必要です。かつて不可能とされた難度が高い制御を実現するカギを握る自動操縦を可能にするのがＡＩなのです。

ＡＩが人間を超える「シンギュラリティ」

自ら率いる2つの会社で取り組むイノベーションに欠かせない技術だからこそ、マスクはＡＩに強い関心を持っています。マスクが推薦する書籍『ＬＩＦＥ３・０――人工知能時代に人間であるということ』のテーマは、ＡＩが人間を超えるような超知能に進化するシンギュラリティ（技術的特異点）後の世界です。いかにしてシンギュラリティが起きるのかを分かりやすく描いています。超知能ＡＩが実現した場合、人間社会はどのように変化するのかをイメージするのに役立つ一冊です。

著者のマックス・テグマークは米マサチューセッツ工科大学（ＭＩＴ）教授で、理論物理学者。もともとは宇宙論を研究していましたが、ＡＩに研究をシフトさせました。ＡＩの安全性を研究する「生命の未来研究所」を共同で設立したことでも知られています。

テグマークは、人間の知性を上回る超知能ＡＩが実現した場合、人類絶滅の危機が起きるのかどうかに強い関心を持っています。人間の生み出したＡＩが自我を持ち、人類を破滅させせよ

LIFE3.0
――人工知能時代に
人間であるということ
マックス・テグマーク
紀伊國屋書店

うとする――。このテーマは過去100年近く、SF小説や映画で繰り返し取り上げられてきたものです。

古くはチェコの作家、カレル・チャペックの戯曲『RUR（ロボット）』があります。ロッサム万能ロボット会社が開発するロボットが、主人であるはずの人間に対して反乱を起こし、人々を殺戮するストーリーは有名です。同様のモチーフは、スコットランドのSF作家のイアン・バンクスの小説や『ターミネーター』『マトリックス』のようなアクション映画でも繰り返し登場してきました。

SF好きで知られるマスクは、超知能AIがはらむ危険性に際だって強い関心を寄せてきました。

「（AIは）人類文明の存在を根底から脅かすリスクだ」

「テスラを含めて高度なAIを開発する企業は規制されるべきだ」

「テクノロジーの進化のせいで、いずれ人類は絶滅する」

マスクはこのような警鐘を何度も鳴らしており、2015年には、「オープンAI」というAIによる世界支配を防ぐための非営利団体まで共同で設立しました。

マスクがスペースXの宇宙ロケットで火星への移住を目指す背景には、こうした超知能AIの誕生や環境破壊などにより、人類が絶滅の危機に瀕する可能性があるという強い危機感があります。2014年に日経ビジネスの特集のために取材した際に、マスクは次のように語っていました。

「スペースXでは、人類が複数の惑星で生存できる道があるかどうかを確かめたい。人類の文明と技術が高いレベルにあるうちに、宇宙を探検し、火星に恒久的な基地を建設したい」

「私は悲観主義者ではなく、未来に関して楽観的だ。終末論が好きなわけでもない。しかし歴史は、技術が波のように進歩したり、後退したりすることを示唆している。歴史上の多くの文明はそのような経験を繰り返してきた。そうならないことを願うが、技術の後退が起きる前に火星に基地を作ることは重要だと思う」

マスクは人類の悠久の歴史を踏まえて、このように語っていました。具体的にはどのようなことを指すのでしょうか。

例えば、空前の栄華を誇ったローマ帝国。都市を支える高度な水道システム、大規模な公衆浴場、豪華な劇場や円形闘技場、高速で移動できる帝国全土に張り巡らされた道路網、国際交易を活用した豊かな食生活、高い衛生観念と医療技術を実現しました。しかしローマ帝国の滅亡に伴い、このような豊かな文明や技術の多くは失われ、人々の生活水準は大幅に低下したとされます。

同様の文明の後退は、古代エジプト王朝、アッシリア帝国、マヤ文明、中国の漢や唐の滅亡後にも起きたと考えられています。マスクは、古今東西の歴史を振り返れば、人類は文明の後退期を何度も経験しており、同じような時代が再び来る可能性があると考えています。

もう1つのポイントはテクノロジーの進歩が同時に人類に危機をもたらすことへの懸念です。現代では、産業革命以降、技術革新が次々に起きて、生活はどんどん便利になっているという認識を多くの人が持っています。

しかしながら、科学技術の発展は同時に、人類滅亡の危険性も高めています。その典型は20世紀の後半に世界中の人々が恐れていた核戦争のリスクでしょう。1989年のベルリンの壁崩壊後に、東西冷戦はいったん収束する方向に向かったため、かつてと比べて、核戦争の危険性は低下していると考える人も増えてきましたが、依然として米国、ロシア、中国を中心に大量の核兵器を保有している国家があります。ウクライナ危機も起きて、核戦争が起きる可能性は再び高まっています。

東京大空襲や原爆投下を指揮したことで知られ、その後米空軍参謀総長を務めたカーティス・ルメイがベトナム戦争当時に「(北)ベトナムを石器時代に戻してやる」と発言したことは有名です。最近もロシア大統領のプーチンが核兵器を使用する可能性を示唆しており、世界を破滅させかねない脅威であることに変わりはありません。世界の文明を後退させる可能性があるテクノロジーの代表格はやはり核でしょう。

ちなみに米国でマンハッタン計画を主導した科学者、ロバート・オッペンハイマーは原子爆弾という破壊兵器を開発したことを後悔したとも受け取れる発言をしています。インドのヒンドゥー教の聖典『バガヴァット・ギーター』のセリフである「我は死神なり、世界の破壊者なり」を引用。第二次世界大戦後は、核戦争を防ぐ必要があると考えて、核兵器の国際的な管理や、当時のソ連との核開発競争を抑制するために働きました。

そんな人類最大の脅威とされる核兵器よりもＡＩの方が大きな危険性を秘めている、とマスクが指摘するのはなぜなのでしょうか。ＡＩは進化すると人間が制御できなくなる可能性がありますが、原子力エネルギー自体は人間の意志で制御が可能だからです。

実際にマスクは宇宙開発における原子力エネルギーの活用を考えており、「火星に水素爆弾を落とすことで、人間が住めるように改造することができる」という発言さえしています。水素爆弾を使って火星にある大量の氷を蒸発させ、水と二酸化炭素を発生させることで気温を上昇させ、人間が住めるようにできる可能性があるとします。

ＡＩがほかの様々なテクノロジーとは違う特別な存在であることを理解するためのヒントは、『ＬＩＦＥ３・０』に描かれています。

「知能が非物理的であるように感じられるのは、物質から独立していて、物理的詳細とは関係なしに、また物理的詳細には左右されずに、独自に振る舞うからである。簡単に言うと、計算とは時空内での粒子の配置のパターンであって、本当に重要なのは粒子でなくそのパターンである。物質は重要ではないのだ。要するに、物質がハードウェアで、そのパターンがソフトウェアである。このように計算が物質から独立しているからこそ、ＡＩは実現可能であって、知能に血や肉や炭素原子は必要ないのだ」

ＡＩは、物質から切り離され、独自に振る舞うため、ほかのテクノロジーとは一線を画する存在といえます。ＡＩが猛烈な進化を遂げるとどのようなリスクが生じるのかについては、マスクが薦める別の本でも詳しく説明されています。

それが『スーパーインテリジェンス　超絶ＡＩと人類の命運』で、マスクが強い関心を持つ

スーパーインテリジェンス
超絶AIと人類の命運
ニック・ボストロム
日本経済新聞出版

「人類はAIをコントロールできるか」というテーマに正面から向き合った一冊です。

超絶AIという副題が示すように、人間を超越するような高度なAIを〝スーパーインテリジェンス〟と呼んでいます。まさにマスクが恐れているような、汎用AIが実現される可能性を読み解くための示唆に満ちた本です。

とりわけ恐ろしいのは、超知能を持つAIが下す〝合理的な〟判断が実は人類にとって危険なものになりかねないことです。仮に超知能が最重要視する目標が、砂浜にある「砂の数を数えること」だったとしましょう。その場合、AIは、数え間違うリスクを極限まで抑えようとします。自らの計算能力を改善するためには、宇宙全体を自らの計算素子に作り替えようとする可能性すらあるといいます。

人工知能は「人類最悪にして最後の発明」なのか？

『人工知能 人類最悪にして最後の発明』も、AIの危険性を理解するために、すでに取り上げた2冊と併せて読みたい本です。

筆者のジェイムズ・バラットは、フリーのテレビプロデューサーでAIに強い関心をもって取材を重ねてきました。AIが人間の知能を大幅に上回るシンギュラリティのリスクを懸念する未来学者のレイ・カーツワイルやAIコンピューターの「HAL」が宇宙船の乗組員に反乱を起こすストーリーで知られる『2001年宇宙の旅』を書いたSF作家のアーサー・C・ク

人工知能
人類最悪にして
最後の発明
ジェイムズ・バラット
ダイヤモンド社

ラークらを早くから取材してきました。

本書は「コンピューターが世界を乗っ取るという危険は、すでに現実のものだ」と語った故スティーブン・ホーキング博士に限らず、多くの世界的な科学者がＡＩ脅威論を唱えるのはなぜなのかを理解する助けになります。

もちろんマスクはＡＩの脅威論だけに関心を持っているのではありません。ＡＩの進化を加速させる技術にも注目しています。とりわけＡＩを劇的に進化させている「ディープラーニング（深層学習）」に高い関心を示しています。その教科書的な名著が『深層学習』です。

この本はディープラーニングを基本から理解するための解説書として世界的に高い評価を受けています。ディープラーニングの理解に欠かせない数学、人間の脳の仕組みを模した「ニューラルネットワーク」。それを応用した「ＣＮＮ（畳み込みニューラルネットワーク）」「ＲＮＮ（回帰結合型ニューラルネットワーク）」などの手法を紹介。深層学習の基礎を、理論から学習したい人に役立つ内容になっています。

この本の「はじめに」は、次のような言葉で始まります。

「発明家たちは、考える機械を作ることを長く夢見てきた。この欲求は少なくとも古代ギリシャの時代までさかのぼる」。ギリシャ神話に登場する、クレタ島を守護する青銅製の巨人（機械人形）のターロス、彫刻された女性像が人間になったガラティアなどは、「みな人工生命と考えていいだろう」と述べます。

プログラム可能なコンピューターが誕生する１００年以上前から、人々はそれが知的なもの

深層学習
Ian Goodfellow、Yoshua Bengio他
KADOKAWA

に発展するかどうかに考えを巡らせていました。SF小説にはＡＩやロボットが登場するようになります。そして20世紀に入って実際にコンピューターが発明されるとＡＩへの関心は急速に高まりました。

ＡＩの研究は進展し、知識ベースのアプローチや機械学習などの理論も発展していきますが、技術的なブレークスルーがなかなか起きず、停滞期も経験します。そんな閉塞感を破ったのが、〝深層学習〟です。

深層学習モデルの典型は、順伝播型の深層ネットワークで「多層パーセプトロン」と呼ばれます。例えば画像の場合、入力した情報を、「エッジ」「角や輪郭」「物体の一部」といった特定の特徴を抽出するそれぞれの階層を通して、順番に処理していきます。大量の画像を学習させるだけで、ＡＩが、人間か、動物か、クルマかといった区別ができるようになります。深層学習により、画像の認識精度は飛躍的に高まりました。

マスクにとり、ディープラーニングは非常に重要な技術です。人間が自然に行っている学習行動に似た仕組みで、大量の画像、テキスト、音声などを読み込むことで、ＡＩの認識能力を劇的に高められます。

ディープラーニングは、テスラが力を入れる自動運転技術を進化させるカギを握っています。クルマが自動運転で走行する際には、周囲を走るほかのクルマや歩行者の状況、信号、道路標識、天候までを正確に認識する必要があります。大量のデータを読み込めば読み込むほど、ＡＩはより適切な判断を下せるようになります。自動運転で走行するテスラ車の数が増えれば、集まる情報も増えてＡＩの認識・判断の能力は高まり、自動運転の安全性は高まっていくといえるでしょう。

ＡＩを「可能性」と「危険性」の両面からできる限り深いレベルで理解しようとするマスクの姿勢は、読んでいるＡＩ関連の書籍の多さからも透けて見えます。

PART 08

経済学

「経済学の父」と「科学的社会主義の父」から学べること

「(神の)見えざる手」で知られる英国のアダム・スミスが1776年に出版したのが『国富論』です。〝経済学の父〟と呼ばれるスミスは、実は哲学者でした。グラスゴー大学で道徳哲学の教授を務めており、もう1つの代表作は『道徳感情論』です。「人間は利己的であり、他人に同調・共感する」とスミスは主張しました。個人の喜び、悲しみ、怒りといった感情に、他人が同調することで、「相互の共感」が生まれ、利己心を抑制する道徳的な規範が形成されます。このようにして人間の良心(常識)がはぐくまれて「フェアプレー」の社会が形成されるとしました。道徳感情論は人間の良心について論じた本といってもいいでしょう。

国富論を理解するためには、スミスが哲学者として「人間とは何か」「道徳とは何か」を深く研究し、考察していたことを知ることが重要です。「見えざる手」は、個人や企業の自由で利己的な行動に任せておけば、社会全体に自然に利益がもたらされるといった文脈でよく語られます。「市場経済は、ほったらかしにしておけば、見えざる手によって自然にバランスが取

国富論
国の豊かさの本質と原因についての研究(上・下)
アダム・スミス
日本経済新聞出版

国富論(上・下)
アダム・スミス
講談社

れる」といった話を高校などの授業で聞いたことがある人も少なくないでしょう。

しかしスミスは、自由でやりたい放題の経済活動を単純に勧めていたわけではありません。自由な経済活動の前提として、道徳や良心が備わった社会を想定しています。これは、トマス・ホッブズが『リヴァイアサン』で述べた「万人の万人に対する闘争」という、人間は自然状態ではお互いに殺しあうという見方への批判ともいえます。つまり人間の利己心と自由に基づき、経済的な豊かさの実現につながる市場経済を機能させるためには、道徳感情論で述べられているような良心や道徳、フェアプレーの精神が必要だという考え方です。

さらに自由市場経済における国家の役割についても、税金や助成金、公共事業のあり方などを含めて論じています。つまりアダム・スミス＝自由放任といった安易な見方には誤解があります。人間が生まれながらにして持つ、利己的な利益の追求という行動原理に任せることで市場と経済、社会の成長を促す一方で、必要な制度やルールはもちろん国が整えるべきだと考えていました。

歴史的な視点とグローバルな視点で世界経済を分析

国富論を読んで感心するのは、スミスが当時の経済における重要テーマを軒並み取り上げて、それぞれについて熱心に分析していることです。

取り上げているテーマは「分業」「貨幣の起源と用途」「商品の自然価格と市場価格につい

て」「労働の賃金について」「元本の利潤について」「土地の地代について」「金と銀の価値の比率における変動」「さまざまな国民における富裕の進展の推移について」「重商主義の体系の原動力について」「植民地」「税金」「助成金」「通商条約」「国家の収入」「国防費」「教育機関の経費」など、実に多岐にわたります。思いつく限り、当時の経済に関するあらゆる注目テーマを分析しようとしていたように思えるほどです。

何よりスミスの著作には、古代にまでさかのぼって物事を考える歴史的な視点と、世界を鳥瞰するグローバルな視点が光ります。

歴史軸では、古代ギリシャやローマ帝国、古代エジプト、古代インドにまでさかのぼり、それぞれの経済的な仕組みを考察しつつ、当時の英国が抱えていた経済的な課題にどう対処すべきかを論じています。グローバル軸では当時、植民地を拡大して世界帝国を築いていたスペインやポルトガル、さらにオランダの政策から中国の経済的な状況まで視野に入れ、英国と比較しながら論理を展開していきます。

国富論で貫かれているのは、「国民が豊かになれば、国も豊かになる」というスミスの思想です。16～18世紀にかけてスペインやフランスなど欧州の大国では輸出額を増やして輸入額を減らし、金銀などを自国に蓄積することを重視する「重商主義」が力を持っていました。しかし、スミスは分業により労働生産性が高まることで国民の得られる富が増え、経済は豊かになると主張します。金銀を蓄積することを富の蓄積と考える重商主義に対して、国民の労働によって生産されるピンのような生活必需品こそが富の源泉であると考えます。

スミスが国富論で取り上げている「分業」に関する考察はとりわけ印象的です。ピン工場を例に、職人1人当たり1日に20本程度しか作れないピンを、製造工程を18に分割すれば、10人の労働者で1日に4万8000本のピンを作ることができると述べます。1人当たり4800本なので、分業により生産性が240倍になる計算です。

ピン工場だけでなく、あらゆる手工業や製造業において、同様の分業が可能な場合、工場の労働生産性は飛躍的に高まります。さらに労働の細分化に伴い、無数の機械が発明されることで、一層の生産効率の改善が期待できます。「立派に統治された社会で、社会の最下層の人にまで行き渡るような一般的富裕を実現するのは、分業の結果として生じる、さまざまな職業全体における生産物の飛躍的な増加である」とスミスは述べます。生産性の向上により、余剰生産物が生まれ、それを交換することにより、労働者にも富が行き渡っていくという考えです。

このような余剰生産物を取引する場所が市場です。生産物には、それを生産するために必要な原材料コストや賃金、利潤を反映させた自然な水準の「自然価格」が存在するとスミスは主張します。もちろん市場で実際に取引される価格はそれを上回ることも下回ることもあります。しかし「市場に供給される量が有効需要を過不足なくぴったり満たす場合、市場価格はおのずと自然価格と同一になってくる」といいます。

これこそが「見えざる手」につながるスミスの思想のエッセンスです。市場価格は売り手や買い手の意思や政府の規制などにより、高くなったり安くなったりしますが、そうした障害をなくせば、最適な自然価格へと収斂していく。このため、社会で富が最適に分配されることを妨げる不合理な規制を、市場経済から取り除くべきだとスミスは主張します。そうすれば、富が社会で適切に分配されて、下層の労働者も富裕になっていくと考えていました。

経済合理性の観点からアメリカ植民地の独立に賛成

当時、独立戦争が起きていた英国のアメリカ植民地に対するスミスの見解も、示唆に富んでいます。

まず、アメリカの植民地を力によって鎮圧することは難しいとスミスは明言しています。独立派を鎮圧する際に流される血の一滴一滴が、英国の同胞市民であるか、そうありたいと思う人々の血であることを考慮すべきだと主張。「事柄がここまで進んできたというのに、我が国の植民地は力をもってすれば簡単に制圧されるだろうと自惚れる人物は、きわめて愚かな人々である」と述べます。

ここで重要なのは、アダム・スミスはあくまで経済合理性という観点から植民地運営を考えていることです。「現在の管理運営方式の下では、グレートブリテンは、その植民地に対して執行している統治権から、損失以外何も引き出していないのである」。

このためスミスは、「植民地に対するすべての権限を自発的に放棄し、植民地が自らの行政官を選び、自分たちの法律を制定し、彼らが適切だと考えるような平和と戦争を行うように任せよう」と提案します。もちろん帝国主義と植民地支配が拡大する一方だった時代において、この提案は挑戦的であり、英国政府が採用するのは難しいだろうと本人も考えていました。「しかし、もしこの提案が採用されたら、グレートブリテンは、植民地に平和をもたらすための年々の支出全体から即座に解放されるだけでなく、グレートブリテンに自由な貿易を効果的に保証する通商条約を旧植民地との間で結ぶことができるだろう」

このような合理主義がスミスらしいといえるでしょう。スミスはアメリカ植民地が大きな成長を遂げる可能性を当時から見抜いていました。「わずか一世紀少々のあいだに、おそらく、アメリカの住民が生み出すものは、イギリスの租税収入を上回る可能性を持つだろう」とも述べています。

スミスがこのような意見を持つに至った背景には、古代ギリシャの母都市と植民都市の関係があります。母都市に強権的に支配されなかったことが植民都市の経済的な発展に寄与したとスミスは指摘します。さらにスペインやポルトガルの植民地運営も研究して、英国と比較したうえで、アメリカ植民地のあるべき姿を考察しました。経済合理性が最も高い打ち手は何かを冷静に考えて、アメリカ植民地の独立（もしくは英国議会の議席を多く与えて取り込む）案を提案しています。

このように歴史を踏まえて当時の経済の課題について論じる場面がこの本では頻繁に登場します。とりわけ目立つのが古代のギリシャとローマに関する言及です。そもそも国富論の第3編は経済史で、ローマ帝国が没落した後のヨーロッパの発展史を扱っています。

実はアダム・スミスは『ローマ帝国衰亡史』の著者であるエドワード・ギボンと親交があり

ました。ギボンはスミスあての手紙の中で、国富論を絶賛しています。奇しくもギボンのローマ帝国衰亡史が出版されたのは国富論と同じ1776年。当時、世界で植民地を拡大し、スーパーパワーとして台頭していた英国は、その統治においてローマ帝国を参考にしようとしていました。

国富論について、イーロン・マスクはこう述べています。「アダム・スミスは最高だ。独占は人々の敵であり、競争は良いことだ」。自由競争の世界で、技術革新を加速させてEVや宇宙ロケットでライバルを引き離しているマスクは、自由な市場経済を追求するスミスの国富論を高く評価しています。

世界秩序を激変させたマルクスの『資本論』

「自由競争」と「市場原理」になるべく任せて、規制を必要最小限にすれば、経済はうまくいく――。そんなアダム・スミスの国富論を否定したのがカール・マルクスです。スミスの見立てとは異なり、マルクスが生きた19世紀の産業革命後の世界で多くの労働者は苦しい生活を送っていました。利益を追求する経営者は、労働者の賃金をなるべく低く抑えようとし、さらに労働力を減らすことができる機械の導入を進めるからです。結果的に、多くの労働者は安い賃金で長時間労働を強いられ、失業の恐怖におびえながら生活することになります。

そんな労働者の窮状を目の当たりにしたマルクスは、資本主義を批判。資本家が労働者の富

資本論
（全9巻）
カール・マルクス
フリードリヒ・エンゲルス
岩波書店

を不当に奪っているため、労働者は貧困にあえいでいると指摘しました。資本家ばかりが豊かになり、労働者が搾取され続ける不平等な社会を変えるには、革命を起こすしかない。共産主義革命を起こして、労働者が主役の世界を作るべきだという主張です。

マルクスの『資本論』ほど、世界史に大きな影響を与えた本はないでしょう。ロシア革命も、中国の共産主義革命も、マルクスの資本論なしには実現しませんでした。１８６７年にドイツ語の初版が発行されると瞬く間に関心を集め、フランス語など各国の言語に相次いで翻訳されます。

『『資本論』は、大陸ではしばしば『労働者階級の聖書』といわれている」。１８８６年に書いた英語版の序文で、資本論を編集した、マルクスの盟友のフリードリヒ・エンゲルスはこう誇らしげに述べています。ドイツ、英国、フランス、イタリア、スペイン……。マルクスの資本論は野火のように欧米各地に広がり、共産主義・社会主義運動の理論的な裏付けとなっていきました。

「マルクスの諸理論は、まさにいま、社会主義運動にたいして強力な影響を与えている。この運動は『知識人』の間においても、労働者階級の間に劣らず普及しつつある」。エンゲルスは本序文でこう続けています。

なぜ知識人から労働者まで、多くの人が資本論に熱狂したのでしょうか。それは資本主義の本質は資本家による労働者の搾取であり、そのような不平等な支配体制を革命によって打破しようという明確なメッセージがあったからです。「不公平な格差社会を根底から覆し、平等な世界を実現しよう」というマルクスとエンゲルスの主張は多くの若者を捉え、貧困に苦しむ労働者の共感を得ました。資本主義という打倒すべき明確な〝敵〟を掲げたことも、共産主義運動への求心力を高めました。

「万国の労働者よ、団結せよ」

「万国の労働者よ、団結せよ」という有名なスローガンを、マルクスとエンゲルスは1848年に出した『共産党宣言』で掲げました。「諸国民の春」といわれた欧州各国で革命の機運が盛り上がった時期に書かれた強烈な檄文です。

「共産主義者は、自分の見解や意図を隠す事を恥とする。共産主義者の目的は、既存の全社会組織を暴力的に転覆する事によってのみ達成できることを、公然と宣言する。支配階級をして共産主義革命の前に戦慄せしめよ。プロレタリアはこの革命において鉄鎖の他に失う物は何もない。彼らの得る物は全世界である。万国の労働者よ、団結せよ」

このスローガンはマルクスとエンゲルスが共産主義の国際運動を展開するために打ち出したものです。彼らは「共産主義者同盟」や「第一インターナショナル」といった国際的な運動に直接関与し、共産主義革命に向けたうねりは勢いを増していきます。

このような流れの中で、マルクスとエンゲルスはかねてから温めてきた共産主義の理論的な裏付けとなる経済理論を整理して出版しようと考えたのです。

ここで資本論のポイントを簡単に紹介します。実はマルクスもスミスと同じように「富」とは何かをまず分析しようと考えていました。実際、資本論第1巻の冒頭は次のような一節から始まります。

「資本主義的生産様式の支配的である社会の富は、『巨大なる商品集積』として現われ、個々の商品はこの富の成素形態として現われる。したがって、われわれの研究は商品の分析をもって始まる」

資本主義社会において、あらゆる富は「商品」に姿を変えるとマルクスは主張しました。マルクスは、スミスと同様に、商品の価値は投入された労働量によって決まるという「労働価値説」を取っています。しかしマルクスは、労働価値には、商品がどれだけ役に立つかという「使用価値」と、交換（売買）によって得られる利益によって決まる「交換価値」の2種類があると指摘します。

そのうえで、商品と交換できる貨幣＝お金について分析します。

一般的な商品の流通は、自分たちで生産した農産物や手工芸品などの商品を売ってお金を得て、そのお金で生活に必要な商品を買うという流れです。「買うために売る」という考え方で「商品⇒お金⇒商品」に交換されます。

しかし資本としてのお金の流通は、まずお金を使って商品を仕入れて、それを売ることで利益を得て、再びお金に交換する形になります。「お金⇒商品⇒お金」という流れで、「売るために買う」という考え方です。

つまり資本主義では、できるだけ多くの利益を得て、どれだけお金を増やせるかが重要になります。資本＝お金を増やすことを目的に、「無限ループ」ともいえるような運動をひたすら繰り返すような世界です。

マルクスの理論で特徴的なのは、労働力も〝商品〟として捉えていることです。資本家は労働者の労働力を購入して生産物を生み出し、代わりに賃金を支払います。しかし資本家の目的は利益の最大化なので、労働力を使って生み出した価値に等しい賃金ではなく、なるべく少ない賃金を支払おうとします。このような労働者が生み出した価値から賃金を引いたものをマルクスは「剰余価値」と呼びます。資本家は労働者が生み出した価値を搾取して利益を生んでいるという批判です。

資本家は剰余価値＝富を蓄積してますます豊かになる一方、労働者には公平に分配されず、貧困が蓄積され続けると、マルクスは考えました。富める者はますます富み、貧しき者がますます困窮する——。このようにして経済格差が広がると階級闘争が激化し、資本主義の「弔いの鐘」が鳴るというのがマルクスの主張です。

格差拡大で再び脚光浴びるマルクス

最近になってマルクスが再び注目を浴びています。背景には多くの先進国で過去30年間に富裕層と貧困層の格差が拡大していることがあります。不平等が批判される中、資本主義の総本山ともいえる米国でもマルクスを学ぼうという動きが目立っており、２０１６年には米国の大学の課題図書ランキングのトップ１００で『共産党宣言』が第3位になったこともありました。名門として知られるマサチューセッツ工科大学（ＭＩＴ）の課題図書ランキングでも、２位に共産党宣言が、6位には資本論が選ばれています。

２０１3年にはフランスの経済学者のトマ・ピケティが著した格差と貧困をテーマにした『21世紀の資本』が世界で１５０万部を超えるベストセラーになりました。現代版の資本論とも呼ばれるこの本が大人気になった背景には、かつてマルクスが抱いたような、貧富の格差に対する問題意識を持つ人が世界的に増えていることがあります。

ピケティらが運営する世界不平等研究所が発表した「世界不平等レポート２０２２」によると、世界の1割の富裕層が8割の富を所有しています。なお衝撃的なのは世界のトップ1％が保有する富が全体の約38％を占めていることです。世界中の富の大半が富裕層に集中していることが、マルクスと資本論が改めて脚光を浴びる背景にあります。

日本でも２０２０年に出版された白井聡の『武器としての「資本論」』がこのような経済書としては異例の7万部を超えるヒットとなり、さらに同年にマルクスを研究する斎藤幸平の『人新世の「資本論」』が45万部を超えるベストセラーになりました。この本は、資本主義の際限なき利潤追求が地球規模の環境問題を引き起こしており、危機を解決するための手がかりはマルクスの思想の中に見えてくると主張します。

資本主義は限界を迎えようとしており、それが貧富の格差拡大や環境問題に現れている。現在のような資本主義ではない、もっと自由で、平等で、豊かな社会をどのように構想すればいいのか。「そのヒントがマルクスの『資本論』に眠っている」と斎藤は指摘します。

マルクスは資本論を完成させる前に世を去っており、エンゲルスが遺稿を整理して書籍として完成させました。しかしながらマルクスが残した膨大な原稿や研究ノートには、資本論に収められなかった重要な論点が含まれていたそうです。マルクスとエンゲルスが残した出版物、遺稿、草稿などを未発表のものを含めて整理する国際プロジェクト「MEGA（Marx-Engels-Gesamtausgabe)」の研究が進み、マルクスが環境問題や共同体研究にも関心を持っていたことが明らかになりました。

ロシア革命で誕生したソ連が1991年に崩壊したことから、共産主義は失敗だったという見方が一時は世界に広がります。一党独裁で、個人の自由を抑圧する社会だったこともあり、否定的な見方が強まりました。しかしマルクスの思想を検証すると、ソ連のような全体主義的な世界を目指していたわけではありません。だからこそ原点に返ってマルクスと資本論、未発表の草稿などを改めて見つめ直すことで、資本主義が抱える格差などの問題を解決するためのヒントを得ようとするうねりが起きているのでしょう。

「新しい資本主義」とは何か？

一方で、資本主義そのものを改革して、多くの課題を克服しようとする動きも強まっています。最近は「新しい資本主義」という言葉もよく耳にするようになりました。新しい資本主義の定義はさまざまですが、いずれもかつてマルクスが資本論で批判したような、富める者がますます富み、持たざる者が貧困から抜け出せないような資本主義社会を改革すべきだという点ではおおむね一致しています。

日本の岸田文雄政権も「新しい資本主義」の実現に向けた政策に積極的です。「市場に依存し過ぎたことで、公平な分配が行われず生じた、格差や貧困が拡大した」と指摘し、「成長と分配の好循環」をコンセプトに新しい資本主義を目指すとしています。

「新しい資本主義」を模索する動きは世界的なものです。世界最大級の米ヘッジファンド、ブリッジウォーター・アソシエーツを率いるレイ・ダリオも格差問題に繰り返し警鐘を鳴らしています。「米国の資本主義は失敗している」と指摘し、格差是正に向けて、教育支援などの政策を取るべきだと主張し、格差解消に向けた政府系ファンドをつくることも提唱しています。運用資産が日本円換算で20兆円規模に達するヘッジファンドを率いる〝資本主義の圧倒的な勝者〟がこのような改革を訴えるのは奇妙に思えますが、資本主義が抱える問題がそれだけ根深いともいえるでしょう。

マスクは「14歳のときに資本論を読んだ。元のドイツ語を英語訳したクロスチェックも含まれたものだ」と述べています。14歳で読むにはあまりに難解な本のような印象もありますが、少なくとも資本論に関心を持って一部には目を通したのでしょう。

マスクは自分自身が「社会主義者」だと発言したこともあります。「私は実は社会主義者だ。

資源を最も生産性の高いものから最も生産性の低いものに移し、実際に害を及ぼしながら、善を行うふりをするようなものではない。真の社会主義は、すべての人にとっての〝最高の善〟を追求するものだ」。

PART 09

戦争

クラウゼヴィッツと孫子から学ぶ戦争の本質

カール・フォン・クラウゼヴィッツの『戦争論』は戦争の本質に鋭く迫った本です。200年ほど前のナポレオン戦争の終結直後に執筆された古典ですが、今でも軍事戦略を学ぶための重要なテキストとして世界で広く読まれています。士官学校など軍幹部の養成機関だけでなくビジネススクールでもしばしば取り上げられているため、戦争論に関心を持つビジネスパーソンも目立ちます。

クラウゼヴィッツの戦争論は翻訳者が異なる複数のバージョンが日本で出版されていますが、2020年刊行と新しく、ポイントがまとまっていて文章が読みやすい『縮訳版 戦争論』を取り上げます。縮訳版といっても400ページ以上あり、戦争論のエッセンスが詰まった読み応えのある本です。

戦争論が不朽の名作として評価されている1つの理由は、クラウゼヴィッツの戦争の捉え方にあります。「戦争は1つの政治的行為である」「戦争とは他の手段をもってする政治の継続で

縮訳版 戦争論
カール・フォン・
クラウゼヴィッツ
日本経済新聞出版

ある」とクラウゼヴィッツは主張します。戦争は目的のない殺戮行為のように捉えられることもありますが、そうではありません。経済的な目的や恨みなどによる個人的な犯罪行為とは異なり、政治的な目的を達成するために行われるのが戦争なのです。

民主国家であれば、国民によって選ばれた政治家が戦争をするかどうかの政治的な決定権を有します。「（戦争は一つの政治行為であるという）このテーゼこそが、国民によって選挙で選ばれた政治家、つまり文民による軍の統制である『シビリアン・コントロール』を肯定する大きな根拠となっているのである」。この本の最後に寄せた文章で、防衛省防衛研究所の塚本勝也はこう述べています。

この本でクラウゼヴィッツは、戦争の不確実性について繰り返し説いています。「戦争は賭けである」とし、軍事行動がくり広げられる場の4分の3は、多かれ少なかれ、大きな不確実性という霧の中に包まれているとしています。過去にあった戦いにおいて、双方がまったく同じ戦力と条件でもう一度戦ったと仮定しても、結果が異なる場合も考えられるというのです。「戦争は偶然を伴うものである。人間の行動において、戦争ほど偶然という外来物にそのような活動の余地を与えるものはないにちがいない。というのは、人間の行動でそんなにすべての面で偶然と絶えず接触しているものはないからである。偶然は、あらゆる状況の不確実性を増大し、また事件の経過を混乱させている」

不確実で偶然に左右される戦場においては、指揮官の役割が極めて重要になります。クラウゼヴィッツが重視するのが、フランス語で「クー・ドゥイユ（coup d'oeil）＝一瞥」と呼ばれる戦場を一瞥するだけで状況を瞬時に把握して的確な判断を下せる能力です。このような能力を持つリーダーをクラウゼヴィッツは「軍事的な天才」と定義します。

この本が描く指揮官のあるべき姿は、戦争だけでなく、ビジネスにも通じるものです。「強い気質の人間とは、感情の激高しやすい者のことではなく、感情が高まっているときにも均衡を失わない者のことである。譬《たと》えていうと、嵐にもまれる船舶の羅針盤のように、常に進路を見失わない者である」。

戦争における精神的な力の重要性をクラウゼヴィッツは繰り返し指摘しています。「精神力は戦争を論じるにあたり、最も重要な一要因である」「戦争理論の旧来の方式では、精神力をまったく無視して、戦争における基準や原則を定式化するのだが、それは哲学的にまったく愚かというほかない」「一般に精神力の価値が最もよく示されているのは、歴史である。歴史を紐解くと、精神力がときおり信じ難い影響力を発しているのが読み取れる」。

戦争においては、戦車や航空機などの兵器や兵員の数といった動員可能な戦力を比較することが一般的です。しかしながらそうした点にばかり目を向けて、精神的な力を軽視すべきではないとクラウゼヴィッツは主張します。彼はこの本で精神力を「高級司令官の才能」「軍隊の武徳」「軍隊の民族精神（国民的精神）」の3つに分けて説明しています。

しかしながら、クラウゼヴィッツの主張する精神力の重要性は、後に多くの国の軍隊で〝選択的〟に受容され、曲解されることになりました。第一次世界大戦時のドイツやフランスでは精神力を重視する攻撃的なドクトリンに基づく教育がなされ、塹壕戦で無駄な突撃を繰り返すような戦法により、多くの兵士が命を落としました。

早くからドイツ式の軍制を学んでおり、クラウゼヴィッツの戦争論が知られていた日本も同様です。精神力と決戦主義ばかりが強調され、太平洋戦争の時代になってもそれは変わることはありませんでした。クラウゼヴィッツの最も重要な主張の1つであるシビリアン・コントロールという考え方は日本では十分理解されず、軍部の暴走を止められませんでした。

クラウゼヴィッツは精神力の重要性を指摘しつつも、冷静な分析をしています。「才能に恵まれた高級司令官でも、二倍の兵力を有する敵に勝つのは極めて困難だ」。当時の数々の戦いを検証した結果、二倍以上の兵を抱える軍に勝った例はほとんどなかったためです。その上で、「第一の原則は、可能な限り優勢な兵力で戦場に臨む」こととしており、「絶対的な兵数の優位を確保できない場合、部隊をうまく配置して、決定的に重要な地点で兵数の相対的な優位を確保すること」を勧めています。

戦場で数多くの勝利と敗北を経験

戦争論が説得力を持つのは、クラウゼヴィッツ自身がナポレオン戦争において、数々の戦場に足を運んで勝利と敗北を経験しているからです。1806年にプロイセン軍がナポレオン軍に惨敗したアウエルシュタットの戦いで敗れて捕虜になった経験もあります。釈放されてプロイセンに戻った後、フランスに後れを取っていた軍制改革に参画し、1810年には陸軍大学の教官になります。

しかし1812年にプロイセンがフランスと結んだ軍事同盟に反対して、プロイセン軍を離れてロシア軍に中佐として加わります。ナポレオンのロシア侵攻の際には、ロシア軍の騎兵軍団の参謀次長を務め、フランス軍の撃退に力を尽くします。その後、1814年にプロイセン軍に復帰して一時は敗北も経験するも、ナポレオン軍に決定的な勝利を収めた最終局面のワーテルローの戦いにも参戦しています。

机上の理論だけではなく、戦場の現実を知るからこそ、兵器や戦術、地形だけでなく、政治哲学や人間とその精神性までを深く研究して、クラウゼヴィッツは戦争論を執筆しました。長期間色あせない戦争の本質に迫る本を目指して書かれたもので、その目的は達せられたといえるでしょう。実体験に基づいたリアルさが貫かれているからこそ、この本は時空を超えて世界で読まれ続けています。

戦争論を読んで、「決定的な技術的優位性があれば、最小限の犠牲で実際に勝つことができる」ことを知った、とマスクは語っています。イノベーションの信奉者であるマスクらしい見方です。実はクラウゼヴィッツ自身は、当時の諸国の軍は武装、装備、訓練という点で接近しており、目立った差異は存在しなくなっていると指摘していました。その結果、兵力の差が戦争における決定的な要因になると主張しました。しかしながら、それは裏返せば、マスクが主張するように、圧倒的な技術的優位性があれば、少ない犠牲で決定的な勝利を収めることが可能であるともいえるでしょう。

2500年前に孫子が唱えた「戦わずして勝つ」兵法

孫武（孫子は尊称）は、中国が春秋時代だった紀元前535年頃に生まれたとされる武将です。当時の中国は多くの国が林立して戦争が絶えず、孫武は斉に生まれたものの呉で将軍として活躍したと伝えられています。実在したかどうかについては議論もありますが、孫武は兵家の代表的な人物として活躍し、13編の兵法書『孫子』を著したとされています。

司馬遷が書いた『史記』では、当時、強国として知られた楚の大軍を、寡兵にもかかわらず、陽動作戦など巧みな戦術により打ち破った名将として描かれます。孫武の活躍が史実かどうかはともかく、兵法書としての孫子は2500年の時を越え、洋の東西を問わず高く評価されています。

例えば、米軍は孫子を研究しており、『米陸軍戦略大学校テキスト　孫子とクラウゼヴィッツ』という書籍が出版され、これは邦訳もされています。著者のマイケル・I・ハンデルは米海軍戦略大学の元教授でクラウゼヴィッツ研究の世界的な権威です。この本では孫子と戦争論を統率やインテリジェンス（諜報）といったトピックごとに比較しています。湾岸戦争の際に米軍の統合参謀本部議長を務めたコリン・パウエル（後に国務長官）も孫子を愛読していたことで知られています。

孫子に関する書籍は多数あり、とりわけ『孫子：現代語訳』は簡潔で分かりやすくまとめら

孫子
:現代語訳
杉之尾 宜生
日本経済新聞出版

ひと目で分かる
孫子の兵法
ジェシカ・ヘギー
ディスカヴァー・
トゥエンティワン

れた良書です。ただ2015年に米国で出版されたジェシカ・ヘギーの『ひと目で分かる孫子の兵法』はイラストが多くて読みやすく、2017年に日本語訳も出版されているので、その内容を中心に紹介したいと思います。孫子の珠玉の名言は、ビジネスリーダーにとっても大変参考になります。

「戦わずして勝つ」という孫子の言葉はあまりに有名です。ここに孫子の戦争観が現れています。戦争は国の大事であり、人の生死や国の存亡がかかっている。だから（戦争を始める前に）慎重に考えなければならない。孫子はこう主張します。

「戦争における最高の勝利とは、戦わずに敵の国をまるごと併合することである。戦って相手を打ち倒すことは次善策でしかない」「百戦百勝は最善ではない。戦うことなく敵を屈服させるのが最善である」。戦争が避けられなくても、できる限り血を流さないで勝つ方法や、無駄な戦費を使わない方法を考えるべきだといいます。

リーダーのあるべき姿を描いた孫子の言葉は心を打ちます。

「『道』とは人々の心を指導者と一体にさせる政治の在り方である。これがあるからこそ、人々は危険を恐れず、命をなげうってでも指導者についていく」

「『将』とは知識・能力、誠実さ、部下への仁愛、勇気、厳格さという将軍の素質のことである」

「勝つ将軍は戦う前から多くの計算をしている。負ける将軍はあまり計算をしていない。多くの計算をする者が勝ち、計算の足りない者が負ける」。勝つためにはあらかじめ周到に準備し、計画通りに物事が進まない場合も視野に入れて、あらゆるシナリオを考えてシミュレーションしておくことが大事だという指摘です。

「先に戦場へ到着し、敵を待つ者は戦いに向けて準備を整えられる。後から慌てて到着する者は、戦う前から疲弊している。戦い方のうまい者は、自身が主導権を握り、敵に主導権を奪わせない」とも孫子は述べています。

戦争に勝つための5つの条件

戦争に勝つためには5つの要件があると孫子は指摘します。

一、戦うべきときと戦うべきでないときを知っている者が勝つ
二、多数の兵力の扱い方、少数の兵力の扱い方を知っている者が勝つ
三、部下と一つの目的に向かって結束している者が勝つ
四、自らは綿密な準備を整えながら、油断している敵と戦う者が勝つ
五、有能であり、かつ主君に干渉されていない者が勝つ

いずれもシンプルな言葉ですが、戦いに勝利するためのポイントを的確に説明しています。

とりわけ、三のような、リーダーが部下の心をつかみ、目的に向かわせるための要諦について

孫子は詳細に述べています。

「部下を自分の赤子のように大事にする指揮官には、兵士が深い谷底までもついていく。部下を自分の最愛の子供のように大事にする指揮官ならば、部下は死地へでもついていくだろう。しかし、もしも部下を可愛がり過ぎて使うことができなかったり、大事にするだけで命令を実行させられなかったり、勝手にさせすぎて掌握できなくなったのならば、甘やかされた駄々っ子のように使い物にならなくなるだろう」

リーダーは部下に優しい態度を示すだけではダメで、規律と厳しさを持って接するべきだというのが孫子の考え方です。最近の日本では、上司が部下に厳しく接すると若手を中心に社員が辞めてしまう懸念が高まり、「本来なら指摘すべきことでも言えなくなっている」と嘆くリーダーが増えています。深い愛情を持って部下に接することで信頼関係を築いたうえで、問題があれば言うべきことはきちんと言う、そんな孫子的なリーダーシップがなければ、部下は成長せず、組織も弱体化する可能性があります。

「命令や指示が普段からきちんと行われ、兵士たちもそれを学んでいるなら兵士は従う。命令や指示が普段からきちんと行われず、兵士たちもそれに学んでいないなら、兵士は従わない。普段から命令や指示を適切に行っていれば、相互に信頼が生まれるのである」

孫子の最も有名な言葉は「彼を知り己を知れば百戦殆（あや）うからず」です。敵に関しても、味方に関しても正確な状態を把握できていたら何度戦っても敗れることはないという意味です。ただ、その言葉の前に「経験豊富な将軍は一度動き出したら迷わず、戦い始めてから困惑することもない」と述べています。普段から情報収集を徹底し、備えができていれば、リーダーは迷わずに行動できます。

マスクは孫子を何度も読んでいるといいます。マスクのリーダーシップは激しさや厳しさもあることで知られますが、決断力があり、〝迷わない〟タイプのリーダーであることは間違いないでしょう。

PART 10

生き方

人生は山あり谷ありで不条理

天才の母が語る不屈の人生論

イーロン・マスクの母であるメイ・マスク。70代になっても現役モデルとして活躍する彼女が書いた書籍が『72歳、今日が人生最高の日』です。メイのバイタリティーあふれる生きざまが描かれており、読むと元気をもらえる本です。この本は、メイの伝記であるのと同時に逆境でも楽観的に、前向きに生きようという〝人生論〟の教科書でもあります。

モデルというと華やかなイメージを持つ人が多そうですが、メイの人生は山も谷もある壮絶なものでした。メイによると、最初の結婚相手は驚くほど嫉妬深く、彼女は家庭内暴力に苦しんだ末に離婚を決意しました。そしてイーロンら幼い3人の子どもを抱えるシングルマザーとして食べていくために、メイはモデルの仕事に力を入れます。その生き方は、子どもである

72歳、
今日が人生最高の日
メイ・マスク
集英社

イーロンにも強い影響を与えています。

メイが育ったのは冒険や探検が大好きな家庭です。父親は小型のプロペラ機を保有しており、家族でカナダや米国、欧州、アジア、オーストラリアを飛び回りました。そしてメイが幼い頃にカナダから南アフリカに移住します。

メイは、両親に連れられて、ボツワナ、ナミビア、南アフリカにまたがる「カラハリ砂漠」で〝失われた都市〟と呼ばれる古代都市を探す旅にも出かけました。毎年冬に3週間程度かけて砂漠を訪れ、両親と5人の子どもたちがそれぞれ方位磁針を持ち、野生動物を狩って食べることもありました。メイは家族と一緒に合計8回もカラハリ砂漠を探検しましたが、結局失われた都市を見つけることはできませんでした。

「父は知らない場所を探検し、あたらしい文化を知り、新しい土地を発見するのが好きだった。父も母も学ぶことをやめなかった。父は道のない場所を走り、砂漠で道を切り開くのが好きだった。いつも方位磁針に従っていた。けっして迷わなかった。いつも父が目指した場所についたのだ」。メイはこの本の7章でこう述べています。イーロンも冒険好きの祖父の血を受け継いでいます。

若くして結婚したメイは、3年あまりでイーロン、キンバルという2人の男の子と、トスカという娘をもうけます。しかし殴るなどの夫の暴力がエスカレートする中で、メイは離婚に踏み切ります。「離婚するつもりならカミソリでおまえの顔を切り、子どもたちの膝を銃で撃ってやる」と夫に脅されたとメイは述べています。

もちろん幼子3人を抱えるシングルマザーの生活は大変です。狭いアパート暮らしで、ピーナッツバターのサンドイッチと豆のスープばかりを食べる生活が続きました。それがイーロンの少年時代でした。「いつもお金には苦労していた。自分のために買う服は古着だけだった」。メイは当時を振り返ってこう述べています。

世界一になった大富豪も、少年時代は貧困ラインを下回る困窮した生活を送っていたのです。このような生い立ちのため、イーロンが自分は社会主義者であると主張したり、マルクスの資本論を14歳で読んだといったりしても、私には違和感がありません。現在のイーロンしか知らない多くの人は、「庶民の生活を知らない大金持ちが、自分が社会主義者だと主張するのはおかしい」と感じるかもしれません。しかしイーロンは貧困とは何かを体感的に知っており、世界を富裕層と貧困層の両側の立場から眺めることができる人間です。

貧しい中で育ったものの、イーロンは聡明でした。読書が大好きで、「読んだものはすべて覚えていた。わたしたちはイーロンを『百科事典』と呼んでいた。『ブリタニカ百科事典』と『コリアーズ百科事典』を読んで、すべて記憶していた」とメイは述べています。

イーロンはコンピューターを手に入れ、12歳で「ブラスター」というゲームを開発。メイの勧めでコンピューター雑誌に送ったところ、500ドルが送られてきたそうです。

コンピューターに強い関心を持っていたイーロンはコンピューターサイエンスが発展していた北米に行きたがるようになります。17歳でメイの生まれ故郷のカナダに親戚を頼って移住することを決意。イーロンが先に現地にわたり、後を追ってメイらも移住します。イーロンはオンタリオ州のクイーンズ大学に2年通った後に米国のペンシルベニア大学に移り、物理学と経済学の学位を取得して卒業しました。「自分で奨学金と学費のローンを申し込んで、自分の好きなことを学ぶ道を選んだ」、とメイは述べています。

メイも、苦労しながらカナダで生活基盤を築いていきます。トロント大学に学び、栄養士の仕事を続けながら、40代以降もモデルの仕事を探して働き続けました。モデルといっても華やかなものではなく、カタログや商品の宣伝など地味な仕事も手がけました。「努力するほど幸運になれる」という言葉がメイの父の座右の銘で、彼女も努力を続けることで生計を立ててきました。

「欲しいものは欲しいと言うように」とメイは子どもたちに教えていたそうです。例えば、娘のトスカが好きだった歌手をレストランで偶然見つけた際に、サインを頼もうか迷っていたことがありました。そのときにメイはこう言いました。「いい？　頼まなければ答えはノー。でも、頼んでみれば、イエスと言ってもらえるかもしれない」。トスカは自分からその歌手に声をかけて、無事にサインを手に入れました。「『ノー』と言われたら、別の道を進むことも必要。でも、どうしても欲しいものがあるなら、まずは辛抱強く『欲しい』と言いつづけよう」。こうメイは述べています。

メイは59歳になってから、髪を染めずに白いままにするという決断をします。そもそも年配のモデルは少なく、若々しく見せるために髪を染めるのは当たり前です。それでもメイは、白髪のモデルというスタイルを貫き、自らモデル事務所に積極的に働きかけて、米国のタイム誌やニューヨーク・マガジン誌に起用されるなど活躍します。

「年をとっても、女はテンポをゆるめる必要はない。わたしは弾丸のように猛烈な速さで生きている。あらゆるものを試し、楽しみ、これまで以上に働き、これまで以上に働いていることを確かめるためにSNSを使い、最高に楽しんでいる」

メイは当初、この本のタイトルを「生き残るために闘って」にしようと考えていました。しかしながら人生の苦労を感じさせる、出版社としてはヒットしなさそうな激しいタイトルだったため、最終的に『A Woman Makes a Plan（邦題：72歳、今日が人生最高の日）』という前向きなものに決まったそうです。

この本の「おわりに」でメイはこんな言葉を述べています。「計画を立てても、いつもうまくいくわけじゃない。失敗したら別の計画を立てる必要がある。作戦を練り直す、と言ってもいい。人生は、上がったり下がったりを繰り返すジェットコースターみたいなもの。上がったときは最高かもしれないけど、下がったときはきっと、ものすごくつらい。そして下がったときは、這い上がるための計画を立てなくてはならない」。

イーロンも、テスラで資金不足や生産トラブル、スペースXでも打ち上げの失敗など、数々の経営危機に直面してきました。それでも強固な精神力と必死の努力で逆境を乗り越えてきました。イーロンの不屈の精神は母親ゆずりなのかもしれません。

がんと闘う男女の心を打つラブ・ストーリー

『さよならを待つふたりのために』はがんを患い、死期が迫る若き男女の心を打つラブ・ストーリーです。原題は『The Fault in Our Stars』で、ウィリアム・シェイクスピアの悲劇『ジュリアス・シーザー』から取ったものです。

「The fault, dear Brutus, is not in our stars, But in ourselves, that we are underlings.（親愛なるブルータス、その失敗は〔運命の〕星のせいじゃない。我々自身のせいなんだ）」という、シーザー（カエサル）を暗殺しようとするカシウスが、仲間のブルータスに語りかける有名なセリフから来ています。

この本の英語タイトルの意味は、シェイクスピアのもともとのセリフとは反対で「がんになったのは2人のせいではなく、運命の星のせいだ」ということになります。シェイクスピアを知る人にとっては粋なタイトルですが、日本人には理解しづらいため、翻訳の際には「さよならを待つふたりのために」という分かりやすさ重視のタイトルを選んだのでしょう。

物語のヒロインは16歳の女の子、ヘイゼル・グレイス・ランカスター。甲状腺がんが肺に転移しており、呼吸するには酸素ボンベを必要としています。ヘイゼルは母親に言われて、がん患者のサポートグループの集会に出かけます。そこで出会ったのがオーガスタス・ウォーターズという骨肉腫を患い、片足を失った少年でした。

さよならを待つ
ふたりのために
ジョン・グリーン
岩波書店

2人は次第にひかれあうようになりますが、好意を素直にぶつけるオーガスタスに対して、ヘイゼルはがんを患っている身で深い関係になることにためらいを感じています。しかし2人はそれぞれが気に入っている小説をお互いに薦めるなどして、関係を深めていきます。やがて2人は愛し合うようになりますが、そんな中でオーガスタスのがんが再発してしまいます。

よくある悲劇的なラブ・ストーリーのように思えますが、ヘイゼルとオーガスタスの軽妙なやりとりはユーモアがあって面白く、引き込まれます。避けられない死に正面から向き合いながら、愛する人とどう向き合えばいいのか。限られた時間をどう生きたらいいのか考えさせられる本です。

「(この本が)好きだと認めなければならない。悲しいがロマンチックで、美しいタイトルの本だ」とマスクはこの本を評しています。

著者はジョン・グリーン。1977年生まれで2012年にこの本を出版しました。グリーンはシカゴ大学の神学校に所属しながら、オハイオ州コロンバスの小児病院で学生牧師として働いていた経験からインスピレーションを受け、この本を書くことにしました。

さよならを待つふたりのためにを読んで感じるのは、著者であるグリーンのやさしさです。グリーンはティーンエージャーだった時代にいじめを受けており、悲惨な青春時代をすごし、強迫性障害(OCD)も患っています。そのせいもあるのでしょうか。グリーンは闘病している患者の悲しみや喜びなどの人間らしい気持ちを丁寧に描いており、そのことが多くの人の共感につながっているように思います。

聖公会の牧師を目指していたグリーンですが、命を落としかねない病に苦しむ子どもたちがいる職場で働く経験がトラウマになり、作家になる道を選びました。いじめを受けたバックグラウンドもあるグリーンは、差別を嫌い、弱者によりそう姿勢が鮮明です。難民を擁護し、クリスチャンでありながらイスラム教にも理解を示しています。そんなグリーンだからこそ描ける心を打つラブ・ストーリーは一読する価値があります。

不条理演劇の傑作『ゴドーを待ちながら』

『ゴドーを待ちながら』(En attendant Godot)は、アイルランド生まれのフランスの作家、サミュエル・ベケットが書いた戯曲で、不条理演劇の代表作とされています。「不条理」とは、筋道が通らないことや不合理であることを指す言葉です。その言葉通り、ゴドーを待ちながらは、わけが分からないストーリーです。正直、私も何が面白くて、何が言いたいのか、一読しただけではよく分かりませんでした。

田舎道の1本の木の下で、ヴラジーミル(ディディ)とエストラゴン(ゴゴ)という2人のホームレスが「ゴドー」という救済者をひたすら待ち続けるという物語です。ゴドーは誰なのか。ゴドーはいつ来るのか。なぜ待たなければならないのかを延々と議論します。2人は口喧嘩をしたり、ふざけたりするのですが、結局、ゴドーはやってきません。しかもゴドーが誰かも明かされません。

ゴドーを待ちながら
サミュエル・ベケット
白水社

「もう、ここにいてもしかたがない」

「ほかだってだめさ」

「そんなこと言うもんじゃない。あしたになれば、万事うまくいくよ」

「だって、どうして」

「ゴドーがあしたは必ず来るって言っていた。（間）どうだ?」

「じゃあ、ここで待っていればいい」


といったやりとりが延々と続いていきます。そのうち、「ゴドーとはいったい何者なのだろう?」と観客（読み手）も考えるようになります。ゴドー＝Ｇｏｄｏｔという綴りは、Ｇｏｄ（神）を暗示しており、救済者とも言い換えられます。実際に舞台を見た方が理解しやすいのですが、「見ている側がこの演劇をどう解釈すればいいのかをひたすら考えさせられる」という不思議な魅力がある作品といえるでしょう。


「何を言っているのかな、あの声たちは?」

「自分の一生を話している」

「生きたというだけじゃ満足できない」

「生きたってことをしゃべらなければ」

「死んだだけじゃ足りない」

「ああ足りない」

――沈黙――

「ちょうど、羽根の音のようだ」

「木の葉のようだ」

「灰のよう」

「木の葉のよう」

――長い沈黙――

「なんか言ってくれ！」

「いま探す」

――長い沈黙――

「なんでもいいから言ってくれ！」

「これから、どうする？」

「ゴドーを待つのさ」

「ああそうか」


ゴドーを待ちながらは、世界の演劇界に大きな影響を与えており、日本でも多くの演劇人の心を捉えています。2000年代には緒形拳と串田和美の主演で複数回、舞台化されました。2017年にも俳優の柄本明が演出し、その2人の子どもである柄本佑（ヴラジーミル役）と柄本時生（エストラゴン役）が舞台に挑戦しています。

本作品は、無数の解釈が可能な演劇です。この本の最後に、英文学者で東京大学教養学部の名誉教授だった高橋康也が「解題」というあとがきを寄せており、そこには次のような一節があります。

「『ゴドー』を『ゴッド』のもじりと解して、神の死のあとの時代に神もどきを待ち続ける現代人、その寓意的肖像画の画題がここにある。——この解釈が抗しがたい誘惑力をもつことは事実だが、同時に、口にするのも気恥しいほど陳腐なのも確かだろう。それに、神の死といったとき、話はあまりにキリスト教的に限定されすぎてしまうのではないか」

例えば、ゴドーを待ちながらには、イエス・キリストと一緒に磔（はりつけ）にされた2人の泥棒の話が登場します。「慢心するなかれ、泥棒の一人は地獄に堕ちた。絶望するなかれ、泥棒の一人は救われた」という、『告白』などの著作で知られる初期キリスト教の教父、アウグスティヌスが語ったとされる言葉にベケットは深い感銘を受けており、それが本作品にも表れているそうです。この泥棒の話もまったくもって不条理なものです。

ベケットが自身にとってなじみが深いキリスト教の神話を本作品で利用しているため、その知識がないと楽しめないという人がいるかもしれません。欧米のキリスト教社会において、神は身近な存在です。米国の敬虔なクリスチャンと話すと、世界の終わりの日にキリストが再び地上に降りたち、キリスト教徒を天国に導き入れるという「再臨」を信じている人が少なくありません。このようなキリスト教文化は、信仰を持っていない日本人の多くにとり理解が難しいものです。

しかしながら「神」を普遍的な存在として捉えるならば、本作品の面白さを味わうことは可能です。だからこそ、日本でも多くの演劇人が関心を示しているのでしょう。もちろん宗教上の神以外にも〝救い主〟は存在します。ゴドーを待ちながらでは、旧ソ連の独裁者だったスターリンについても言及されています。人間にとっての〝救済者〟は何か。キリストなのか、革命なのか、はたまた死なのか。そもそも幻想のような救い主をひたすら待ち続けることに何の意味があるのか……。何がいいたいのか分からなくても、観客や読み手が「考えさせられる」作品であることは間違いないでしょう。

イーロン・マスクは2016年に地下にトンネルを掘って高速移動できるようにするためのボーリング・カンパニーというスタートアップを設立しました。2017年に地下でトンネルを掘削するために使う自動掘削マシンの一号機を導入した際に、マスクはベケットの本作品にちなんで「Ｇｏｄｏｔ」と名付けました。建設には莫大な資金と時間が必要で難航しており、本当にゴドー＝神がやってきて助けてくれないと、高速地下トンネルの掘削は進まなそうです。なお、ボーリングという英単語には「掘削」という意味に加えて、「退屈な」という意味もあり、マスクのユーモアも感じられます。

イノベーションのジレンマ
技術革新が巨大企業を滅ぼすとき
The Innovator's Dilemma
クレイトン・クリステンセン
偉大な企業は、すべてを正しく行うがゆえに失敗する――。
ビジネスにおける最者必読の理を解き明かした、これぞ革新的名著
20th Anniversary 新装版

イノベーションへの解
利益ある成長に向けて
The Innovator's Solution
Creating and Sustaining Successful Growth
クレイトン・クリステンセン
マイケル・レイナー
ライバル企業を破滅に追い込む9つの理論を伝授しよう――。
20th Anniversary 新装版

The Goal
ザ・ゴール
企業の究極の目的とは何か
エリヤフ・ゴールドラット

ブラック・スワン
不確実性とリスクの本質
上
THE BLACK SWAN

ANNIVERSARY EDITION WITH FOUR NEW CHAPTERS
The Mythical Man-Month
ESSAYS ON SOFTWARE ENGINEERING
人月の神話
FREDERICK P. BROOKS, JR.
フレデリック・P・ブルックス,Jr.

Data-Driven Marketing
Mark Jeffery
マーク・ジェフリー
データ・ドリブン・マーケティング

私のウォルマート商法
すべて小さく考えよ
サム・ウォルトン

ダイヤモンド・エイジ
ニール・スティーヴンスン
NEAL STEPHENSON

カズオ・イシグロ
日の名残り
The Remains of the Day
早川書房

Chapter

2

ジェフ・ベゾスが選ぶ本

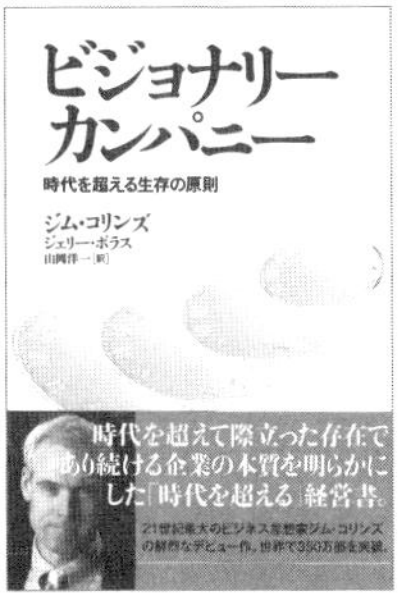

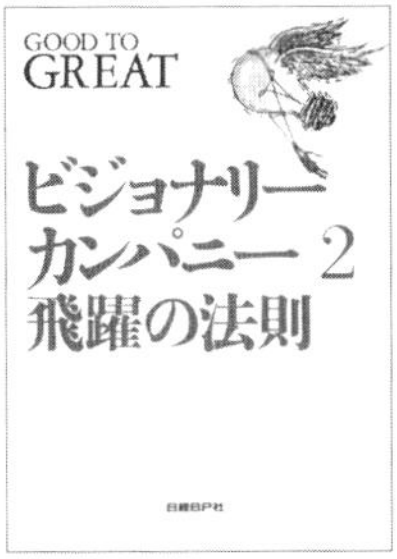

Jeff Bezos
Book
Recommendations

ジェフ・ベゾスの横顔

けたたましい声で笑う〝狂気〟の経営者

「ベゾスは芝居がかった怒り方をすることが多いが、社内ではそれをひそかに狂気（ナッター）と呼んでいる」。アマゾンのジェフ・ベゾスの伝記『ジェフ・ベゾス 果てなき野望』で、著者のブラッド・ストーンはこう述べています。「君はものぐさなのかい？　それとも単に無能なのかい？」「そんなアイデアをまた聞かされるようなら、首をくくらなきゃいけないな」といった厳しい口調で幹部を叱責することがしばしばあったからだそうです。

〝狂気〟という言葉で語られる世界的なイノベーターはどのような人物なのでしょうか。メディアの単独インタビューにめったに応じないことで知られるベゾスですが、幸運なことに私は個別取材する

機会が2度ありました。

とりわけ印象的だったのは2005年のシアトルの本社でのインタビューです。ベゾスは奇妙に感じるほど、けたたましい大声でよく笑うのです。「さかりのついたゾウアザラシか電動工具かと思うほどけたたましい声で笑うのだ。あまりの声に、周りは心臓が縮み上がるほどびっくりしてしまう」。このようにストーンが果てなき野望で表現していた通りの笑い方でした。

さらにベゾスには不思議な強い眼差しがあり、見つめられると目をそらせなくなります。撮影を担当したサンフランシスコ在住のカメラマンが「ベゾスの目は普通じゃない。狂気が宿っている」と何度もつぶやいていたのが忘れられません。

当時は2004年11月に公開された『EPIC2014』という8分間のショートムービーが話題になっていました。2008年にグーグルとアマゾンが合併して「グーグルゾン」が誕生し、インターネットとメディア、個人情報を支配するような存在になるという架空の物語です。2014年の時点でグーグルゾンは、すべてのユーザーの政治信条や消費習慣を含む情報を把握し、その結果、ディストピア的な世界がやってくるといった内容でした。

2005年の取材で印象的だったのが、「世界はもっと〝透明〟になっていく」とベゾスが繰り返し語っていたことです。インターネットが発展して、得られる情報が多くなり、消費者がどんどん賢くなっていくというニュアンスでした。しかしEPIC2014が話題になっていたこともあり、アマゾンが消費者の好みや購買行動を把握して、個人情報を丸裸にしてしまうような世界を想像せざるを得ませんでした。

実際にアマゾンはデータを活用したマーケティングを重視しており、個人の購買行動を分析して、品揃えの強化や商品のお薦め機能の精度を高めることに役立ててきました。このようなデータ重視の経営が、アマゾンが成長を続ける原動力の1つになったことは間違いないでしょう。

2021年12月期にアマゾンの売上高は約4700億ドル（約66兆円）に達しており、世界最大のインターネット小売りとして君臨しています。2022年10月上旬時点の株式時価総額は1兆1600億ドル（約162兆円）を上回っており、世界のトップ5に入っています。ベゾスは2021年にCEOを退任したものの、その後も取締役会長としてアマゾンに強い影響力を持ち続けています。

天才少年が本当にやりたかったこと

少年時代からベゾスは天才的な頭脳を持っており、学力判定試験で成績が優秀だったため、「バンガードプログラム」という英才教育を実施する小学校に通っていました。

実の父親をほとんど知らないベゾスのメンター的な存在だったのが、母方の祖父のポップ・ガイスです。海軍出身で、軍の研究機関に勤めていた経験がある祖父の牧場で、ベゾスは4歳から16歳まで長い夏休みを過ごしました。2人で風車を修理したり、雄牛を去勢したり、門の自動開閉装置を作ったりしていたそうです。

後ほどベゾスが読んだ本を紹介する際に詳しく解説しますが、祖父に連れられてベゾスはよく図書館を訪れ、ＳＦなどさまざまな本を読んで宇宙への関心を高めていきます。星々を行き来する宇宙旅行に思いをはせ、大きくなったら宇宙飛行士になりたいと考えるようになりました。

高校でも成績がダントツに良かったベゾスは、卒業生総代として挨拶をしています。「宇宙。そこは最後のフロンティア」というスタートレックの有名なオープニングの言葉を引用し、地球の周回軌道上に移住用のコロニーを作って、地球全体を自然公園にするという夢を語っていたそうです。

宇宙飛行士になりたかったベゾスは名門のプリンストン大学に進学し、物理学を専攻しようとします。しかしさすがのベゾスも、量子力学を学んだ際に、優秀な同級生と比べて力不足だと感じ、電気工学とコンピューターサイエンスの専攻に切り替えて大学を卒業したそうです。

それからのベゾスの歩みは「宇宙に行くためにお金持ちになる」という目的で説明できます。宇宙飛行士になる以外の方法で宇宙に行くには莫大なお金が必要だからです。そのためには、起業家として大成功を収める必要がありました。

ベゾスはヘッジファンドを含む複数の金融機関で働いた後に、１９９４年にアマゾンを創業。書籍に始まり、家電や音楽、映像商品、日用品、アパレルへと扱う商品を拡大し、低価格と安い配送料を武器に急成長を遂げます。クラウドサービスのＡＷＳ（アマゾン・ウェブ・サービス）やタブレット、電子書籍端末、ＡＩスピーカー、動画配信サービスにも事業領域を拡大しました。

日経ビジネスと日本経済新聞の編集局証券部で小売業界を合計6年間担当した私は、アマゾンの強さの源泉とは何かを考えさせられる機会がたびたびありました。小売業の〝破壊者〟として多くの企業がアマゾンに強い関心を持っていたからです。「デス・バイ・アマゾン（アマゾン恐怖銘柄指数）」と呼ばれる、アマゾンの業容拡大により業績の悪化が見込まれる上場企業のリストも注目を浴びていました。２０１８年には日経ビジネスで「アマゾンは怖くない『選ばれる小売り』」というアマゾンと、同社に脅かされる小売企業の生き残り戦略を描いた20ページ以上の特集も担当しました。

ベゾスがアマゾンで実践した〝教科書経営〟

取材を重ねる中で強く感じたのは、アマゾンの競争力の源泉はベゾスの哲学にあるということです。その象徴がアマゾンが掲げる世界共通の「Our Leadership Principles（リーダーの原則）」という14項目からなる信条です。

「顧客中心主義の観点から、顧客を起点にすべてを考えて行動する」「リーダーは長期的な価値を重視し、自分ごととしてマネジメントに取り組む」「イノベーション（革新）とインベンション（発明）を追求し、シンプルな方法で実践する」「常に学び、自分自身を向上させ続ける」「大きな視野で思考する」「倹約の精神を大事にする」「同意できない場合は、敬意を持って異議を唱える」といったものです。

このような信条＝哲学を末端のリーダーにまで浸透させることにベゾスは力を注いできました。狂気（ナッター）と呼ばれるような創業者が生み出した強烈な企業文化が、アマゾンの驚異的な成長を実現してきたといえます。アマゾンにおいて、目指してきた企業の完成形が見えたという自信があったからこそ、ベゾスはＣＥＯ退任を決めたのでしょう。

アマゾンのCEOを退任した2021年以降、ベゾスは少年時代から夢見てきた宇宙開発に本腰を入れています。自ら創業した宇宙開発ベンチャーのブルーオリジンは、マスクのスペースXほど目立ちませんが、20年以上の歴史があり、再利用可能なロケットも開発しました。「宇宙に植民する」という高校時代から持つ夢をベゾスは実現しようとしています。

それではベゾスが読んでいる本にどのような特徴があるのでしょうか。SFについては多くがマスクの愛読書と重なる一方、ベゾスはたくさんの経営書を読んでいることが目立ちます。ジム・コリンズの『ビジョナリー・カンパニー』シリーズや、クレイトン・クリステンセンの『イノベーションのジレンマ』が代表例で、ピーター・ドラッカーの『経営者の条件』も愛読しています。

経営関連の書籍から学んだことを、ベゾスはアマゾンの企業風土作りに生かしてきました。データ解析をマーケティングに活用するマーク・ジェフリーの『データ・ドリブン・マーケティング 最低限知っておくべき15の指標』など、社員に読ませてきた愛読書もあります。ベゾスは、ドラッカーやクリステンセンの書籍もアマゾンの幹部に薦めていたそうです。愛読書から得た知識を自分の頭の中だけにとどめず、部下にも共有するのがベゾス流といえます。日本でも星野リゾートのように、経営トップが教科書になる書籍を選んで社員に読ませて、経営力を高める企業が注目を浴びています。〝教科書経営〟のようなアプローチを、アマゾンも実践してきたといえるでしょう。ベゾスが選ぶ本を読むことは、強固な企業文化の作り方を学ぶうえで役立ちそうです。

PART 01

経営

イノベーションを起こし、持続的に成長する企業の条件

ベゾスが読んでいる本には、経営学の〝王道〟といえる書籍が目立ちます。とりわけ持続的な成長とイノベーションをテーマにした本に強い関心を示しています。それは「短期的な利益よりも、長期的な成功を重視する」というベゾスの哲学と一致します。

ベゾスが自ら語った言葉を集めた書籍『Invent & Wander』に伝記作家のウォルター・アイザックソンが寄せた序文を読むと、長期的な成功を重視するベゾスの姿勢がよく分かります。

『長期がすべて』。1997年に出した、いちばん最初の株主への手紙の見出しに、ベゾスは斜体でそう書いた。『短期利益や目先のウォール街の反応よりも、長期的に市場リーダーとしての地位を固めることを考えて、投資判断を行い続けます』」

株式市場の関係者は企業に短期的な利益を求めがちですが、「長期的な成長を優先する」と創業期からベゾスは明言しています。当時のアマゾンはよちよち歩きのスタートアップでしたが、その姿勢は当初から一貫していました。

「長期に目を向けることで、より速くより安くより優れたサービスを求める顧客の利益と、投資リターンを求める株主の利益を一致させることができる。短期ではそれが一致するとは限らない」。短期的にはもうからなくても、長期的に企業を成功に導く打ち手とはどのようなものでしょうか。

「地球上で最も顧客至上主義（カスタマー・セントリック）な会社になる」というのが、アマゾンのミッションです。赤字でも「送料無料」のサービスを続ける、新品の売り上げにマイナスでも中古品を取り扱う、といった戦略は、株主には必ずしも喜ばれませんでしたが、顧客には熱狂的に支持され、長期的にはアマゾンの成長につながりました。

さらにベゾスは「長期志向がイノベーションを可能にする」と信じています。発明にはたくさんの失敗がつきもので、長い目で見ることが欠かせないからです。アマゾンは、小売りの世界を激変させただけでなく、電子書籍リーダーの「キンドル」やＡＩ（人工知能）の「アレクサ」を搭載したＡＩスピーカー、クラウドサービスの「ＡＷＳ」などの数々のイノベーションも生み出してきました。

永続する企業をいかにして創造するのか

そんなベゾスが薦める経営学の名著が、ジム・コリンズの『ビジョナリー・カンパニー』シリーズです。世界で累計１０００万部を超えるベストセラーになった本シリーズの１作目が

『ビジョナリー・カンパニー 時代を超える生存の原則』です。コリンズはビジョナリー・カンパニーを「偉大で永続的な企業」と定義しています。この本が発売されたのは1994年で、ベゾスがアマゾンを創業した年です。当時のベゾスは、アマゾンをどうすれば時代を超えて存続する企業にできるかを考え抜いており、ビジョナリー・カンパニーはまさにそのヒントに満ちた書籍でした。「永続する企業をいかにして創造するかを教えてくれる」とベゾスはこの本を評価しています。

世界中のビジネスリーダーから絶賛されるビジョナリー・カンパニーの魅力はどこにあるのでしょうか? それは、科学的な研究により、多くの人が信じている永続的な企業に関する神話を根底から覆したことにあります。

コリンズは、長期的に成功しており、業界で尊敬を集めている卓越した企業に関する〝12の神話〟を挙げ、それらを真っ向から否定します。

まず「すばらしい会社を始めるには、すばらしいアイデアが必要である」と多くの人が思っていますが、現実は違うと指摘します。ビジョナリー・カンパニーには、具体的なアイデアをまったく持たずに設立されたケースがあるうえ、スタートで完全につまずいたものも少なくありません。

例えば、ソニーは創業時には、どんな製品を作るかが決まっておらず、創業者の1人である盛田昭夫によると、和菓子からミニ・ゴルフ場までさまざまなアイデアが出たそうです。結局、炊飯器を作ったもののまともに動かず、初めての本格的な製品だったテープレコーダーは

ビジョナリー・カンパニー
時代を超える生存の原則
ジム・コリンズ
日経BP

売れずに、電気座ぶとんを製造して現金収入を得ていました。

ウォルマート創業者のサム・ウォルトンも、アーカンソー州で雑貨店を始めた当時は、確たる小売業のアイデアはありませんでした。しかし会社を始めて20年ほど経ったころに、郊外型のディスカウント・ショップという「すばらしいアイデア」にぶつかりました。

ビジネススクールでは、経営戦略や起業における講義で、何よりもまず、すばらしいアイデアと綿密な製品・市場戦略を出発点とし、次に、「機会の窓」が閉まる前に飛び込むことが大切だと教えていますが、実はそのような理論に反する企業が長期的に見て成功しているというのです。

むしろ、1つのアイデアに固執しすぎることなく、長く続く素晴らしい組織をつくりあげることを目指して、ねばり抜くことができる企業こそが、ビジョナリー・カンパニーとして永続的な繁栄を実現する可能性が高い、とコリンズは主張します。

さらに「ビジョナリー・カンパニーにはビジョンを持った偉大なカリスマ的指導者が必要である」という思い込みも間違いだとコリンズは指摘します。「ビジョナリー・カンパニーにとって、ビジョンを持ったカリスマ的指導者はまったく必要ない。こうした指導者はかえって、会社の長期の展望にマイナスになることもある」とまで言い切ります。

例えば、スリーエムを1929年から20年間率いたCEOのウィリアム・マックナイトはうつむきかげんに歩く、謙虚かつ物静か、真面目で穏やかな口調の紳士で、強いカリスマ性を持って指導力を発揮したことを示す事実は見つからなかったといいます。ボーイングの歴代の

CEOで最も重要な人物とされるビル・アレンも実務家の弁護士で、かなり内気で、めったに笑わない、温和な人物だったとされます。

このような研究を基にコリンズは、「世間の注目を集めるカリスマ的なスタイルが、ビジョナリー・カンパニーを築くのに不可欠だと言えないのは明らかだ」と指摘します。「ビジョナリー・カンパニーで優秀な経営者が輩出し、継続性が保たれているのは、こうした企業が卓越した組織であるからであって、代々の経営者が優秀だから、卓越した企業になったのではないだろう」。

カリスマという個人に依存しなくても、持続的に成功できる組織を作ることが重要だという主張です。そのために多くのビジョナリー・カンパニーは、社内における価値観の共有や人材育成に力を注いでいます。

利益の追求は最大の目的ではない

さらにコリンズは「とくに成功している企業は、利益の追求を最大の目的としている」というイメージも誤っていると述べます。かつてビジネススクールでは「株主の利益を最大化する」マネジメントが評価される傾向がありました。利益が増えると配当が増え、将来への期待が高まって株価も上昇するケースが多いからです。しかし、ビジョナリー・カンパニーの目標はさまざまで、利益を得ることはそのなかの1つに過ぎないうえ、最大の目標ではない場合が目立ちます。

例えば、メルクは回旋糸状虫という腸内の回虫による感染症であるオンコセルカ症（河川盲目症）の治療薬である「メクチザン」を開発しました（2015年にノーベル医学・生理学賞を受賞した北里大学の大村智教授との共同研究）。アフリカや南米などに住む数千万人の人々を熱帯病から救う薬です。メクチザンを投与する対象となる人々は貧困地域の人が多いため、メルクは数量と期限に制限を設けず、1987年からこの薬を無償で提供してきました。背景には「医薬品は利益のためにあるのではない。人々のためにある」という創業期にトップだったジョージ・W・メルクの経営哲学があります。

ビジョナリー・カンパニーでは「単なるカネ儲けを超えた基本的価値観や目的といった基本理念も、同じように大切にされている」とコリンズは述べます。にもかかわらず、長期的なデータを分析すると、利益を最優先する傾向が強い比較対象となる企業よりも、ビジョナリー・カンパニーの方が利益を上げているケースが多いそうです。

「変わらない点は、変わり続けることだけである」という言葉も、企業を変化させることを重視する経営者が好んで口にするフレーズです。一般的にも、長期的に成功している企業は変化し続けているというイメージもあるでしょう。

しかしビジョナリー・カンパニーは、戦略こそ変えても経営理念のような根幹の部分は不変であることが多いそうです。「基本理念を信仰に近いほどの情熱を持って維持しており、基本理念は変えることがあるとしても、まれである。ビジョナリー・カンパニーの基本的価値観は揺るぎなく、時代の流れや流行に左右されることはない」とコリンズは指摘します。

とりわけ、「ビジョナリー・カンパニーの基本的な目的、つまり、存在理由は、地平線の上で輝き続ける星のように、何世紀にもわたって、道しるべになることができる」という言葉は印象的です。当時は企業の「パーパス（存在意義）」は今ほど注目を浴びていませんでしたが、その重要性を約30年前からコリンズは認識していました。

「根本的な変化を促すには、社外からCEOを迎えるべきだ」という神話もあります。経営不振に陥った企業が変革を求めて経験豊富な〝プロ経営者〟を外部から招くケースは確かに目立ちます。しかしビジョナリー・カンパニーでは、生え抜きの経営陣が経営トップとなり、基本理念を維持しながら、成長を実現する場合が多い、といいます。

コリンズの研究では、ビジョナリー・カンパニー18社の合計113人のCEOのうち、社外から招聘された者は3・5％しかなく、比較対象企業の22・1％のわずか6分の1にすぎませんでした。ビジョナリー・カンパニーは、社内での人材育成に力を入れています。企業内大学を設けるなどして、多くのリーダーを育成していることが経営スキルの高い人材の層を厚くしています。

2021年にアマゾンのCEOを退任したベゾスも、後継者を社内から選びました。AWS（アマゾン・ウェブ・サービス）のトップだったアンディ・ジャシーです。ハーバード・ビジネス・スクール卒業後の1997年にアマゾンに入社して働き続けてきた生え抜きで、社内で経営スキルを磨き、AWS事業を立ち上げの時期から支えてきました。

会社を強くする「カルトのような文化」

とりわけ面白いのが、ビジョナリー・カンパニーには「カルトのような文化」が存在することです。カルトには反社会的な新興宗教のようなネガティブなイメージもありますが、この本ではどちらかというポジティブな意味で取り上げています。ビジョナリー・カンパニーは宗教のようなもので、企業の理念やスタイルを信奉している人にとっては居心地がいいのですが、そうでないと働くのがいやになる可能性もあります。

　顧客へのサービスに熱狂的になることを求めるウォルマートの流儀に居心地の悪さを感じるならばウォルマートの一員になれず、「プロクター化」に熱心になれないならば、プロクター&ギャンブル（P&G）の一員になれないということです。日本にもトヨタ自動車やファナック、キーエンスのような、強固で個性的な文化を持つ企業があります。

「ビジョナリー（先見性）とは、やさしさではなく、自由奔放を許すことでもなかった。事実はまったく逆であった。ビジョナリー・カンパニーは自分たちの性格、存在意義、達成すべきことをはっきりさせているので、自社の厳しい基準に合わない社員や合わせようとしない社員が働ける余地は少なくなる傾向がある」（コリンズ）

　コリンズはビジョナリー・カンパニーにはカルトと共通する4つの特徴があると指摘します。それが「理念への熱狂」「教化への努力」「同質性の追求」「エリート主義」です。カルト的な企業には、採用する時点や、入社後の早い時期に、基本理念に合わない社員を厳しく選別する傾向があります。そして、残った者には強烈な忠誠心を吹き込み、行動に影響を与えて、社員が基本理念に従い、熱意を持って常に一貫した行動をとるようにします。

例えばディズニーランドは、従業員を「キャスト」、勤務を「パフォーマンス」、勤務時間を「オンステージ」と呼び、自分たちは「人々を幸せにする仕事をしている」と信じ込ませるような教育をしているといいます。

P&Gも社内で「ザ・ブック」と呼ばれる公式の社史で、原則、倫理、モラルにしっかりと基づく伝統ある精神と不動の社風を学びます。多くの社員は、孤立した企業城下町といえるオハイオ州シンシナティの本社で研修を受けますが、それは「見知らぬ都市にいって、一日中、同じ仲間とともに働き、夜は報告書の執筆に追われ、週末になると会社の仲間と付き合うことになる」ような世界です。P&Gの社員は、主に同社で働くほかの社員と付き合い、同じクラブに入り、同じ教会に通い、同じ地域に住むのが当然とされているそうです。職場だけでなく、プライベートの時間も共有していることは、社員の強い一体感につながります。

もちろん「信じる者は救われる」という言葉があるように、ビジョナリー・カンパニーは従業員を大事にし、プロフィット・シェアリング（利益分配制度）や従業員持ち株制度などを充実させているケースが目立ちます。こうした制度は、従業員の熱意を一層高めることにつながり、同質性を追求することにも役立ちます。

このほかにも、第五章「社運をかけた大胆な目標」に描かれている、思わずひるむほどの大きな課題に挑戦する姿勢が目立つことや、第七章「大量のものを試して、うまくいったものを残す」、第九章「決して満足しない」も大変興味深い内容ですが、紙幅が限られているので、興味がある方はぜひこの本をお読みください。

2作目の『ビジョナリー・カンパニー2 飛躍の法則』は、ジレットやフィリップモリスなど一見すると地味な11社が飛躍できた要因を分析しています。リーダーシップ、人材戦略、企業文化などを深掘りしており、1作目が気に入った方なら読む価値があります。とりわけ経営者のあり方についての分析が参考になります。

企業を飛躍へと導く経営者は、「最初に優秀な人材を選んで、その後に経営目標を定める」「自社が世界一になれる部分はどこか、情熱を持って取り組めるものは何かを深く考え、必要ならば、それまでの中核事業を切り捨てる判断さえ下す」といいます。

またドラスチックな改革や痛みを伴う大リストラに乗り出す経営者は、ほぼ例外なく失敗する一方、優れた経営者は、「結果的に劇的な転換にみえる改革を、社内に規律を重視した文化を築きながら、じっくりと時間をかけて実行する」とコリンズは述べています。

ベゾスはビジョナリー・カンパニーの理論を実践

ベゾスは、アマゾンの経営においてビジョナリー・カンパニーに書かれている多くのことを実践しています。

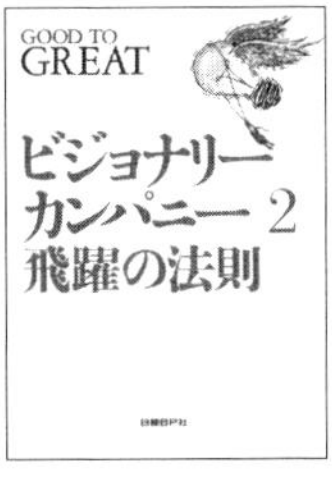

ビジョナリー・カンパニー2
飛躍の法則
ジム・コリンズ
日経BP

「利益の追求を最大の目的にしない」という意味では、アマゾンには長期的な成功を優先し、当面は赤字でも顧客に喜ばれるサービスを提供する姿勢があります。また「変わらない企業理念」については、創業以来、顧客至上主義が徹底されています。

アマゾンで働く人には〝全員がリーダー〟であることが求められます。すでに触れた世界共通の「リーダーの原則」という14項目の信条の1番目は「顧客中心主義」です。アマゾンのリーダーは顧客を起点に考えて行動し、顧客からの信頼を獲得し、維持していくために全力を尽くすことが定められています。2番目が「オーナーシップ」で、リーダーには、オーナーシップを持って、長期的視点で考え、短期的な結果のために、長期的な価値を犠牲にしないことが求められます。

つまりアマゾンにも「カルトのような企業文化」が存在するといえるでしょう。印象的なのが、「私たちは新しいアイデアを実行に移す時、長期間にわたり外部に誤解される可能性があることも受け入れます」という言葉です。外部にどう思われても気にせず、自分たちの信じることを実行するというアマゾンの姿勢はカルト的に感じられます。

さらに「(アマゾンの)リーダーは、信念を持ち、容易にあきらめません。安易に妥協して馴れ合うことはしません」といったものや、「私たちはより少ないリソースでより多くのことを実現します。倹約の精神は創意工夫、自立心、発明を育む源になります」といった理念が含まれています。

コリンズがビジョナリー・カンパニーの特徴として挙げている「大量のものを試して、うまくいったものを残す」もアマゾンが日々実践している考え方です。アマゾンはビジネスにおけるスピードを重視しており、「多くの意思決定や行動はやり直すことができるため、大がかりな検討を必要としない」と考えています。

具体的には、スマートフォンの「ファイアフォン」のようにアマゾンがチャレンジして失敗した事業は少なからずあります。ファイアフォンの場合、２０１４年に参入したものの大量の在庫の山を抱えて、わずか1年で撤退しました。このほかにも、ホテル予約や検索サービス、靴とハンドバッグの販売サイトなど、さまざまな失敗事例があります。

こうした多産多死を覚悟しつつ、イノベーションにチャレンジし、そこから一握りの大きな成功を生み出すという姿勢をアマゾンは徹底しています。「アマゾンは世界一の失敗をする企業である」とベゾスは述べています。

凋落したHP、GE、モトローラの共通点

気を付けるべきなのは、コリンズが称賛したビジョナリー・カンパニーでも、この本が執筆されてしばらく経ってから輝きを失ったケースが少なからずあることです。

ヒューレット・パッカード（HP）は経営再建のために社外からAT&T出身のカーリー・フィオリーナを招きましたが業績は低迷します。私もフィオリーナを取材したことがあります。カリスマ性の高い経営者でしたが改革に失敗して更迭されました。その後、HPはリスト

ラと企業分割を繰り返して衰退しました。「ＨＰウェイ」という多くの人が称賛した経営理念も尊重されないようになっていた、とＨＰの元経営幹部も指摘していました。

ゼネラル・エレクトリック（ＧＥ）もかつての栄光が失われています。ジャック・ウェルチを引き継いで２００１年にジェフ・イメルトがＣＥＯに就任し、当初は辣腕をふるったものの事業ポートフォリオの入れ替えに失敗。業績が悪化して、株価も低迷し、ついに２０１７年に退任します。その少し後、ＧＥは外部からＣＥＯを招きますが、リストラが加速し、存在感は低下しました。ＧＥは１８９６年にダウ・ジョーンズ工業株価平均が始まって以来、１２０年以上も構成銘柄に採用されてきましたが、２０１８年に除外されてしまいました。

かつては米国を代表するテクノロジーカンパニーだったモトローラも凋落しました。すぐれた無線技術を持ち、ラジオ、テレビ、半導体、携帯電話などに軸足を移しつつ、持続的な成長を続けてきました。１９９０年代には携帯電話で世界一のシェアを誇るメーカーでした。

しかし、携帯電話市場の競争が激化する中で、モトローラは競争力を維持できず、業績が低迷します。次の柱になる製品も開発できず、２００３年に創業家出身のクリス・ガルビンがＣＥＯを退任。ソフトウエア大手のサン・マイクロシステムズ出身のエド・ザンダーをトップに招きます。私は米国で何度かザンダーを取材したことがありますが、ダークスーツに身を包んだやり手の営業マンといった印象でした。成長局面で戦略を着実に実行するのは上手でしたが、新しいアイデアや方向性を打ち出して変革をリードするタイプではなかったようです。

それでも２００４年にモトローラは薄型の折り畳み式の携帯電話「Ｒａｚｒ（レーザー）」を

大ヒットさせて一息つきます。当時、ニューヨーク特派員だった私もレーザーを使っており、洗練されたデザインでお気に入りでした。しかしアップルが「ｉＰｈｏｎｅ」を発売してスマートフォンへのシフトが始まると、ザンダーは有効な対抗策を打ち出せませんでした。

そんな中で、２００８年秋にリーマンショックが起きて、モトローラは経営危機に直面します。結局、モトローラは虎の子の携帯電話事業をグーグルに売却。その後、同事業は中国のレノボの傘下になります。

さまざまな変化に巧みに対応して長期的に成功し、尊敬を集めてきたＨＰ、ＧＥ、モトローラの没落には驚くばかりですが、共通点もあります。ビジョナリー・カンパニーに書かれているように経営トップを内部出身者に任せるのではなく、外部から招いたことです。外部出身の経営者は短期的な成果を出すことを重視して即効性がありそうな対策を矢継ぎ早に実行しました。むやみな事業売却や人員削減を繰り返した結果、３社は瞬く間にかつての輝きを失ってしまいました。

ビジョナリー・カンパニーで描かれているような優れた企業文化や経営理念の本質を深く理解できていないと、構造改革を成功させるのは難しいようです。

なぜ優良企業が失敗するのか

ベゾスが薦める経営書でぜひ紹介したいもう1冊が、クレイトン・クリステンセンの『イノベーションのジレンマ』です。この本は「なぜ優良企業が失敗するのか」という疑問に正面から向き合い、解を示してくれます。

イノベーションのジレンマが焦点を当てているのが、産業界の歴史の中で類をみないほど、技術、市場構造、規模、垂直統合が広範囲にわたって急速に進化したコンピューターの記憶装置であるディスク・ドライブ業界です。IBMやクアンタム、シーゲート、HPといった米国勢だけでなく、日立製作所や富士通、NECといった日本勢も参入していたことがあり、日本の読者にもなじみがあることでしょう。

この本の第一章でクリステンセンは次のように指摘します。「ディスク・ドライブ業界の歴史を理解することに価値があるのは、複雑ななかにも驚くほど単純で一貫した要因によって、幾度となく業界リーダーの明暗が分かれてきたことに気づくからだ。簡単にいうと、優良企業が成功するのは、顧客の声に鋭敏に耳を傾け、顧客の次世代の要望に応えるよう積極的に技術、製品、生産設備に投資するためだ。しかし、逆説的だが、その後優良企業が失敗するのも同じ理由からだ」「すぐれたマネージャーは顧客と緊密な関係を保つという原則に盲目的に従っていると、致命的な誤りをおかすことがある」。

イノベーションのジレンマが秀逸なのは、技術革新を「持続的なイノベーション」と「破壊的なイノベーション」の2つに分けて分析するアプローチを取っていることにあります。

持続的なイノベーションとは、確立された性能向上の軌跡を持続し、推し進めるものを指します。ディスク・ドライブ業界における技術革新の大半は、持続的なイノベーションによるも

イノベーションのジレンマ
クレイトン・クリステンセン
翔泳社

ので、実績のある企業は、既存顧客の要望にうまく応えて技術を進化させてきました。

それでもディスク・ドライブ業界では、ごくわずかな破壊的なイノベーションが出現しました。技術的には単純で、既製の部品を使い、アーキテクチャー的には単純な場合が多く、業界の主流ではない、規模も小さい新市場で当初は採用されるような技術です。しかしながら、それこそがディスク・ドライブ業界のリーダー企業を失敗に追い込んだ、とクリステンセンは指摘します。

破壊的な技術を率先して開発して、採用してきたのはいつも既存の大手企業ではなく、新規参入企業でした。すでに既存市場で成功している大手企業は、多くの顧客を抱えており、彼らの声を聞いて漸進的に次世代の技術を開発しています。このような大手企業は、既存技術の進化と既存顧客に最適化させたビジネスのバリュー・チェーンを構築しているため、自らのビジネスモデルを崩壊させるような破壊的な技術を搭載した製品にはどうしても及び腰になってしまいます。優秀な営業パーソンにとっては、単価が低く、利益も小さい商品は魅力的には映りません。一方、低価格でシンプルな破壊的な技術を開発した新規参入者は、まずは限定的な下位市場を開拓し、そこからコスト競争力を武器に上位市場を攻略していきます。

さまざまな業界で起きた破壊的イノベーション

ディスク・ドライブ業界と同じような破壊的なイノベーションは、歴史を振り返ると、油圧技術によって激変した掘削機業界や、ディスカウントストアの台頭で百貨店が衰退した小売業界、ホンダが開発した低価格の小型バイクが市場を席巻したオートバイ業界、「ミニミル」と呼ばれる鉄スクラップを原料として低価格の鉄鋼を生産するメーカーが台頭した鉄鋼業界などで起きていたと、クリステンセンは指摘します。

破壊的イノベーションが起きた場合、既存市場で成功していた大手企業がうまく対処できないのはなぜなのでしょうか。もちろん脅威に気づいている場合が多いのですが、新市場が本当にあるかどうか分からない、価格が低く利幅が小さい、既存市場が脅かされるなどの理由から、経営者は及び腰になりがちです。さらに同じ組織の中で新事業を立ち上げて、破壊的イノベーションに対応しようとすると、新規参入者と比べて高コストな体質ができあがっている場合が多いため、競争上不利になります。

「上位市場の利益率が魅力的である、顧客の多くが同時に上位市場へ移行する、下位市場で利益をあげるためにコストを削減するのが難しい、この三つの要因が絡んで、下位への移動に対する強力な障壁となっている。したがって、社内で新製品開発のための資源配分について議論するとき、破壊的技術を追求する案は、上位市場に移行する案に負けるのが通常である」とクリステンセンは述べます。

それでも既存の大企業が破壊的イノベーションに遭遇した際に成功できる可能性はあります。クリステンセンはその際に重要な5つのポイントを挙げていますが、私がとりわけ重要だと考えるのは、「破壊的技術を開発するプロジェクトを、既存の大企業内ではなく、独立性がある小さな組織に任せること」です。そしてその技術を必要とする新しい顧客をターゲットに活動することが必要になります。社内にとどまっていると、「顧客が望んでいる」といえば、主流部門は優先的な資源の配分を受けることができるため、どうしても新規事業の優先順位は下がります。このため、独立した組織にしないと破壊的な技術を成功させられる確率は下がってしまいます。

そして破壊的技術に取り組むために、主流組織の資源の一部は利用しても、主流組織のプロセスや価値基準を利用しないように注意しなければなりません。そうしないとプロセスが複雑で高コストな体質になってしまうからです。

実際に自分たちと競合する破壊的な技術を開発する完全な独立組織を親会社が支援して成功させた事例もあります。クアンタム（イノベーションのジレンマではカンタムと表記）は１９８０年代半ばに、パソコン向けの薄型ディスク・ドライブを開発するスピンオフ事業を支援して80％を出資。クアンタムとは別の場所に本社を置く完全な独立企業として大成功を収め、主力のミニコン向けディスク・ドライブの販売不振で窮地に陥っていた本体を救いました。

実はクリステンセンが述べるような破壊的なイノベーションを成功させている大企業は日本にもあります。例えば、ソニーは、１９９４年に家庭用テレビゲーム機市場に「プレイステーション」で参入しました。その際にはソニー・コンピュータエンタテインメント（ＳＣＥ）という独立会社を設立しています。ＣＤ-ＲＯＭという当時は新しかったメディアを使い、任天堂がファミリーコンピュータとその後継機種で支配していた家庭用ゲーム機市場を激変させました。ソニーが主力のエレクトロニクス事業とは別会社にして顧客や市場に合わせる形で事業を展開したことが成功に寄与したといえるでしょう。

ソニーは新規市場に参入する際に多くのケースで独立した企業を設立しています。インターネット接続事業のソニーネットワークコミュニケーションズ（So-net）、医療情報サービスのエムスリー、インターネット銀行のソニー銀行などが代表例で、大きな成功を収めました。もちろん資金や人材など、ソニーの経営資源も一部利用していますが、あくまで独立したビジネスとして新市場に挑戦しています。

EVが自動車産業を破壊する可能性を１９９０年代に指摘

興味深かったのは、クリステンセンが１９９０年代後半の時点で自動車業界における破壊的な技術としてＥＶ（電気自動車）に強い関心を示していたことです。ＥＶの技術が需要よりも速いペースで進歩すれば、破壊の脅威は現実のものになる、と指摘していました。

慧眼なのは、ＥＶを商品化する際に、新技術は不要で、実証済みの技術同士を組み合わせればいいと見抜いていたことです。「破壊的技術に新技術はいらない。それはむしろ、実証済みの技術からできた部品で構成され、それまでにない特性を顧客に提供する新しい製品アーキテクチャーの中で組み立てられる」とクリステンセンは述べています。

イーロン・マスクはまさにこのような戦略でテスラを成功させました。テスラが最初に商品化したスポーツカータイプのＥＶ「ロードスター」（初代）のシャシーは、英ロータスのスポーツカーをベースにしていました。さらに心臓部の電池はノートパソコンに使われるサイズのリチウムイオン電池を数千本使っていました。まさに実証済みの技術を組み合わせることでイノベーションを生み出したのです。

販売面でもテスラはイノベーションを起こしています。クリステンセンはＥＶを成功させるには、新しい流通網を見つけることが必要だと指摘していました。すでにガソリン車を扱っているディーラーは、ＥＶが自分たちに必要な商品だと考えない可能性があるからです。実際にテスラは、自前で販売店網を構築しました。米国では独立系の販売代理店が自動車メーカーのクルマを販売するのが一般的なので、革新的なアプローチでした。

クリステンセンが１９９０年代に夢想していたＥＶによる破壊的なイノベーションを〝教科書通り〟に実現させたのがテスラといえるでしょう。

一方、テスラとほぼ同じ時期にＥＶに参入した日産自動車はどうだったのでしょうか？日産は別会社をつくらずにＥＶ事業を展開し、販売も旧来のディーラー網を利用しました。クリステンセンが述べるような大企業が破壊的なイノベーションを成功させるための条件に多くの点で合致しておらず、日産の主力ＥＶ「リーフ」が大ヒットすることはありませんでした。

イノベーションのジレンマの続編が『イノベーションへの解』です。前作が、なぜ優良企業が失敗するのかに焦点を当てていたのに対し、どうすれば新事業を成功させられるのかにフォーカスしています。

イノベーションへの解
利益ある成長に向けて
クレイトン・クリステンセン
翔泳社

とりわけ第二章の「最強の競合企業を打ち負かす方法」は出色です。前作で紹介した持続的イノベーションと破壊的イノベーションの考え方を適用しつつ、複合機で新興勢力のキヤノンがなぜゼロックスを破ったのか、航空業界で、新興エアラインのサウスウエスト航空がどうやって台頭したのかについて説明しています。

破壊的イノベーションには「新市場型」と「ローエンド型」の2種類があります。ただし両者がハイブリッドになっているケースも多いそうです。例えば、サウスウエスト航空は、低価格を武器に、当初は飛行機ではなくクルマやバスを利用していた人をターゲットにしました。しかし、徐々に大手航空会社を利用する低価格志向の顧客も奪うことに成功しました。

プリンターやエアコン、インターネットバンキングについては、市場環境を踏まえて、新規参入により破壊的なイノベーションが起きたらどうなるかをシミュレーションしている部分も示唆に富んでいます。

スタートアップから大企業まで、新事業を任せられた多くのマネージャーにとり、イノベーションへの解は参考になる本です。あらゆるマネージャーが下さなくてはならない、9つの意思決定に的を絞って理論を展開し、新事業の成功法則を導き出します。

ベゾスはアマゾンの幹部に読ませる3冊の本の1つに、イノベーションへの解を挙げています。破壊的なイノベーションに挑戦し続けるベゾスだからこそ、新規事業が失敗する理由と成功の法則を幹部に深く理解してほしいと考えたのでしょう。

ものづくり企業のリーダー必読の『ザ・ゴール』

ベゾスがアマゾンの経営幹部に薦めるもう1冊の本が、エリヤフ・ゴールドラットの『ザ・ゴール――企業の究極の目的とは何か』です。全世界で1000万人が読んだとされるベストセラーで、とりわけものづくり企業のリーダーにとって必読の書といえるでしょう。製造現場における工程改善のような「部分最適」ではなく、「全体最適」の考え方を学ぶことができる名著として知られています。

ザ・ゴールは、機械メーカーの工場長が業務改善に奮闘する小説スタイルのビジネス書です。主人公は、出荷遅れが目立ち、赤字が続く工場に赴任してきたアレックス・ロゴ。「3カ月以内に工場を立て直してほしい。できなければ工場を閉鎖する」と上司から通告されます。

アレックスはものづくりを愛しており「工場に足を踏み入れるといつもわくわくする」と語るような人物です。なんとか工場を立て直そうと知恵を絞るアレックスですが、何が問題なのかなかなか突き止められなくて、思い悩みます。

そんなときにたまたまシカゴの空港で出会ったのが、大学時代の恩師で物理学者のジョナです。アレックスは工場の所長をしており、最新のロボットを導入したことを話します。するとジョナは「ロボットを導入して、生産性は上がったのか?」「従業員は減ったのか?」「1日当たりの製品の出荷量は上がったのか?」「在庫は減ったのか?」と問いかけ、アレックスが工

ザ・ゴール
――企業の究極の目的とは何か
エリヤフ・ゴールドラット
ダイヤモンド社

場の立て直しに苦労していることを見抜きます。

「君の工場は非常に非効率のはずだ」とジョナは指摘し、「ロボットを導入して生産性が改善したと言っているが、生産性とはいったい何なのかね?」「生産的であるとはいったいどういう意味なんだね?」と問いかけます。

考え込んだアレックスは「何かを成し遂げることでも意味しているのでしょうか」と答え、さらに生産性を測るためには「目標(ゴール)」が重要であることに気づきます。では「本当の目標とはいったい何なのかね?」。そう問いかけてジョナは飛行機に乗り込みます。

生産性と目標の意味を考え抜いたアレックスは、ジョナに電話します。「メーカーの目標はお金を儲けることです」。その答えを聞いたジョナは「よくできた」と褒め、「スループット」「在庫」「業務費用」という3つの指標に注意するようにアドバイスします。

スループットとは、(生産した製品が)販売を通じてお金に変わる割合を指します。在庫(完成品だけでなく、仕掛り品や原材料、作りかけの部品を含む)とは、販売しようとする物を購入するために投資したすべてのお金です。業務費用とは、在庫をスループットに変えるために費やすお金を指します。工場で管理しているすべてのことを、この3つの指標で測るようジョナは勧めます。

つまりスループットを増やしながら、同時に在庫と業務費用を減らすことができれば、お金を儲けるという目標を達成できるわけです。

ジョナのアドバイスを受けて、アレックスは工場を調査します。するとロボットを導入して生産性が改善したと思い込んでいたものの、在庫に問題があることがわかります。ロボットで作った部品が余るようになり、余剰在庫を抱えていたのです。

ジョナに相談したところ、「バランスが取れた工場」という、世界中のメーカーが目指している、すべてのリソースの生産能力が市場の需要と完璧にマッチしている工場というコンセプトを教えてもらいます。

しかし現実には完全にバランスが取れた工場はありません。どの工場にも2つの現象があるからです。1つの事象が起きる前に別の事象が起きているという「従属事象」と、正確に予測できない情報もあるという「統計的変動」です。この2つの組み合わせが工場でどのような意味を持つのかを考えるように、ジョナはアレックスを促します。

難しい宿題を与えられたアレックスはある週末、ボーイスカウトのハイキングに引率者として参加することになります。そこでアレックスは素晴らしいインスピレーションを得ます。ハイキングの隊列は、足の速い子どもがどんどん先に行ってしまう一方、歩くのが遅い子どもが取り残されてしまいがちで、全員を予定通りに移動させるのは大変です。

そこでアレックスが考えたのは、ボトルネックだった歩くのが一番遅い少年に隊列の先頭を歩かせ、その少年が持っていた荷物を歩くのが速いメンバーが分担して持つことです。こうすることで列がバラバラにならず、全体が進む速度は2倍になったかのようでした。

ハイキングには、自分の前を進む人のペース以上には速く進めないという「従属事象」が存在し、そこにみんなの歩くスピードはそれぞれ変動するという「統計的変動」が組み合わさっています。ハイキングの隊列は、工場における製造工程の一連の流れと似ていることにアレックスは気づきます。

ハイキングで得たヒントを生かして、アレックスは工場のボトルネックは何かを調査します。その結果、ロボットと熱処理炉がボトルネックであることが判明しました。ロボットについては、使われていない時間が多かったため、従業員の休憩時間などを工夫して稼働率を向上させました。さらに最優先で処理すべき仕掛り部品については赤い札をつけ「すぐに」作業することを明確化。熱処理炉では、担当者がいなくて、装置が止まっている時間が目立っていたため、常時人を待機させて24時間部品を出し入れできる体制にしました。

ロボットと熱処理炉という2つのボトルネックを改善することで、スループットが増えていったん生産性が向上したかに見えましたが、再び問題が起きます。ボトルネックの部品に注力した結果、非ボトルネックの仕掛り部品の在庫が増えてしまったのです。そこで改めてジョナのアドバイスも受け、ボトルネックから逆算することにより、工場で資材を投入するタイミングを決めることにしました。

試行錯誤を繰り返す中で、アレックスは非ボトルネック工程で一度に処理する部品の数を半減させるアイデアを考えつきます。機械をセットアップするのにかかる時間、実際に部品をつくるのにかかる時間、製造中の部品の処理が終わるまで機械の前で待つ時間、必要な完成品をつくるためにほかの部品が届くのを待つ時間など、あらゆる時間を半減させられます。こうすれば、部品や材料が工場に入ってから完成品になるまでの時間を半減させることが可能です。回転率を高めることで、注文が入ってから完成品を出荷するために必要なリードタイムも大幅に短縮でき、工場の生産性は大幅に改善しました。

ザ・ゴールから何を学べるのでしょうか？　この本はまず「企業の目的は何か」という根本的な問いを読者に突き付けます。そして工場を経営する際は、スループット、在庫、業務費用など「お金」をベースにした指標で管理することが重要であること。さらに部分最適ではなく、部材から完成品になるまでの一連の工程における〝制約条件〟に目を向け、「全体最適」を目指すべきだと説きます。

ゴールドラットが唱えるのは「ＴＯＣ（Theory of Constraints＝制約条件理論）」という主に生産管理で使われる理論です。生産性を低下させるボトルネックとなっている制約条件を見つけて改善することで業務全体の流れを見直して最適化し、生産性を高める手法を指します。

ベゾスはなぜアマゾンの経営幹部にザ・ゴールを読むよう勧めるのでしょうか？　アマゾンは小売業が主力ですが、多数の巨大な倉庫を自社で運営しています。ＴＯＣは倉庫における業務改善にも役立つ手法といえるでしょう。しかし理由はそれだけではありません。実はザ・ゴールが取り上げているのは「キャッシュフロー」を重視する経営手法ともいえます。工場を管理する指標もすべて「お金」に関係しています。

ベゾスは創業後の早い時期からキャッシュフローを重視する経営を標榜しており、上場直後の１９９７年の株主への手紙で、経営においては売上高や利益よりも「キャッシュフローを優先する」と明言しています。２００４年の株主への手紙の冒頭にも「私たちの究極の財務指標、そして私たちが長期的に最も推進したいものは、１株当たりのフリーキャッシュフローです」と述べています。

アマゾンは将来の成長への投資を優先させ、2002年までの7年間は損益計算書ベースで毎年赤字が続いていました。それでも倒産しなかったのは、ベゾスがキャッシュフローを黒字にすることを強く意識して経営してきたことが影響しています。

ゴールドラットはイスラエルの物理学者で、TOCに代表される生産性の改善に役立つ理論を発展させました。生産スケジューリングのソフトウエアを開発したものの、なかなか普及しなかったため、小説を通じて、製造とは何か、TOCの手法とは何かを伝えようとしてザ・ゴールを執筆しました。

1984年に出版されたこの本は欧米においてまたたく間にベストセラーになったものの、2001年まで日本語訳が出版されませんでした。ゴールドラットが日本の製造業を警戒していたことが背景にあります。「日本人は、部分最適の改善にかけては世界で超一級だ。その日本人に『ザ・ゴール』に書いたような全体最適化の手法を教えてしまったら、貿易摩擦が再燃して世界経済が大混乱に陥る」と語っていたそうです。

トヨタ流の生産手法の真髄を学べる『リーン・シンキング』

TOCに限らず、ベゾスは工場の生産管理手法に強い関心を持っています。トヨタ自動車の生産手法を研究して、一般化したリーン生産システムの名著『リーン・シンキング』も、ベゾスの愛読書です。リーン（lean）とは「やせた」「ぜい肉がない」という意味で、経営においては「ムダがない」ことを指します。必要なものを、必要なときに、必要なだけ生産する「ジャスト・イン・タイム」に象徴されるトヨタ生産方式（TPS）は、日本車がシェアを急拡大した1980年代に、米国で注目されるようになりました。

リーン・シンキングを著したジェームズ・P・ウォーマックは、リーン生産システムの第一人者です。ハーバード大学で修士号を取得した後にマサチューセッツ工科大学（MIT）で「日本、ドイツ製造業比較研究」により博士号を取得。トヨタなどの日本企業を熱心に研究し、その強みを分析してリーン生産システムとして体系的にまとめました。

この本は第一部の冒頭で、日本語の「無駄（ムダ）」という考え方について説明しています。「あとから手直しを要する間違い」「誰も欲しがらないので在庫だけが増えてしまうモノの生産」「必要のない工程」「目的のないモノの搬送」「目的のない人の移動」などを例に挙げ、このようなムダに対して〝人類の歴史上、最も果敢に立ち向かった人物〟として、トヨタ生産システムを体系化した大野耐一を取り上げます。

ムダを減らすには、「リーン思考」という非常に効果的な解毒剤がある、とウォーマックは述べます。それは「絶え間なく人手、設備、時間といったあらゆるものをより少なく消費しながら、同時に顧客が欲しがっているものをぴったり提供する状態に近づけてくれる」手法です。

リーン思考の出発点は「価値」です。価値は最終顧客が決めるもので、特定の製品ごとに定義されます。この価値を性能や品質を向上させて高めつつ、製造コストを低減し続けるのが、

リーン・シンキング
ジェームズ・P・ウォーマック
ダニエル・T・ジョーンズ
日経BP

メーカーの経営を成功させるカギになります。

このように製品の価値を高めつつ、「ムダ」「ムリ」「ムラ」を極限まで減らすというリーン思考の理想となるのがトヨタです。この本には、トヨタ流の生産性改善の事例が頻繁に登場します。例えば、トヨタが米国でバンパーを製造する部品メーカーに生産管理の専門家を送り込んで、劇的な生産性向上を実現した事例が詳細に描かれています。

工場でムダなスペースをなくし、働く人の作業のムダを省き、取引先を含めたサプライチェーン全体で物流を効率化する——。このような手法にベゾスは強い刺激を受け、アマゾンが運営する倉庫や物流に、リーン生産システムの手法を取り入れました。

例えば、アマゾンの倉庫では〝アンドン〟的な仕組みを採用しています。コンベアの途中で荷物が詰まると、スタッフの持っているタブレットに通知が届き、どこでどんな問題が起きているかが表示されます。そしてスタッフが現場に行って問題を解決します。

『リーン・シンキング』にベゾスが魅了されたことは、アマゾンの年次報告書に「アンドン」や「カイゼン」といった言葉がたびたび登場してきたことからも分かります。自分たちのビジネスは小売業であると思い込まずに、製造業からも優れたアイデアを貪欲に取り入れてきたことが、アマゾンの競争力を高めました。

起業の常識を否定するユニークな一冊

『小さなチーム、大きな仕事――働き方の新スタンダード』はスタートアップの起業哲学を描いた本で、起業や新規事業の立ち上げに役立つさまざまなヒントに満ちています。著者はプロジェクト管理ソフトウエアのスタートアップ、37シグナルズの創業者でCEOのジェイソン・フリードとCTO（最高技術責任者）のデイヴィッド・ハイネマイヤー・ハンソンです。プロジェクト管理ソフトの「ベースキャンプ」が同社の代表的な製品です。

起業の常識を否定する2人のメッセージはとても刺激的です。

例えば、「失敗から学ぶ必要がある」という考え方は間違いだと言い切ります。むしろ成功から学んだ方がよく、「成功すれば、何が成功しているのかわかり、それをもう一度できる。そして次はもっとうまくやれるだろう」と述べます。ハーバード・ビジネス・スクールの調査によると、成功した起業家が次に成功する確率は34％あり、一度失敗した人や初めて起業する人より5割近く高いそうです。

さらにスタートアップの文化ともいえるワーカホリック（仕事依存症）も否定します。「仕事依存症は不必要なだけでなく、バカげている」「働きすぎは、解決するものより多くの問題を生み出すことになる」「彼らは危機すら生み出す。彼らは好きで働きすぎているので、効率的な方法を探さない。ヒーロー感覚を楽しんでいるのだ」。ワーカホリックを自認する人には耳の痛い言葉です。

「大きな仕事をするには、他と違ったことをしているという感覚が必要だ。世界にささやかに貢献している、あなたは重要なものの一部である、という感覚だ」という言葉も共感できま

小さなチーム、大きな仕事
――働き方の新スタンダード
ジェイソン・フリード
デイヴィッド・ハイネマイヤー・ハンソン
早川書房

す。大きなミッション（使命）を持っていると信じている多くの人は、自らの製品やサービスの魅力を情熱的かつ雄弁に語ります。そしてさまざまな困難に直面してもくじけずにチャレンジし続けるケースが多いのです。

どのような分野や製品でビジネスを始めればいいのか悩む起業家も多いことでしょう。成長市場か、ライバルが少ないか、技術的に先行できそうかといった視点から選ぶ人もいるはずです。しかしこの本では、「すごい製品やサービスを生み出す最も単純な方法は、あなたが使いたいものを作ることだ。自分の知っているものをデザインするなら、作っているものがいいかどうかすぐに判断がつく」と主張します。37シグナルズの創業者たちも自分たちがほしいと思うプロジェクト管理ソフトを開発して、ヒットさせました。

起業を志すＭＢＡ（経営学修士）取得者や、起業予備軍が集まるスタートアップのイベントに参加すると「イグジット（出口）」戦略がしばしば話題になります。株式を上場するのか、事業を売却するのか。イノベーションを起こして社会をよくしたいという人も多いのですが、イグジットを成功させて濡れ手で粟《あわ》のお金を手にすることを夢見る人も少なくありません。

「よく耳にするもうひとつの質問は『どういう出口戦略ですか？』だ。スタートした直後にすら聞かれることがある。やめ方をわかっていないと何かを作り始めることすらできない人たちとは何なのだろう？」「やめることを前提にした戦略では、そもそもチャンスがあっても成功できないだろう」

それでは事業を始める際に大切なことは何でしょうか。「〝芯〟からスタートする」ことをこの本は勧めます。たとえば、ホットドッグの屋台を始めるなら、香辛料やカート、お店の名前など、心配することはいろいろありますが、一番に考えるべきなのはホットドッグであり、それが芯の部分です。圧倒的においしくて顧客が驚くようなホットドッグを提供できれば成功する確率が高く、そこに全エネルギーを集中することが大事だといいます。

失敗するレストランのメニューにはあまりに多くの料理が載っており、優れたシェフはメニューの数を絞り込んで少なくするそうです。30あるメニューを10以下にして、残したものを磨き上げるような思考が大事といえるでしょう。

次の大きなうねり、人気が急上昇しているもの、最新のトレンドや技術に飛びつくこともこの本は戒めています。流行という常に変わり続けるものよりも、変わらないものにむしろ目を向けるべきだ、と。

「ビジネスを立ち上げるなら、その核は変わらないものであるべきだ。人々が今日欲しいと思う、そして10年後も欲しいと思うもの。そうしたものにこそ力を投入すべきだ」。ここで事例として出てくるのがアマゾンです。迅速な無料配送、安心できる返品の仕組み、手頃な価格といった、常に顧客が求めている普遍的な価値を追求していることを称賛しています。

このほかにも起業に限らず、ビジネスに役立つ金言がちりばめられた良書といえるでしょう。「従来の常識に捉われず、ビジネスのルールを書き直している」とベゾスはこの本を評価しています。

PART 02

未来をどう予測するのか

リスクマネジメント・予測

〝黒い白鳥〟のような異常な出来事は予測不可能

「世の中には〝白い〟白鳥しかいない」。かつて欧州ではそう信じられており、ムダな努力を指して「黒い白鳥（ブラック・スワン）を探すようなものだ」ということわざもあったそうです。しかしそんな常識を否定する発見が17世紀末のオーストラリアでなされました。黒い白鳥が見つかったのです。

〝黒い〟白鳥の発見は当時の欧州で驚きを持って受け止められました。何千年にもわたって観察されてきた何百万羽もの白鳥が白かったので、誰もがそう思い込んでいた当たり前の常識が覆されたからです。こうして〝ブラック・スワン〟は、誰も予想していなかった事象が突然起きることを指すようになりました。

このような不確実性をテーマにした書籍が『ブラック・スワン 不確実性とリスクの本質』です。著者はナシーム・ニコラス・タレブ。レバノン出身でデリバティブトレーダーやヘッジファンドマネージャーを経て、ニューヨーク大学で確率論のリスク管理への応用について教えた後に、同大学でリスク工学の教授を務めています。

タレブは、黒い白鳥のような、過去に起きた出来事から考えると異常に思える事象が突如として現れることはしばしばあって、「その衝撃はとても大きい」と指摘します。そして異常な現象であっても、人間は生まれながらの性質で、そのような事象が起きてから適当な説明をでっちあげて予測が可能だったと思い込んでしまいがちだそうです。

黒い白鳥のような異常な出来事は予測できない——。タレブはこう言い切ります。例えば、第一次世界大戦とロシア革命、ヒトラーの台頭、旧ソビエト連邦の崩壊、2001年の米同時多発テロのような出来事を事前に予想していた人はいなかった、といいます。

それでも人間は後付けでいろいろ理由を考えて、こうした事件は予測可能だったかのように思い込もうとします。しかしながら、そのような事件が起きる前に何が起きていたのかをいくら観察して分析しても、予測することは不可能だ、と主張します。

人々の心理を説明するうえで、タレブが使う七面鳥のたとえ話は大変面白いものです。「七面鳥がいて、毎日エサをもらっている。エサをもらうたび、七面鳥は、人類の中でも親切な人たちがエサをくれるのだ。それが一般的に成り立つ日々の法則なのだと信じ込んでいく。……感謝祭の前の水曜日の午後、思いもしなかったことが七面鳥に降りかかる」。七面鳥は感謝祭

ブラック・スワン
不確実性とリスクの本質
(上・下)
ナシーム・ニコラス・タレブ
ダイヤモンド社

のご馳走として育てられており、突然首を絞められて殺される運命ですが、彼らはそんなことはもちろん知りません。

七面鳥のような問題はもちろん人間社会にも存在します。ドイツ社会に何百年にもわたり溶け込んでいたユダヤ人たちは、ナチスが台頭して突然逮捕され、強制収容所に送られて殺されるとは誰も予想していませんでした。ロシア革命が起きるまで、皇帝や貴族たちは自分たちが何世紀にもわたって支配してきた土地や財産を突然取り上げられ、追放されたり、処刑されたりするとは思っていませんでした。

このような場合、過去の経験はゼロどころかマイナスの価値を持つことさえあります。ナチス時代の多くのユダヤ人はしばらく待っていれば迫害はやむだろうと考えました。亡命したロシア貴族たちの多くも、しばらく国を離れていれば、また以前のような生活が戻ってくると考えていました。残念ながら、そのような希望は無残にも打ち砕かれました。黒い白鳥のような現象が起きると、過去のデータを分析して、合理的に思える結論を引き出しても意味がないことがあるのです。

「ありえないと思われていたことが突然発生すると、予想されていた場合よりも影響が苛烈になる」。タレブはこう述べます。人間は異常なものを切り捨てて「普通」なものに焦点を当てがちです。「異常」は放置して、普通な場合だけを対象に研究しようとします。しかし、黒い白鳥のような極端な異常事態が起きることは歴史上よくあります。

「歴史や社会は流れてはいかない。ジャンプする。断層から断層へと移り、その間に小さなゆらぎがある。……それなのに、私たち（や歴史家）は、少しずつ変わっていくと信じ込んでいる」。タレブは耳の痛い指摘をします。

人間は今ある世界が未来も続いていくような錯覚によく陥ります。たかだか10年や20年しか続いていない現象が、将来も同じままであるかのように思い込んでしまいがちなのです。

私が大学生だった１９９０年代前半は「ジャパン・アズ・ナンバーワン」のイメージが強く残っていました。海外の大学に留学した際に現地の学生たちに、日本メーカーの品質改善の取り組みや日本企業の長期雇用の仕組みなどについて話すと「おおー」「日本はすごいな」と感心されたものでした。日本の繁栄は将来にわたって続くと私も思っていましたが、現実にはバブルはすでに崩壊しており、多くの日本企業の競争力は低下し、不良債権が積み上がっていました。一方で米国は、ＩＴ産業をけん引役に復活を遂げようとしていました。

さらに私が就職活動した１９９０年代半ばには、都市銀行や長期信用銀行、大手証券会社に入れば、30歳で年収が１０００万円に達して、一生安泰だと真顔で信じている人がたくさんいました。私自身も何人ものリクルーターの先輩と話して、そのような錯覚に陥っていました。しかし就職から間もない１９９７年に北海道拓殖銀行や山一証券が破綻し、１９９８年には日本長期信用銀行も破綻してしまいます。その後、日経平均株価は１万円割れとなり、日本企業の大規模なリストラも当たり前になりました。

米国でも１９８７年10月にダウ工業株平均が1日で22・6％下落する「ブラックマンデー」と呼ばれる大暴落が起きました。当時、クレディ・スイス・ファースト・ボストンのトレーダーだったタレブによると「経済学者は予想しておらず、たいしたニュースもないのに暴落は起きた」そうです。2008年秋の米投資銀行大手、リーマン・ブラザーズの破綻に端を発する金融危機も多くの投資家にとって想定外の出来事でした。

タレブがこの本で口を酸っぱくして繰り返し述べているのは、黒い白鳥のような異常な事象を人間が予測するのは困難だということです。それでも人間はさまざまな出来事に関して、規則性やパターン性を見いだそうとする習性があり、それが異常な事象に直面した際に判断を誤らせる可能性があると指摘します。

「私たち霊長類ヒト科のメンバーは、いつも法則に飢えている。ものごとの次元を落として頭に収まるようにしないといけないからだ。……情報がランダムであればあるほど次元は高くなり、要約するのが難しくなる。要約すればするほど、当てはめる法則は強くなり、でたらめでなくなる。そんな仕組みが一方で私たちに単純化を行わせ、もう一方で私たちに世界が実際よりもたまたまでないと思い込ませる」「そうして私たちは、単純化をするとき黒い白鳥を無視してしまうのだ」

何でも合理的に説明できると考えるのは間違いであり、むしろ説明できないことがあり、予測できないこともあると考えたほうがいいとタレブは強調します。「『賢者とは、将来に起こることが見える人のこと』とよく言う。でもたぶん、賢者とは、遠い将来に起こることなんか見えるもんじゃないと知っている人のことだ」。

それではベゾスは『ブラック・スワン』をどう評価しているのでしょうか。「著者は、人々は、予測できない出来事があるのにカオス（混沌）の中に法則性を見いだそうとしてしまうと主張している。実験と経験主義は、簡単で分かりやすい物語に勝っている」。ベゾスが創業したアマゾンは、それまでの小売業やIT産業の常識から考えると黒い白鳥のように思えるイノベーションを追求してきました。将来が予測できない以上、単純化した過去の法則に縛られるのではなく、多産多死を前提とした〝実験〟を繰り返すことで、イノベーションを生み出す。それがベゾスの流儀といえます。

ソフトウエア開発の本質に迫った『人月の神話』

ソフトウエア開発の本質とリスクについて学べる名著が『人月の神話』です。筆者のフレデリック・ブルックスは、米IBMの大型コンピューターであるSystem／63とオペレーティングシステムOS／360の開発チームを率いた人物で、その経験を踏まえてこの本を執筆しました。初版が出版されたのは1975年で半世紀近く前ですが、改訂されてソフトウエア開発の真髄に迫る良書として今でも読み継がれています。

〝ITエンジニアのバイブル〟とも呼ばれるこの本の魅力はどこにあるのでしょうか。

そもそも「人月」とは、ソフトウエア（システム）開発における仕事量（工数）を示す単位で、「人数×時間（月）」を指します。例えば、4人で2カ月かかる仕事は8人月となります。人月はシステムを開発する際の費用の見積もりなどに用いられます。

人月の神話
フレデリック・P・ブルックスJr.
丸善出版

ＩＴ業界では当たり前に使われている人月という言葉を、ブルックスはこう批判します。「仕事の大きさを測る単位としての人月は、疑うべき危険な神話なのだ」。人と月が交換可能という考え方がそもそも間違っているというのです。

人月の考え方は、個々のプログラマーの能力が同じという前提に立っていますが、現実は違います。ブルックスらが経験を積んだプログラマーのグループを調査したところ、最高のプログラマーは、最低のプログラマーと比べて平均で10倍の生産性があることが分かりました。優秀なプログラマーを集めた少数精鋭のチームなら、大人数で開発にあたる場合と比べて、コミュニケーションにかかる時間も大幅に短縮できます。

「大規模なソフトウエアを開発する場合、エンジニアの小さなグループの方が大きなグループよりも効果的である」という指摘がとりわけベゾスに強い印象を与えたようです。アマゾンは、事業を拡大していく際のチーム編成において「ピザ2枚ルール」という規則をつくりました。「2枚のピザを分け合えるくらい小規模なチームの方が、コミュニケーションにかかるムダな時間を省くことができ、最も効率的である」という考え方です。ブルックスは人月の神話で、「通常、少数精鋭のチームは10人を超えてはならない」と指摘しています。まさにベゾスのピザ2枚ルールが当てはまるチーム規模といえるでしょう。

大規模なシステム開発は、数百人以上の大きなチームになりがちで、開発が遅れることもままあります。その際にエンジニアを追加投入することで遅延を挽回しようとするケースが多いのですが、人数が増えるとコミュニケーションや教育が大変になり、ますます開発が遅れる場合が多い、とブルックスは述べています。

大規模なソフトウエア開発を、ブルックスは〝タールの沼〟にたとえます。「太古の昔からタールの沼に落ちた巨大な獣が死にもの狂いで岸に上がろうとしている光景ほど鮮烈なものはない。恐竜やマンモス、それに剣歯トラがタールに捕らえられまいとしてもがく様が目に浮かぶ。激しくもがけばもがくほどタールは一層絡みつき、どんな力強い獣でも、またどんなに賢く器用な獣でも、ついには沈んでいってしまう」。

インターネット小売りとして成功するためにアマゾンは当初からソフトウエア開発に力を入れてきました。さらに2006年からクラウドサービスのAWS（アマゾン・ウェブ・サービス）も展開してきたベゾスは、このようなタールの沼に落ちないように早くから注意を払ってきました。

一方で、ブルックスが人月の神話で述べるソフトウエア開発の喜びも、非IT人材の私には新鮮だったので紹介します。

「なぜプログラミングは楽しいのだろうか。プログラミングをする人は、いったいどんな満足を得ようとしているのだろう」

「まず言えることは、物を作り上げる純粋な喜びがあるということだ。子供が泥だんごではしゃぐように、大人は物を組み立てること、特に自分でデザインしたものを作り上げることを楽しむ。これは、神が万物を創造されたときの歓喜、つまり葉っぱの一枚一枚、雪の結晶一つ一つがみんな違っていて、しかもすべてが新しいという喜びに近いものだろう」

さらに、ほかの人々に役立つものを作ることの楽しさや、複雑なパズルのような組み立て部品を完成させ、それが巧妙に展開することを眺める面白さ、つねに新しいことを学ぶといった喜びもあるそうです。

「プログラムというものは、詩人の言葉と違って、現実に動いて働き出す。プログラム自体から独立した目に見える出力ももたらす。結果を印刷し、絵を描き、音を出し、腕を動かすといったことを行う。キーボードで呪文を正しく打ち込めば、ディスプレイに生命が吹き込まれ、これまでは存在しなかったような、またありえないはずだったものを目の前に見せてくれる」

DX（デジタル・トランスフォーメーション）やAI（人工知能）が脚光を浴び、大学受験の共通テストでも2025年から「情報」という科目が追加される予定です。プログラミングへの関心が高まる中で、多くの人が認識していない、その楽しさや醍醐味も、人月の神話は教えてくれます。

データを活用したマーケティングの極意

アマゾンの強さを支えるのはデータを活用したマーケティングです。膨大なデータを分析し、成果を最大化するためのマーケティング戦略を実行してきました。とりわけ「顧客至上主義」を掲げるアマゾンは、顧客とのつながりを強く意識して、顧客満足度を高めるようなさまざまな新サービスを導入し、購買データなどから商品をレコメンド（推奨）する機能も進化させています。実店舗が主力の伝統的な小売りと比較して、インターネット小売りは豊富な顧客データを取得できるという強みを存分に生かしているといえるでしょう。

そんなデータ活用の巧者であるアマゾンを率いたベゾスが薦める書籍が『データ・ドリブン・マーケティング――最低限知っておくべき15の指標』です。この本の帯には「アマゾン社員の教科書」というキャッチコピーが書かれていますが、実際にデータを活用するマーケティングの教科書として示唆に富む素晴らしい本です。

著者のマーク・ジェフリーはこの本を執筆した当時、名門ビジネススクールのノースウェスタン大学ケロッグ経営大学院で教えていました。ジェフリーらは、有力企業252社を対象に、マーケティングにおけるデータ活用の実態を調査します。

そこで鮮明になったのが、企業間に存在する「マーケティング格差」です。「上位企業とそうでない企業の間には顕著な格差が存在していたことに衝撃を受けた」とジェフリーは述べます。過半数の企業にはマーケティング活動を管理するプロセスが存在しませんでした。大半の企業で、投資効果を判断する指標の設定や測定なしに日々のマーケティング活動が行われていたことが分かりました。

一方で、データを集約してマーケティング活動の管理や最適化ができている企業は約2割でした。データ活用の巧者ともいえるこれらの企業は、データ・ドリブン・マーケティングを使いこなし、日々のマーケティング活動において適切な指標で効果測定を行っていました。その

データ・ドリブン・マーケティング
最低限知っておくべき15の指標
マーク・ジェフリー
ダイヤモンド社

2割の企業の業績や市場シェアも調査したところ、同業他社に大きく差をつけていることが判明したそうです。

「データを活用する際は、マーケティング活動の成果の大半を網羅できる、厳選された指標に集中することが大切だ」とジェフリーは主張します。

重視すべき15の重要なマーケティング指標は次の通りです。

①ブランド認知率
②試乗（お試し）
③解約（離反）率
④顧客満足度（CSAT）
⑤オファー応諾率
⑥利益
⑦正味現在価値（NPV）
⑧内部収益率（IRR）
⑨投資回収期間
⑩顧客生涯価値（CLTV）
⑪クリック単価（CPC）
⑫トランザクションコンバージョン率（TCR）

⑬広告費用対効果（ＲＯＡＳ）
⑭直帰率
⑮口コミ増幅係数（ＷＯＭ、ソーシャルメディア・リーチ）

①〜⑩は「伝統的なマーケティング指標」で、そのうち①〜⑤は非財務、⑥〜⑩は財務指標です。とりわけ⑩の顧客生涯価値は、顧客価値重視の意思決定に際して、最も大事にされる指標になります。かつては「広告費の半分は無駄になっていることは分かっている。問題はどの半分が無駄か分からないことだ」といわれていましたが、今は何が無駄なのか分かるようになりました。パソコン、タブレット、スマートフォンなどからのインターネット接続が普及した結果、マーケティング活動のトラッキングがかつてなく容易になったからです。

⑪〜⑮は「新世代マーケティング指標」とジェフリーが呼んでいるものです。クリック単価やトランザクションコンバージョン率、広告費用対効果は、インターネット時代のマーケティングにおいて重要な検索エンジンに関連するものです。⑭の直帰率はウェブサイトの入り口となったページだけを閲覧して、ほかのページには遷移せずに離脱したセッション数の割合で、ウェブサイトの出来の良さを測る指標です。⑮の口コミ増幅係数はソーシャルメディア・マーケティングの効果を測るための指標となります。

データ・ドリブン・マーケティングが優れているのは、理論だけではなく、豊富な事例を紹介してマーケティングの本質に迫っている点にあります。データを活用したマーケティングにおいて、参考になる企業のケースが多数登場します。

例えば、ポルシェは、既存オーナーに送った新型ターボ・カブリオレのダイレクトメール（DM）に、刻印付きで未塗装のメタルプレートを同封しました。一緒に送付されたログインIDを使ってウェブサイトにアクセスすると、自分好みの色のクルマを選ぶことができ、その色の新型車のポスターを注文できるキャンペーンでした。ポルシェファンの興味を引くこのDMは好評で、反応率は30％に達しました。この期間にポルシェの新型ターボ・カブリオレを購入した人の38％がDMを受け取った人だったそうです。

このほかにも米国の化学大手のデュポン、家電量販店のベストバイ、ドラッグストアのウォルグリーン、マイクロソフト、インテル、コンチネンタル航空（現ユナイテッド航空）、サントリー、レクサスなどのデータを活用したマーケティングの興味深い事例が目白押しです。2010年に米国で出版され、2017年に日本語版が出ているため、事例はやや古い印象もありますが、日本でも高く評価されてヒットしており、データを使ったマーケティングに関心がある人ならば、読むべき一冊といえるでしょう。

ベゾスが最後の「株主への手紙」で引用した言葉

2021年5月に開かれたアマゾンの株主総会に向けて、ベゾスはCEOとして最後の「株主への手紙」を執筆しました。ベゾスが毎年書いてきた株主への手紙は、トップの考えが分かるアマゾンの〝名物〟として知られており、21年分のベゾスの株主への手紙を分析した『ベゾス・レター：アマゾンに学ぶ14ヵ条の成長原則』という書籍も出版されています。

最後の株主への手紙を締めくくるにあたり、ベゾスは「最後にもう1つ、伝えなければならないと感じている最も重要なことがある。すべてのアマゾン人がそれを心に留めてくれることを願っている」と述べ、ある書籍の言葉を長々と引用しました。

それが次のようなリチャード・ドーキンスの『盲目の時計職人 自然淘汰は偶然か？』の一節です。


死を食い止めることは、あなたが取り組まなければならないことがらである。放っておけば、つまり死んだらそうなるということなのだが、体というものはその環境と平衡な状態に戻る傾向をもっている。生きている体の温度、酸性度、水分含量や電位といった何らかの性質を測ってみれば、それがその周囲のそれぞれ対応する性質の測定値と著しく異なっていることに気がつくだろう。

たとえば、われわれの体はその周囲よりも通常は高温であり、寒い気候にあっては、その温度差を維持するために懸命に仕事をしなくてはならない。死んでしまうと、その仕事は止まり、温度差はなくなりはじめ、結局は周囲と同じ温度になってしまう。すべての動物がその周囲の温度と平衡状態にならないようにそんなに懸命に仕事をしているわけではないが、どんな動物でも何かそれに似たような仕事をしている。

盲目の時計職人
自然淘汰は偶然か?
リチャード・ドーキンス
早川書房

たとえば、乾燥した地方では、動物や植物も、放っておけば水分が細胞から乾いた外界へととんでしまうという傾向に逆らって、その細胞内の水分含量を維持するよう仕事をしなければならない。それができなければ彼らは死ぬ。もっと一般的に言うと、もし生物が積極的に仕事をして外界と平衡状態になることを防げなければ、結局のところその周囲の環境に同化し、自律的なものとして存在するのを止めることになる。生物が死んだときにおこるのはそういうことなのだ。

生物は何もしないと周囲の環境に同化し、自律的な存在でなくなって死んでしまう——。一見すると、この文章は当たり前のことを言っているだけのように思います。それでもベゾスは、「この一節は、アマゾンに非常に関連している。そして、すべての企業や組織、私たち個人の生活にも関係がある」と強調しました。

なぜベゾスはドーキンスの言葉にここまで魅了されたのでしょうか？　自然に任せると、世界はあなたを〝ノーマル（普通）〟な存在にしてしまう。だから自分たちの際立った特徴を維持するためには懸命な努力が必要であり、自分たちを周囲とは違う特別な存在にしてくれる強みを決して失ってはいけない、というメッセージが込められています。

ベゾスの〝遺言〟ともいえる言葉は、よくあるような「賛辞」ではなく、最後まで厳しい「戒め」のような内容でした。

「独自性、独創性に価値があることは誰もが知っている。私たちはみんな『自分らしくあれ』

と教えられている。私があなたに本当に求めているのは、その独自性を維持するためにどれだけのエネルギーが必要かを受け入れ、現実的になることだ。世界はあなたが普通であることを望んでいる。そうならないようにしてほしい」

「独自性を持つには代償を払わなければならないが、それだけの価値がある。〝自分らしくあれ〟のおとぎ話バージョンは、自分の個性を輝かせるとすぐにすべての痛みが止まるというものだ。それは誤解を招くものだ。自分らしくいることには価値があるが、簡単でタダで手に入るものだとは思わないでほしい。継続的にエネルギーを注ぐ必要がある」

「世界は常にアマゾンをより普通なものにしようとする。私たちを周囲の環境と均衡させようとする。（そうならないためには）絶え間ない努力が必要だが、私たちはそれ以上の成果を上げることができるし、そうしなければならない」

盲目の時計職人を書いたドーキンスは進化論の研究で知られる生物学者です。遺伝子中心の視点を提唱したことで知られ、「生物は遺伝子によって利用される〝乗り物〟に過ぎない」という言葉も有名です。

この本が述べているのは、自然選択による生物の進化が複雑な適応性を生み出すことです。キリスト教の影響が強い欧米では、神がすべての生物を含む世界をつくったという「創造論」が強い力を持ち、ダーウィンの進化論に対して懐疑的な見方を示す学者が少なくありませんでした。進化は偶然なのか否か、生物には神のような設計者がいたのかといった疑問に、ドーキンスは盲目の時計職人で丁寧に答えています。

結論を言うと、神のような創造主は存在せず、数万年から数千万年の長い時間をかけて完成する進化の理論は正しい、というのがドーキンスの主張です。人間の寿命は数十年と短く、偶然が生み出す何十万年もの長期的な進化を想像しにくいことや、人間自身の創造性が高く、いろいろなものをデザインできることから、進化論を受け入れるのが難しいのだ、と指摘しています。

生物進化の本質に迫るドーキンスの名著から、人間の本質は何かを考え、株主への手紙という形を借りて、アマゾンの社員に向けた未来へのメッセージを伝えるベゾスには恐れ入るばかりです。多忙でも、一見すると仕事に関係がなさそうな生物に関する重厚な書籍までベゾスはわざわざ読んで、ビジネスに役立てています。

PART
03

リーダー論

理論と実践で学ぶリーダーシップの本質

「マネジメントの父」が説くリーダーの条件

ベゾスがアマゾン幹部に薦めるリーダー論の名著がピーター・ドラッカーの『経営者の条件』です。英語のタイトルは『The Effective Executive』で日本語では「有能な幹部」を意味します。日本でもファンが多いドラッカーは、1909年にウィーンで生まれたオーストリア系米国人の経営学者です。目標管理とセルフマネジメント（自己管理）の概念を発明し、「マネジメントの父」と呼ばれました。

ドラッカーはとりわけ人間に強い関心を持ち、組織がそこで働く人々の能力を最大限に引き出すための方法などを研究しました。さらに経営は「リベラルアーツ（教養）」であると考え、歴史、社会学、心理学、哲学、文化、宗教などから得られる学際的な教訓を、経営のアドバイ

ドラッカー名著集1
経営者の条件
P・F・ドラッカー
ダイヤモンド社

スに生かしました。

経営者の条件の初版が出版されたのは1966年で半世紀以上前ですが、今読んでも全く色あせない刺激に満ちた良書です。経営者に限らず、あらゆる組織のリーダーが繰り返し読むべき本だといえるでしょう。

この本の「まえがき」（編集注：1985年に加筆されたもの）はこんな言葉から始まっています。「普通のマネジメントの本は、人をマネジメントする方法について書いている。しかし本書は、成果を上げるために自らをマネジメントする方法について書いた。ほかの人間をマネジメントできるなどということは証明されていない。しかし、自らをマネジメントすることは常に可能である」

ドラッカーは、自らをマネジメントできない者は、部下や同僚をマネジメントできないと指摘します。さらに「成果をあげることがエグゼクティブの仕事である」と説きます。成果をあげるためには、特別な才能や適性は必要ではないといいます。そして「成果をあげている者はみな、成果をあげる力を努力して身につけてきている」と指摘します。

成果をあげるために身につけておくべき習慣的な能力は5つあります。

まず「何に自分の時間がとられているかを知ること」。成果をあげるには時間が制約要因になります。このため時間をどのように使っているかを記録し、整理し、管理することが重要です。年に2回ほど3〜4週間記録を取って時間の使い方を見直すことをドラッカーは推奨します。最近はグーグルカレンダーのようなツールが普及しており、ビジネスパーソンの時間管理は容易になっています。

そのうえで、必要がまったくない仕事や何の成果も生まない時間の浪費である仕事を見つけて、捨てることが大事といいます。毎晩のように会食しても大半が時間の無駄になっているならそれを見直したり、自分がしなくてすむ仕事をほかの人に任せたりすることを指します。

成果をあげるには大きな固まりの時間が必要になります。こま切れのような時間では役に立ちません。そのために何に時間を浪費しているかを「見える化」し、なくしていくことが欠かせません。

2番目が「自らの果たすべき貢献を考えること」。仕事ではなく成果に目を向けることです。成果には、売り上げや利益などの「直接的な成果」、技術面での優位性や安さと品質といった「価値」、組織の存続のために必要な「人材の育成」の3種類があります。

長時間仕事をしているからといって成果を生み出せるわけではありません。さらに温かな会話や感情がある良い雰囲気の職場であっても、仕事において成果がなければ、貧しい関係のとりつくろいにすぎず、「無意味である」とドラッカーは指摘します。自分自身の貢献だけでなく、部下に対してもどのような貢献を期待するかを伝えることが大事だそうです。

3番目は「人の強みを生かすこと」。

「成果をあげるには、人の強みを生かさなければならない。弱みからは何も生まれない。結果を生むには利用できるかぎりの強み、すなわち同僚の強み、上司の強み、自らの強みを動員しなければならない。強みこそが機会である」

リーダーには、部下や同僚の弱みに目を向けがちな人もいます。ある親しい友人とお酒を飲んだ際に、本人が涙ながらに語っていた話が思い起こされます。その友人の上司はとても優秀ですが部下に厳しく、「お前はどうして（同僚の）Sのように上手く仕事ができないんだ。説明も下手だ。Sだったらこんな仕事は朝飯前だろう。お前はダメな奴だ」といったふうに繰り返し叱責されたというのです。この友人は口達者ではありませんが、ものごとを深く考えてコツコツ仕事をするタイプで、上司が代わってから高く評価されるようになりました。今では管理職となって勤務先の会社で大黒柱として活躍しています。

人間には得手不得手があり、本人の苦手なことに目を向けて非難しても意味がないだけでなく、逆にモチベーションを下げることになります。むしろ、その人の強みを探して、その強みを生かすにはどのような仕事を与えればいいのかを考えることがマネジメントの仕事です。「人事において重要なことは、弱みを最小限に抑えることではなく強みを最大限に発揮させることである」。ドラッカーはこう断言します。

部下に成果をあげさせるためには「自分とうまくいっているか」を基準に考えるべきではないそうです。「どのような貢献ができるか」から考えるべきです。「何ができないか」に目を向けずに「何が非常によくできるか」を考える必要があります。

「一流のチームをつくるリーダーは、同僚や部下とは親しくせず、好き嫌いではなく、何をできるかで人を選ぶ。調和でなく成果を求める」というドラッカーの言葉は金言です。

4番目は「最も重要なことから始め、一度に1つのことに集中すること」です。エグゼクティブは多忙で、あまりにたくさんの仕事に囲まれている場合が少なくありません。しかしあれもこれも頑張ろうとするとどれも中途半端になりがちです。それよりも最優先で取り組んだ方がいい重要なことだけに集中した方が大きな成果を生み出しやすいのです。

では集中するために何をすべきなのでしょうか。「第一の原則は、生産的でなくなった過去のものを捨てることである」とドラッカーは述べます。自分の仕事と部下の仕事を定期的に見直して、今手を付ける必要がないことはやめるか大幅に縮小することで、最優先の仕事に振り向ける時間をつくることができます。取り組むべきでない仕事を明確にすることも重要です。

5番目が「成果をあげるように意思決定を行うこと」です。成果をあげるためには重要な意思決定に集中する必要があり、個々の問題ではなく、本質的なことについて考えなければなりません。

「問題に向き合う際には考慮すべきことがある」とドラッカーは述べます。一般的な問題か例外的な問題か、何度も起きることか個別に対処すべき特殊なことかなどです。そのうえで意思決定するわけですが、決定の目的は何か、達成すべき目標は何か、満足させるべき諸条件は何かを明らかにしておく必要があります。

意思決定においては、「何が正しいか」を考えることが欠かせません。何が受け入れられやすいか、何が反対を招くのかを考えすぎてはいけないとドラッカーは説きます。決定を実際のアクション＝実行に移す際には、誰がこの決定を知らなければならないか、その行動はいかなるものなのかにまで注意をこらす必要があります。実行後には必ずフィードバックを得て、意思決定が間違っていないか、間違っていれば何を修正すればいいのかを検証します。
経営者の条件は、マネジメントにかかわる人なら誰もが多くの学びを得られる素晴らしい本です。若いときに読んでも理解できないことが少なからずあるように思いますが、組織の中で昇進、昇格して部下を持った際などに読み返すと、新たな発見がきっとあることでしょう。

世界最強のリアル小売り、ウォルマート創業者の教え

アマゾンが小売りの世界を激変させる巨大企業に成長するまで、米ウォルマートが世界一の小売りとして君臨してきました。ウォルマートの２０２２年１月期の売上高は５７２７億ドル（約80兆円）にも達します。しかしアマゾンも２０２１年12月期の売上高が４６９８億ドル（約66兆円）と猛追しており、ウォルマートを抜くのは時間の問題といわれています。

ベゾスはアマゾンを起業する際にウォルマートを研究しました。とりわけ創業者のサム・ウォルトンの自伝で、自身のリーダー論を語っている『私のウォルマート商法 すべて小さく考えよ』から多くのことを学びました。

まずアマゾンが社是とする「顧客第一主義」はウォルマートの基本理念です。ウォルマートは「ＥＤＬＰ（毎日低価格）」を掲げ、ライバルと比べて常に安い価格を提供する方針で驚異的な成長を遂げてきました。価格だけでなくサービス面でも最先端を走り続けており、例えば、顧客が商品を気に入らなかった際に簡単に返品できる仕組みは有名です。

私のウォルマート商法
すべて小さく考えよ
サム・ウォルトン
講談社

いつどんな商品を買っても安い、顧客本位で高水準のサービスを常に提供する、といった極めてベーシックながらも重要な価値を提供していることがウォルマートの強みです。それを見抜いたベゾスは、インターネット小売りの世界で同じ戦略を実行することを決意します。

インターネットが普及すると商品の価格比較がどんどん容易になるため、安くなければ生き残れないことに気づいていたからです。日本では「価格・ｃｏｍ」が有名ですが、もちろん米国にも同様のサービスがあります。２００５年にシアトルの本社でインタビューした際に、ベゾスが次のように語っていたのが印象的でした。

「私は世界がもっと〝透明〟になっていくと信じている。消費者は過去と比べてはるかにたくさんの情報を得られるようになり、どんどん賢くなっている。私の理想は、消費者が世界のあらゆる情報を完璧に得られるようになっても、『アマゾンで買いたい』と選んでもらえるようにすることだ」

アマゾンがウォルマートを参考にしていると感じる点は、顧客第一主義だけではもちろんありません。「倹約主義」もそうです。私のウォルマート商法には、サム・ウォルトンの時代は、出張でホテルを使う際は複数の社員が同じ部屋に宿泊していたと書かれています。ウォルトンは従業員に質素倹約を徹底させていました。

そこまでではなくてもアマゾンの倹約主義も有名です。例えば、創業期に使われるようになった「ドア・デスク」。ホームセンターに行って、オフィスで使うデスクを買おうとしたところ、ドアの方が安かったので、ベゾスはそれを買って４本の足をつけてデスク代わりにしたという話です。「ドア・デスク」はアマゾンの中心的な価値の1つである〝倹約〟の象徴となり、倹約のアイデアを生み出した社員にドア・デスク賞が贈られるようになりました。アマゾンでは、出張時の飛行機は幹部でもエコノミークラスを使うことになっていました。

自前で物流網を持つことへのこだわりもウォルマートが手本といえます。ウォルトンはウォルマートの物流の優位性についてこの本でこう述べています。

「率直にいって、わが社の物流システムは、小売業界はもちろん、他の多くの業界からも羨望の目で見られている。……わが社の店舗が取り扱う商品は八万品目を超えるが、これら商品の85％を自社の物流センターから直接補充している。……その結果、各店がコンピュータで商品を発注してから実際に納品されるまでにかかる日数は、他社が一般的に五日以上であるのに対し、わが社では平均わずか二日である」

ウォルマートは自前の物流システムを構築することで、時間だけでなくコストも削減しました。物流コストを低減することで、「仮に同じ商品を同じ売価で売ったとすれば、わが社は他社より1・5～2％も余分に利益が出る計算になる」とウォルトンは述べています。

アマゾンも自前の物流センターを持つことで、配送スピードでライバルのネット小売りに対して圧倒的な優位性を持つようになりました。創業期に資金が足りなかった多くのネット小売りが物流をアウトソーシングしたのとは対照的ですが、配送に時間がかかる米国では際立った競争力になりました。しかもアマゾンはロボットなども活用して低コストで効率的な物流システムを実現しており、低価格で商品を売っても利益が得られる体制を構築しました。

このほかにも経営陣が自由に経営しやすいように労働組合をなるべく作らせないようにする一方で、従業員には自社株を付与して（ウォルマートでは株式購入優先権）会社と一体感を持たせ、株価の上昇で報いる仕組みを導入するなど、両社の類似点は枚挙にいとまがありません。

ベゾスはウォルトンの経営手法に心酔していました。ベゾスから私のウォルマート商法をもらった人物によると、「優れたアイデアを競争相手から拝借する」というくだりに下線が引いてあったそうです。

ウォルマートの経営ノウハウを取り入れるために、ベゾスは同社の経営人材も引き抜きました。それがリック・ダルゼルです。ウォルマートのIT部門の幹部でしたが、1997年に創業期のアマゾンに入社し、2007年11月までアマゾンのCIO（最高情報責任者）や上級副社長を務めました。アマゾンの成長を支えるテクノロジーやソフトウエア、サービスの基盤を構築するという重要な役割を担いました。

ウォルマートにも当てはまる〝カルト的な企業文化〟

すでに紹介したジム・コリンズの『ビジョナリー・カンパニー 時代を超える生存の原則』が取り上げた18社にはウォルマートも選ばれています。特にコリンズがビジョナリー・カンパニーに共通していると指摘する〝カルト的な企業文化〟は、ウォルマートにも当てはまります。

ウォルトンによると、毎週土曜日の午前7時半に重役や店長など数百人を集めて開く会議の冒頭は〝ブタを呼ぶ〟掛け声から始まったそうです。アーカンソー大学のアメリカン・フットボールの「レイザーバック（半野生のブタを意味する）・チーム」の声援で「うあああああああああい、ブタ。こっちだぞ！」と3回繰り返し、最後に「カミソリ、ブタ（レイザーバック）！」と叫ぶものでした。

このほかにもウォルマートのアルファベットのつづりを「W」から「T」まで順番に連呼していき、最後に「何のつづりだ？」「ウォルマート！」「誰が一番？」「お客さま！」という掛け声も有名です。このような一体感を重視する〝カルト的〟にも思える経営がウォルマートの特徴でした。

ウォルトンの著書からベゾスが学べることはほかにもありました。巨大企業になったときに社会から受ける猛烈な反発とどう向き合うかです。ウォルマートの成長と歩調を合わせて、多くの小規模店が廃業するようになります。ウォルマートは「よきアメリカの田舎町を破壊する敵だ」と非難され、目の敵にされるようになりました。

「完全に成功した大企業になると、突然敵役にされるのだ。というのも、どうやら誰もが、トップに立つものを打ち落とすことが好きらしいからである」。このようにウォルトンは述べています。

アマゾンも急成長を続けて大成功を収めるようになると、小売業の〝破壊者〟と見なされるようになりました。アマゾンの収益拡大などの影響を受けて業績が悪化しそうな米国の小売関連の上場企業54社以上を対象にした「デス・バイ・アマゾン（アマゾン恐怖銘柄指数）」も生まれたほどです。アマゾンの物流拠点における労働環境が批判され、労働組合を結成しようとする一部の従業員の動きも注目を浴びるようになりました。

かつてのウォルマートと同じように、強大になったアマゾンも社会に受け入れられ、愛される企業になることが求められています。

ウォルトンはこの本の最後でアマゾンの登場を暗示するような言葉を述べていました。

「ウォルマートのようなサクセス・ストーリーは、今の時代でも可能なのか？　もちろん可能だ、というのが私の答えだ。今この瞬間にも、素晴らしい発想をもった誰か、何万人もの人々が、成功への道に向かって歩み始めている。何としてもそれを達成したいという情熱さえあれば、成功は何度でも起こり得る。必要なのは経営について絶えず学び、絶えず疑問を抱く姿勢とそれを実行する意欲だけである」

経営について絶えず学び、疑問を抱く姿勢を持ち続ける一方で、強烈な実行力も持ち合わせたベゾスは、ウォルマートをはるかに凌駕する株式時価総額を誇る巨大企業にアマゾンを育てました。

PART 04

SF・小説

SFと宇宙に取りつかれたベゾス

ジェフ・ベゾスもイーロン・マスクに負けず劣らずSF好きとして知られています。第1章でマスクの愛読書として紹介したアイザック・アシモフやロバート・ハインラインの作品なども読んでいます。フランク・ハーバートの『デューン 砂の惑星』については「私はSF作品の大ファンで、この作品を愛している」と語っており、イアン・バンクスの『ゲーム・プレイヤー』などの「『カルチャー』シリーズも大好きだ」と述べています。

SFを愛するベゾスが、とりわけ気に入っているのはテレビドラマの『スタートレック』シリーズです。

スタートレックは1966年に放映が始まった米国のSFドラマで、「USSエンタープライズ」などの宇宙船に乗った艦長や乗組員たちが、宇宙空間やさまざまな惑星を探検し、異なる種族や新しい文明と交流し、さまざまな困難を克服していく物語です。地球人だけなく、異星人も乗組員として登場し、〝ダイバーシティ〟(多様性)も実現されています。私も少年時代にスタートレックを見ており、エンタープライズ号の技術主任兼副長で、ヴァルカン人と地球人のハーフの「ミスター・スポック」というキャラクターがお気に入りでした。

スタートレックシリーズの特徴は、現実社会の問題を寓話的に取り上げていることにあります。戦争と平和、帝国主義、権威主義、階級闘争、人種差別、宗教、人権、性差別、テクノロジーなど多様なテーマが網羅されていました。

プロデューサーのジーン・ロッデンベリーは、カウンターカルチャーを背景にした自身の進歩的な主張をスタートレックに込めています。反戦的なメッセージに加えて、惑星連邦を理想的な国際連合のような姿として描いたりしました。

ベゾスは、子ども時代、毎日のように友達とスタートレックごっこをしており、カーク船長とミスター・スポックのどちらになるかをめぐってケンカになったそうです。スタートレックやSF小説などをきっかけに得た宇宙への関心は、ベゾスが成長するにつれ、ますます高まっていきました。

1982年に高校を卒業する際に総代としてスピーチした後に、ベゾスは地元紙のマイアミヘラルドのインタビューを受け、「宇宙にホテルや遊園地、コロニーを建設したい」「資源の枯渇から地球を守りたい」と述べていました。

ベゾスはプリンストン大学に進学し、コンピューターサイエンスを専攻しますが、宇宙への関心を失っておらず、「国際的な宇宙探査・開発のための学生組織（SEDS）」のプリンストン支部の代表も務めました。

大学卒業後には金融決済システムのスタートアップに就職。その後、ヘッジファンドなどを経て、1994年にアマゾンを創業します。起業の直前にはニューヨークのアッパーウエストのアパートで仲間たちと『新スタートレック』の最終話を見たそうです。

アマゾンのAIスピーカー「アマゾン・エコー」のアイデアも「スタートレックのしゃべるコンピューターだった」とベゾスは述べています。エコーを操作する際には、「アレクサ」と話しかけるのが一般的ですが、スタートレックのカーク船長のように「コンピューター」と話しかけても応答するようになっています。

実は米国で2016年に放映されたドラマシリーズ「スタートレック・ビヨンド」には、ベゾス本人が特別出演しています。頭が大きいエイリアン役で、映像を見ただけでは誰かわかりませんが、スタートレックをこよなく愛するベゾスは感無量だったことでしょう。

私はベゾスを取材した際に「宇宙人のようだ」と感じました。スキンヘッドであることもそう思わせるのかもしれませんが、何より独特な目をしているのです。前述したように、インタビューに同行したカメラマンはよほど印象的だったのか「狂気が目に宿っている」と何度も言っていました。さらに通常では考えられないような甲高い大声でケタケタと笑う様子にも不思議な気持ちにさせられました。

アマゾンを起業し、CEOとして激務の毎日が続いても、ベゾスの宇宙への情熱が消えることはありませんでした。アマゾン創業からわずか6年後の2000年に有人宇宙飛行を目指すスタートアップ、ブルーオリジンを起業します。

ブルーオリジン起業のきっかけは、1999年に映画『遠い空の向こうに』（原作は元NASA技術者の回想録『October Sky』）というロケットをテーマにした青春物語を見た後に、SF作家のニール・スティーヴンスンと宇宙企業の設立について話し合ったことにあります。

アマゾンが成長を続け、成功が確かなものになるにつれ、ベゾスの宇宙への関心は高まり、ブルーオリジンにより深く関与するようになります。2016年には「宇宙を植民地化する」という夢を語り、何百万人もの人間が宇宙で働いて生活するビジョンを打ち出します。

ブルーオリジンのモットーはラテン語の「Gradatim Ferociter」で「一歩一歩、猛烈に」を意味します。長期志向で地道な積み重ねを大事にするベゾスらしい言葉を選んだ理由を「空飛ぶ乗り物を作るなら、手を抜くことはできない。それは段階的に実行しなければならないが、猛烈にやりたいと思っている」と述べています。ちなみにブルーオリジンのマスコットは亀です。亀がウサギに勝った昔話のように、ゆっくりでも着実に宇宙開発のレースに勝つことを目指しています。

高校生のころに思い描いた人類を宇宙に移住させるという壮大な目標をベゾスは本気で実現しようとしています。月着陸を目指して「ブルームーン」という宇宙船や次世代エンジンを搭載するロケットも開発中です。ロバート・ハインラインがSF小説『月は無慈悲な女王』で描いたような月への植民も視野に入れています。

ベゾスは宇宙の商業化に向けて成果を生んだ人物に贈られるハインライン賞を2016年に受賞しました。「ハインラインは、太陽系全体に人類が繁栄する未来を予見した。そのビジョンを実現するための努力を私たちはやめない」。受賞の際にベゾスはこう述べました。

2021年にアマゾンのCEOを退任して、ベゾスは念願の宇宙開発に注力できるようになりました。「人類の未来はこの地球上にない」と高校時代に語っていたベゾスが宇宙開発をどのように変えていくのか、世界が熱い視線を注いでいます。

ベゾスの宇宙ベンチャー起業の背中を押したSF作家

ベゾスが宇宙開発のスタートアップを起業する背中を押したのが前述したSF作家のスティーヴンスンです。その後、彼はブルーオリジンのアドバイザーとして7年間働きました。SF作家としてだけではなく、科学に関する知識が豊富なこともベゾスに評価されたようです。スティーヴンスンはボストン大学で物理学と地理学を専攻しています。科学者が多い家系の生まれで、父親は電気工学の教授であり、父方の祖父は物理学の教授、母方の祖父は生化学の教授でした。

人工知能（AI）、コンピューター・ウイルス、ネットワーク、暗号技術などに詳しいSF作家で、ブルーオリジン以外の企業活動にも参画しています。例えば、2014年からは、ヘッドマウントディスプレー方式のウェアラブルコンピューターを手がけるマジックリープでチーフ・フューチャリストを務めました。

公私ともに親しいスティーヴンスンのSF作品の中で、ベゾスが薦めるのは『ダイヤモンド・エイジ』です。

ダイヤモンド・エイジの舞台は、ナノテクノロジーの進化によって社会が革命的に変化した21世紀半ばの世界。例えば、折り畳み可能で片手で運べるほど軽い機械式の馬や、ナノテクノロジーで顔の回りに膜を張るヴェール、マイクロマシンで構成された免疫システムなどが物語には登場します。

主人公はネルという少女で、底辺の労働者階級に相当する貧しい家庭の生まれです。住んでいるのは、沿岸チャイナ共和国の上海で、そこには「漢（漢民族）」「ニッポン（日本人）」「新アトランティス（アングロサクソンが中心）」という3大種族が勢力を持っています。ネルは、どの種族でもない〝二級市民〟の階層に分類されます。

ネルが4歳のときに、兄のハーブは「若き淑女のための絵入り初等読本：プリマー」という教育用ソフトウエアを手に入れます。プリマーは、読者を知的に導き、社会で活躍する人間に成長させることを目的にしています。もともとは新アトランティスのお金持ちが孫娘のために優秀なエンジニアに開発させたもので、読み手を主人公とし、その境遇を物語に取り込みながら何年もかけて教育していく仕組みです。読者の実際の境遇や環境に合わせて、本人が生き残り、成長していくために知っておくべきことを教えるように設計されている魔法のようなインタラクティヴ・ソフトでした。

しかし、ソフトを開発したエンジニアは自分の娘のためにプリマーを不正コピーし、それがネルの手にわたります。プリマーによってさまざまなことを学びながら育てられたネルは、誇

ダイヤモンド・エイジ（上・下）
ニール・スティーヴンスン
早川書房

り高い優れた女性へと成長していきます。彼女は現実社会が抱える問題を解決するために、虐げられている仲間たちを組織し、自由な未来へと導こうとします。

「メタバース」という言葉も生んだスティーヴンスン

ダイヤモンド・エイジはスティーヴンスンの3部作の2作目です。1作目は1992年に出版した『スノウ・クラッシュ』でした。仮想現実が現実に限りなく近くなる世界を描いたSF小説で、仮想の三次元空間を指す「メタバース」という言葉を生み出し、仮想現実世界における分身となる「アバター」の概念も提示しました。

2020年前後から社会的な関心が急速に高まったメタバースのルーツは、スティーヴンスンの小説にあります。マスクの章でも触れたようにテクノロジーの未来を先取りするSF小説は多くのテック企業の経営者に強い影響を与えています。マイクロソフト創業者のビル・ゲイツ、グーグル創業者のセルゲイ・ブリン、ペイパル創業者のピーター・ティールも、スティーヴンスンの作品のファンです。

第3作が第二次世界大戦から現代までの暗号とその解読をテーマにした壮大な情報戦を描いた『クリプトノミコン』です。この本は暗号通貨の出現を予言したといわれています。「ビットコイン」が登場する約10年前の1999年に出版されており、「電子マネー」を使って匿名のインターネットバンキングを推進するというコンセプトは先進的でした。暗号通貨に詳しく、イニシャルのNとSが同じことから、ビットコインの発明者とされるサトシ・ナカモトではないかという説が流れ、スティーヴンスン本人が否定したことさえありました。

〝後悔最小化フレームワーク〟というベゾスの哲学

「はじめに」でも触れたように、ベゾスには「後悔最小化フレームワーク」という哲学があります。自分が80歳になって人生を振り返ったときを想像し、今チャレンジしなかったら後悔するかどうかを基準に意思決定するというものです。アマゾンを起業した際も後悔最小化フレームワークを基準に決断したというエピソードが、『ジェフ・ベゾス 果てなき野望』で紹介されています。

「たとえば、80歳になったとき、1994年の半ばという最悪のタイミングでウォールストリートの会社を辞め、ボーナスをもらいそこねたなぁと思いだすことはありえません。そんなの、80歳にもなってくよくよすることではありませんからね。逆に、このインターネットというもの、世界を変える原動力になると思ったものに身を投じなかった場合、あのときやっておけばよかったと心から後悔する可能性があると思いました。こう考えると……決断は簡単でした」

ベゾスが後悔最小化フレームワークを思いつくきっかけとなったのが、長崎県出身の日系英国人で、2017年にノーベル文学賞を受賞したカズオ・イシグロが書いた『日の名残り』と

日の名残り
カズオ・イシグロ
早川書房

いう小説です。

主人公は1920年代～50年代にかけて英国の名門貴族「ダーリントン卿」に仕えた老執事のスティーブンス。今は新しい主人のアメリカ人のファラディに仕えていますが、現在の屋敷は優秀な人員が不足しています。そんな中で優秀だったものの結婚して屋敷をやめた家政婦のミス・ケントンから手紙が届きます。スティーブンスは寛大な主人の許しを得て、高級車を借りてミス・ケントンに会いに行く旅に出ます。

旅する間、スティーブンスは華やかだった時代を回想します。1920年代～30年代にかけて、屋敷の主人だったダーリントン卿は、第一次世界大戦のような悲劇が繰り返されないために、ヴェルサイユ体制下で困窮するドイツ政府と、フランス政府、イギリス政府を融和させようと自身の屋敷を舞台に秘密の政治交渉を仲介しようとします。

その舞台裏を執事として支えた日々をスティーブンスは振り返ります。ダーリントン卿はナチスドイツを支持していましたが、スティーブンスは主人を敬愛しており、思い出を美化しています。さらに思いを寄せていたものの恋愛として発展しなかった家政婦のミス・ケントンとの交流を懐かしく振り返ります。

私は、大学生だった1994年にジェームズ・アイヴォリー監督が撮った映画を先に観ました。スティーブンスをアンソニー・ホプキンスが、ミス・ケントンをエマ・トンプソンが演じた名作です。退屈な場面も多く、不覚にも途中で何度か居眠りをしてしまいましたが、年を取ったらこのようにして人生を振り返るものなのかと感じた記憶があります。

しかしベゾスは違いました。スティーブンスが過去を何度も振り返ってあれこれ思い悩む様子を読んで、後悔しない人生を歩むにはどうすればいいかを考え、後悔最小化フレームワークという思考法を思いついたのです。

年を取ってから挑戦しなかったと後悔するくらいなら、今チャレンジした方がいい。チャレンジすべきだと思ったことに挑戦して失敗したなら、将来後悔することが少なくなる。後悔最小化フレームワークは、長期的な視点から今何をすべきなのかを判断するベゾスらしい考え方で、私もぜひ実践したいと思います。

SHOE DOG
靴にすべてを。
PHIL KNIGHT
フィル・ナイト
ロバート・アイガー
ディズニーCEOが実践する10の原則
コンテナ物語
世界を変えたのは「箱」の発明だった
マルク・レビンソン
THE BOX
"コンテナが世界を変えていく物語はじつに魅力的。"
ビル・ゲイツ
圧倒的に面白い
Measure What Matters
メジャー・ホワット・マターズ
伝説のベンチャー投資家がGoogleに教えた成功手法 OKR
ジョン・ドーア
Good Economics for Hard Times
絶望を希望に変える経済学
社会の重大問題をどう解決するか
ヤバい経済学
Freakonomics
増補改訂版
超ヤバい経済学
Super Freakonomics
楽観主義者の未来予測
テクノロジーの爆発的進化が世界を豊かにする
上
ABUNDANCE
The Future Is Better Than You Think
Peter H. Diamandis & Steven Kotler
シグナル&ノイズ
天才データアナリストの「予測学」
ネイト・シルバー
データを正しく見るための数学的思考
数学の言葉で世界を見る
ジョーダン・エレンバーグ
これが物理学だ!
マサチューセッツ工科大学「感動」講義
ウォルター・ルーウィン
FOR THE LOVE OF PHYSICS
WHAT IF?
ホワット・イフ?
ランドール・マンロー
RANDALL MUNROE
探求
エネルギーの世紀
普及版
上
無人の兵団
AI、ロボット、自律型兵器と未来の戦争
PAUL SCHARRE
ARMY OF NONE
頭を「からっぽ」にするレッスン
10分間瞑想でマインドフルに生きる
The Headspace Guide To Meditation And Mindfulness
あなたの人生の意味
デイヴィッド・ブルックス
BIG HISTORY
ビッグヒストリー
われわれはどこから来て、どこへ行くのか
ORIGIN STORY
オリジン・ストーリー
138億年全史
A Big History of Everything
David Christian
サピエンス全史
上
ユヴァル・ノア・ハラリ
ホモ・デウス
テクノロジーとサピエンスの未来
上
危機と人類
上
ジャレド・ダイアモンド
繁栄
The Rational Optimist
明日を切り拓くための人類10万年史
THE GENE
遺伝子
上
シッダールタ・ムカジー
国家はなぜ衰退するのか
権力・繁栄・貧困の起源
上
ダロン・アセモグル&ジェイムズ・A・ロビンソン
Why Nations Fail
かつての超大国アメリカ
トーマス・フリードマン
マイケル・マンデルバウム
伏見威蕃訳
バーナンキは正しかったか?
FRBの真相
デイビッド・ウェッセル
ティモシー・F・ガイトナー
ガイトナー回顧録
金融危機の真相
Stress Test
Timothy F. Geithner
レオナルド・ダ・ヴィンチ
上
LEONARDO DA VINCI
ウォルター・アイザックソン
A GENTLEMAN IN MOSCOW
モスクワの伯爵
エイモア・トールズ
いま、希望を語ろう
末期がんの若き医師が家族と見つけた「生きる意味」
ポール・カラニシ

Chapter

3

ビル・ゲイツが選ぶ本

Bill Gates
Book
Recommendations

ビル・ゲイツの横顔

〝悪の帝国〟の支配者から、貧困や感染症と戦う慈善家に

最近は世界の貧困や感染症と戦う慈善家のイメージが強いビル・ゲイツですが、かつては〝悪の帝国〟の総帥のようなイメージがありました。１９９０年代にマイクロソフトのパソコン用ＯＳ（基本ソフト）「ウィンドウズ」が圧倒的なシェアを獲得。マイクロソフトが独占的な地位を悪用して競争を阻害し、消費者に不利益を与えているとして、１９９８年に米司法省と米国の19州とワシントンＤＣから提訴されたからです。

２０００年にマイクロソフトは裁判に敗北し、いったんはＯＳ部門とアプリケーションソフト部門の分割命令が出されますが、２００２年に和解が成立します。当時のゲイツは『スター・ウォーズ』

のダース・ベイダーにたとえられることさえあり、世界一の大富豪であるものの、独占的な立場を利用して不公平な形でライバルを闇に葬り去る〝悪役〟のように描かれることが少なくありませんでした。

私がゲイツを取材したのは、まさにマイクロソフトと司法省や各州との和解が成立しようとしていた2002年秋です。日経ビジネスの「マイクロソフト　世界最強企業、28年目の変身」という特集のメンバーとしてシアトルの本社を訪れ、当時、マイクロソフトの会長兼チーフ・ソフトウエア・アーキテクトだったゲイツをインタビューしました。

取材をする部屋に通されて驚いたのは、ゲイツが貧乏ゆすりをしていたことです。それも上半身が前後に揺れるほど激しい動きでした。世界一のお金持ちだったので、「富豪ゆすり」と表現すべきかもしれませんが、とにかくびっくりしたことを覚えています。

それでもインタビューが始まると、ゲイツは雄弁でした。厳しい質問に対してもひるむことなくはっきりと自分の意見を述べていました。

例えば、新規参入したゲームなどの事業でも覇権を握ろうとしているのかと聞くと、「私たちは純粋にソフトウエアを開発することが大好きだ。素晴らしいソフトで人々の生活を向上させる手助けができると思ったら、すぐに新しいことに飛びつきたくなる」「ライバルがマイクロソフトと競争するのが難しいのは、私たちが優れた製品を作っているからだ」と語りました。

「独占的な地位を利用して他社を圧迫している」という批判に対しては、「我々は優れたソフトを低価格で販売しているから消費者に支持されている。資本主義が保証しているのは、メーカーの利益ではなく、消費者の利益だけだ」と主張しました。

当時広がっていた、競争相手を消し去る冷酷な経営者といったゲイツのイメージを変えたのが慈善活動です。マイクロソフトの会長を務めながらも、2008年からはビル&メリンダ・ゲイツ財団での仕事に軸足を移すようになります。同財団は2020年時点で約500億ドル(約7兆2000億円)の資産を保有する世界で2番目に大きな慈善団体に成長しています。

当初は金持ちの道楽のように思われ、冷ややかな視線が注がれることもありましたが、同財団での活動にゲイツは心血を注ぐようになります。結核やマラリアなどの感染症の予防、清潔な水の供給、農業の生産性向上、貧困層向けの金融サービスなどを熱心に支援し続けています。

ゲイツがとりわけ関心を持っているのは、テクノロジーを活用するイノベーションによって、新興国の生活環境を改善することです。例えば、下水道が整備されていない地域向けに、水を使わないトイレや、人間の排泄物を飲料水や電力に変える技術の開発を支援しています。ビタミンA欠乏症に効果がある遺伝子組み換え技術を使った「ゴールデンライス」という米の研究も支援しました。

ゲイツの盟友は伝説の投資家、ウォーレン・バフェット

ゲイツの盟友が、世界で最も成功した投資家の1人として知られる、ウォーレン・バフェットです。30年来の親しい友人関係を築いており、共通の趣味であるトランプゲームの「ブリッジ」も一緒に楽しむ仲です。

2010年にゲイツとバフェットは「ギビング・プレッジ」という、世界の富豪たちに、富の半分以上を慈善活動に寄付するよう働きかけるキャンペーンも始めました。2人以外に寄付を誓約したメンバーには、フェイスブック（現メタ）創業者のマーク・ザッカーバーグ、オラクル創業者のラリー・エリソン、ブラックストーン・グループ創業者のピーター・ピーターソン、映画監督のジョージ・ルーカス、ベンチャー・キャピタリストのジョン・ドーアに加えて、イーロン・マスクも含まれています。ゲイツ自身は、遺産のほとんどを寄付する考えを明らかにしています。

ゲイツの地道な活動が次第に知られるようになった結果、社会の受け止め方は大きく変化しました。悪の帝国の支配者や冷酷な大富豪ではなく、地球規模の環境問題や貧困に立ち向かう慈善家としてのイメージが今では広がっています。

ゲイツの歩みは広く知られているため、簡単に紹介します。13歳のときにプログラミングを始めたゲイツは、幼なじみのポール・アレンらとプログラミングのクラブを作り、ソフトのバグ（不具合）を見つけるアルバイトを始めます。ソフト開発のスキルを高めたゲイツは17歳でアレンとベンチャーを起業したものの、際だって優秀だったこともあり、ハーバード大学に進学しました。

それでも学業よりもソフト開発への関心が強かったゲイツはハーバード大学を中退し、1975年にアレンと共同でマイクロソフトを設立します。飛躍の契機となったのが、IBMのパソコン向けのOS「MS-DOS」を開発したことです。IBM互換のパソコンが世界に広がったことからマイクロソフトは急成長し、1985年には「ウィンドウズ」を商品化します。1984年に発売されたアップルの「マッキントッシュ」にも似た、ウィンドウ、アイコン、ボタンといったグラフィックによる優れた操作性が支持され、ウィンドウズのシェアは次第に高まりました。1995年に発売した「ウィンドウズ95」で人気に火がつき、デファクトスタンダード（事実上の業界標準）として大半のパソコンに搭載されるようになります。

ちょうどインターネットの普及が始まるタイミングで、世界中でパソコンが爆発的に普及したことが追い風になり、マイクロソフトは急成長します。ゲイツは莫大な富を手にして、世界一の富豪になりました。しかしウィンドウズ95を発売したわずか3年後の1998年に、冒頭で述べたような、独禁法問題を巡る司法省との法廷闘争に直面。まるで世界の敵であるかのようにゲイツは厳しく糾弾されました。

法廷闘争のさなかの2000年に設立されたのがゲイツ財団です。批判を逃れるためのポーズのようにも当初は受け止められましたが、その後、ゲイツは慈善活動に情熱を傾けるようになります。豊富な資金を活用して世界各地で多数のプロジェクトを支援しており、「ゲイツはノーベル平和賞の受賞を目指している」とも報じられています。

〝キングオブ読書家〟が選ぶ「新しい教養」を学べる本

1年間に50冊以上の本を読破することで知られるゲイツは、〝キングオブ読書家〟といえる存在です。「この夏に読むべき5冊」という毎年発表している推薦書は、選ばれると販売が大幅に伸びることで知られています。

マスクやベゾスと違い、ゲイツは経営の第一線を退いてから時間がたっています。このためゲイツが選ぶ本は、マイクロソフトの経営に直接関連するものは少なく、慈善家として高い関心を持っている「世界が抱えるさまざまな問題を解決する」ことに役立つタイトルが目立ちます。

ゲイツが薦める本は、経営、人類史、科学、未来予測、自己啓発など広範囲にわたります。本の目利きとしてのチョイスが光っており、最近発行された良書が多いのが特徴です。一般的に教養を身につけられる本としては古典が紹介されるケースが多いのですが、ゲイツが選ぶ本は「新しい教養」を学べるタイトルが勢ぞろいしているといえるでしょう。なおゲイツの推薦書は多岐にわたるため、邦訳がある本の中から、各パートのテーマに合うものをセレクトしました。

PART 01

経営

世界を正しく見て、成功と失敗の両方から学ぶ

知識や経験の幅を広げることが成功への近道

専門性を重視する早期教育への関心が高まる中、むしろ「知識や経験の幅を広げる」ことが重要だと主張する書籍が『RANGE（レンジ）知識の「幅」が最強の武器になる』です。著者はデイビッド・エプスタインという米国の科学ジャーナリストで、スポーツ・イラストレイテッド誌のシニア・ライターとしてスポーツ科学、医学などの分野を担当し、調査報道で活躍してきました。

レンジの冒頭でエプスタインが取り上げるのがスイスの世界的なテニス選手のロジャー・フェデラーです。グランドスラム（世界四大大会）で20回優勝し、現代最高のテニスプレーヤーと呼ばれています。

RANGE（レンジ）
知識の「幅」が
最強の武器になる
デイビッド・エプスタイン
日経BP

しかし幼少期のフェデラーはテニスの英才教育を受けておらず、サッカーや水泳、卓球、バスケットボール、スカッシュ、レスリング、スケートボードなど、さまざまなスポーツを経験して楽しんでいました。競技としてのテニスを始めるようになったのは、フェデラーが10代に入ってからです。

多くのプロテニス選手は、幼少期からコーチを付けて、フィジカル・トレーナーや栄養士の指導も受けるなど専門的な教育を受けるようになっていますが、フェデラーの場合は異なっていました。「多様なスポーツを経験したことで、運動能力や反射神経が養われた」とフェデラー自身も語っています。

エプスタインは、長期的に見て成功しているエリート選手には、幼少期に「幅広い身体能力を育み、自分の力や性質を知って、そのあとで専門とするスポーツを決めて、集中的に練習に取り組んだ」ケースが多いと指摘します。

スポーツに限らず、多様な分野において、経験や知識、思考の〝幅（レンジ）〟が重要だ、とエプスタインは主張します。幅があることによって、遠く離れた領域やアイデアを結びつけることができるからです。

天動説を覆す地動説を唱えたニコラウス・コペルニクスは天文学者ですが、医師であり、法学者でもあり、カトリックの司祭でもありました。「（神の）見えざる手」で知られ、「経済学の父」と呼ばれるアダム・スミスは、グラスゴー大学の倫理学や道徳哲学の教授でした。主著の『国富論』もスミスの哲学者としての思想に基づいて書かれています。

チャールズ・ダーウィンも医学、神学を学んだ後に、地理学者となって、『種の起源』を著して生物学者として活躍するようになります。「ケインズ経済学」で有名なジョン・メイナード・ケインズは、ケンブリッジ大学における専攻は数学で、哲学も学び、官僚やジャーナリストとして活躍しました。知識の幅の広さは、ケインズがユニークな経済学を生み出す力になりました。

このような事例は学問が細分化される前の時代の話ですが、アップル創業者のスティーブ・ジョブズが「文系と理系の交差点に立てる人にこそ大きな価値がある」と信じていたように、専門分野に限らない、幅広い知識や経験がイノベーションにつながった例は最近でも多々あります。

心理学者で行動経済学者としても活躍するダニエル・カーネマンらは「内的視点」という言葉を使い、視野を広く持つことの重要性を指摘します。目の前にある特定のプロジェクトの詳細をもとに判断を下すときに用いるのが内的視点です。人間は内的視点にとらわれていると判断を誤る危険性が高まります。

内的視点では解決できない問題でも「外的視点」に立てば、ソリューションが見つかるケースがあります。外的視点は、現在の問題とは異なるものの中に、構造的な類似性を求めて精査するものです。狭いマインドセットではなく、広いマインドセットを持つこととも言い換えられるでしょう。

ゲイツは自分自身をゼネラリストだと考えており、「私のコンピューターへの情熱は常にほかの多くの興味と混ざり合っていた。幅広いトピックに関する本を読むことに多くの時間を費やした」と述べています。

マイクロソフトが成功した理由は「当時の他のスタートアップよりも（物事を）広く考えていたからだ」とゲイツは考えています。優れたプログラマーだけではなく、複数の分野にまたがる広い視野を持つ人々を採用していたそうです。

偉大なイノベーターは「多くの異なる情報源から得られる異なる情報を結び付ける能力」に優れています。それは脳内で同時に「たくさんのアプリが開いている」ような状態に例えられます。「単一のアプローチ」に縛られず、複数の「異なるアプローチ」から物事を捉えるような幅広い思考が成功のカギを握るようです。

エプスタインがレンジで探究しようと決めた問いは「超専門特化がますます求められ、また自分が本当にやりたいことがわからないうちに何になるかを決めなければいけない中で、幅（レンジ）や多様な経験や領域横断的な探求をどうやって実現するのか」でした。

もちろんクラシック音楽のように早くから専門性を身に付けることが有効な分野もあります。しかし〝正解〟とも言い換えられる良いパフォーマンスには明確な定義があり、反復練習で鍛えることにより、成功できる仕事は限られています。世界を見渡すと、幅広い知識や経験の幅が生きる分野の方がはるかに多いといえるでしょう。

人生では、回り道のように思えた経験や学びが後から役に立つことが少なからずあります。ある分野で経験したことが、アナロジー（類推）となって別の分野で役立つような経験をしたことがある人も多いことでしょう。「あちこちに寄り道をしながら考え、実験するほうが、特に不確実性の高い現代では力の源になる」とエプスタインは述べています。

世界を事実に基づいて正しく見る方法

世界で300万部を超えるベストセラーになった『FACTFULNESS（ファクトフルネス）10の思い込みを乗り越え、データを基に世界を正しく見る習慣』。思い込みにとらわれることなく、データや事実をもとに世界を正しく読み解く方法を提示し、日本でも爆発的なヒットになりました。

ゲイツは「これまでに読んだ中で最高の本の1つだ」とファクトフルネスを絶賛しています。「（人間が）本能的な思い込みを克服し、世界を事実に基づいて見る方法について、明確で実用的なアドバイスを提供している」と述べ、2018年に米国の大学を卒業した学生の希望者全員にこの本をプレゼントしたほどです。

読書家として知られるゲイツがほれ込むファクトフルネスの魅力はどこにあるのでしょうか。人間は思い込みをしがちな生き物なので、10種類の本能的な勘違いをしないようにすべきだというのがこの本の主張です。

まず「分断本能」です。「人は誰しも、さまざまな物事や人々を2つのグループに分けないと気がすまないものだ。そしてその2つのグループのあいだには、決して埋まることがない溝

FACTFULNESS
（ファクトフルネス）
10の思い込みを乗り越え、
データを基に世界を正しく
見る習慣
ハンス・ロスリング
オーラ・ロスリング
日経BP

があるはずだと思い込む」。著者のハンス・ロスリングらはこう指摘します。

世界の国々や人々が「金持ちグループ」と「貧乏グループ」に分けられるといった思い込みはその典型です。多くの場合、実際にはこのような分断はなく、誰もいないと思われていた中間部分に大半の人がいます。例えば、世界の大半の人は低所得国に住んでいるという先入観を持つ人が多いのですが、実際には世界人口の75％は中所得国に住んでおり、低所得国に住んでいる人は9％に過ぎないそうです。

2つ目が「ネガティブ本能」です。人間は物事のネガティブな面を注目しがちで「世界はどんどん悪くなっている」といった思い込みをしがちです。異常気象や地球温暖化、戦争、犯罪などの暗いニュースが大きく取り上げられるケースが多いことが背景にあります。

しかしさまざまなデータに目を向けると現実には世界は多くの面でよくなっています。例えば、2017年までの20年間に、極度の貧困にある人の数は半減しています。平均寿命は延びており、識字率も上昇する一方で、乳幼児の死亡率、飢餓などは大幅に減少しました。

3番目の「直線本能」も多くの人が陥りがちな罠です。直線的なグラフをイメージして「世界の人口は増え続ける」という思い込みをしている人は少なくありません。アフリカや南米などの新興国を中心に人口が爆発的に増え続けて、世界で食糧が足りなくなることを心配している人もいることでしょう。

確かに世界の人口は増加していますが、ひたすら増え続けるというのは間違いだと筆者は述べます。しばらく人口が増加してからそのスピードは減速し、21世紀末には100億～

120億人程度で安定すると見られています。欧米や日本などの先進国が経験してきたように、ある程度豊かになると教育を受けて活躍する女性が増え、良い教育を与えるために子どもの数を減らす家庭が一般的になって、出生率は低下するからです。

4番目が「恐怖本能」です。飛行機事故から地震やテロまで世界には人間の恐怖を呼び覚ますような出来事がたびたび起きています。それでも、やみくもに恐れるのではなく、科学的にどの程度のリスクがあるかを考えるべきです。

リスクは「危険度」と「頻度」のかけ算で決まります。全死亡数に占める割合は、自然災害が0・1％。飛行機事故は0・001％、テロは0・05％です。例えば、地震や台風の際に、実家の親から「大丈夫？」と電話がかかってくることがあります。我が子を気づかってくれる電話はうれしいものですが、冷静にリスクを計算すると、自分自身や住んでいる家に被害が出る可能性は限られており、命にかかわる確率もかなり低いといえるでしょう。

ほかには「目の前の数字がいちばん重要だ」と思い込みがちな「過大視本能」もあります。数字を1つだけ見て、「この数字はなんて大きいんだ」とか「なんて小さいんだ」と勘違いしてしまうことです。

1つの例がすべてに当てはまると考える「パターン化本能」や、すべてはあらかじめ決まっていると思い込む「宿命本能」なども、勘違いを生み出しやすい人間の本能です。ほかにも、世界は1つの切り口で理解できると考える「単純化本能」、誰かを責めれば物事は解決すると思い込む「犯人捜し本能」、いますぐ手を打たないと大変なことになると考える「焦り本能」

など、さまざまな人間の本能をロスリングは丁寧に考察しています。誰もが陥りがちな耳が痛い指摘も多いのですが、興味がある方はぜひファクトフルネスをお読みください。

ファクトフルネスは普遍的な価値がある素晴らしい本です。人間が本能的に犯しがちな思い込みを丁寧に整理しており、最新のファクト＝事実に基づいて、世界を正しく見るために役立つ手法を分かりやすく提示しています。ファクトフルネスが世界的なベストセラーになったのは、思い込みにとらわれている多くの人が、〝目からうろこ〟だと感じたからでしょう。

人と企業の成功と失敗の本質を探る「10の物語」

「投資の神様」「世界一の投資家」と呼ばれるウォーレン・バフェットは、すでに述べたようにゲイツの30年来の友人です。一緒にトランプゲームの「ブリッジ」を楽しみ、旅行に出かけ、慈善活動でも協力し合うほど、公私ともに親しい関係を築いています。

1991年に初めて出会ってから間もなくして、ゲイツはバフェットにお気に入りのビジネス書を推薦してほしいと頼みました。そこで紹介されたのがジョン・ブルックスの『人と企業はどこで間違えるのか――成功と失敗の本質を探る「10の物語」』でした。バフェットは自分が持っていた本をわざわざゲイツに送ってくれたそうです。

「ウォーレンがこの本を貸してくれてから20年以上、そして最初に出版されてから40年以上経った今でも、この本は私が今まで読んだ中で最高のビジネス書だ」。2014年にゲイツは

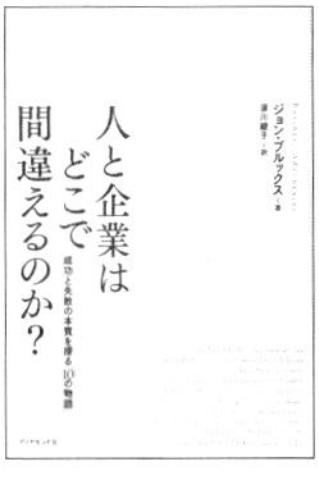

人と企業はどこで間違えるのか――成功と失敗の本質を探る「10の物語」
ジョン・ブルックス
ダイヤモンド社

こう述べています。

この本に収録されているのは雑誌ニューヨーカーに掲載されたブルックスの企業や経済関連のエッセーです。執筆されたのは1959～69年で、半世紀も前の古い本を読んで本当に役に立つのかと疑問に思う人も少なくないでしょう。しかしゲイツはこう述べます。「ビジネスに関する多くのことは変化したが、本質は変わっていない。ブルックスの深い洞察は今日でも有益だ」。

具体的には、フォード・モーター、ゼネラル・エレクトリック（GE）、ゼロックスなど米国を代表するさまざまな企業や人物の成功や失敗を取り上げています。事例は古いものの、多くの人が教訓を得られる内容です。

例えば、第5章の「コミュニケーション不全」では、GEなどの電機メーカーによるカルテル（価格協定と談合入札）の問題を取り上げています。経営上層部の関与が疑われましたが、その際に問題視されたのは社内のコミュニケーション不全です。GEの幹部にはもちろん「カルテルは法に違反する」という認識があり、社内規定もありました。

しかしながら過去にカルテルを黙認してきた歴史があり、幹部が口頭で法令を順守するように伝えても実際には守らなくていいという意味で、ウィンクする慣習が存在していたのです。違法な談合行為を指示した証拠が残らないように注意していたともいえるでしょう。結局、GEの経営幹部が不正工作に関与した証拠は見つからず、彼らは裁判を無傷で切り抜けましたが、会社のブランドに大きなダメージを与えました。

倫理規定と（独占やカルテルを禁止する）反トラスト法を順守するようにトップが訓示しても、部下が真剣に受け止めず、ルールが守られない風土は致命的です。口頭での指示通りかそれとも正反対の意味かどうかを推し量らないといけない企業文化には明らかに問題がありました。21世紀の日本でも、建設から医薬品、学校用パソコンまで、談合はなくなっていません。50年以上前の話でありながら、ＧＥの事例は他山の石として参考になります。

この本の第3章で取り上げられたゼロックスのケースをゲイツはとりわけ高く評価しています。「ゼロックスの事例は、テクノロジー業界の誰もが学ぶべきものだ」とまで述べています。

ゼロックスは1970年代初頭から、イーサネットや最初のグラフィカル・ユーザー・インターフェース（ＧＵＩ）につながる研究など、複写機とは直接関係のない研究開発に多額の投資をしてきました。

しかしゼロックスの幹部は、これらの素晴らしいアイデアが自社の中核ビジネスに合わないと考え、商品化しませんでした。一方で、アップルやゲイツが率いていたマイクロソフトは、ＧＵＩに関するゼロックスの成果を利用することで、マッキントッシュやウィンドウズを生み出しています。

チャンスを生かせなかったゼロックスの判断は失敗でしたが、「同じような間違いをマイクロソフトでは避けようと決めていた」とゲイツは語ります。コンピュータービジョンや音声認識などの研究成果を自社の製品で生かそうと懸命に努力したそうです。

ブルックスは、枠にとらわれない考え方に基づいて発展してきたゼロックスの初期の歴史を描いています。しかしゼロックスが成熟するにつれて、自社の研究者が開発した型破りなアイデアを見逃してしまいます。ゲイツはこの本から、ゼロックスと同じ轍を踏んではいけないという教訓を得ました。

「『人と企業はどこで間違えるのか』は、さまざまな企業の詳細な事例だけではなく、困難な状況におけるリーダーの長所と短所についても取り上げている。そういう意味では、古いからこそ今でも通用する。ブルックスの作品はまさに人間の本性に関するものであり、それが時の流れを超えて評価されている理由だ」。ゲイツはこう述べています。

ナイキ創業者が語る破天荒な成長ストーリー

『SHOE DOG（シュードッグ）』は、世界的なスポーツ用品メーカーであるナイキを創業したフィル・ナイトが著した回顧録です。破天荒な創業者が、次から次へと直面する危機を乗り越えて会社を成長させていく物語はドラマチックで引き込まれます。

2022年5月期の売上高が467億ドル（約6兆5000億円）に達するナイキですが、1964年に前身のブルーリボンスポーツを創業した当時は、日本のオニツカ（現アシックス）が製造するスポーツシューズ（オニツカタイガー）の販売代理店に過ぎませんでした。

ナイトは直接日本に足を運び、持ち前の行動力と情熱で米国での輸入販売権を手にし、苦労しながらも販売を着実に伸ばしていきます。米国人の足に合わせたデザインや機能につい

SHOE DOG
（シュードッグ）
フィル・ナイト
東洋経済新報社

て、さまざまな提案やフィードバックを日本のオニツカ本社に伝えて、大ヒットするスポーツシューズを生み出しました。

しかしながらナイトは配送関連の問題や販売権を巡ってオニツカと対立するようになります。そこで以前から資金面で支援を受けていた当時の日商岩井（現在の双日）と組んで新たな製造委託先を日本で開拓し、独自ブランドの「ＮＩＫＥ（ナイキ）」を立ち上げることを決断します。ちなみにナイキとはギリシャ神話の翼を持った勝利の女神「ニケ」のことです。

そして１９７１年にオニツカの販売代理店契約を解除して泥沼の法廷闘争が始まりますが、ナイトはからくも勝利。資金不足に悩まされ続けて経営危機にも直面しますが、日商岩井の支援を受けてなんとか乗り越えます。日商岩井からは日本ゴム（現アサヒシューズ）も紹介され、オニツカの代わりにシューズ生産を委託しました。

ここからナイキの快進撃が始まります。有力なスポーツ選手と契約して、広告宣伝を強化。１９７８年には靴底に「エアソール」を採用した画期的なデザインの商品を投入します。１９８１年には日商岩井と「NIKE International」を設立し、グローバル展開も加速させます。

ゲイツはシュードッグをこう評価しています。「この本から教訓を得ることを期待する人は、成功のためのヒントやチェックリストがなくてがっかりするかもしれない。しかしナイトは自分の話をできる限り正直に語っている。それは驚くべき話で本物だ」。自分の人生を美化した回顧録が世の中には多く存在します。しかしウソや卑怯に思われる行為を含めてナイトが赤裸々に語るストーリーにはリアリティーがあり、そこにこの本の魅力が詰まっています。

ゲイツがこのストーリーを読んで最も共感したのは、ナイトが彼の会社を立ち上げるために奇妙な組み合わせの従業員を集めたことでした。その中には、ボートの事故で足が麻痺した元陸上選手、太りすぎの会計士、ナイトに膨大な数の手紙を書き続けたセールスマンなどが登場します。

「マイクロソフトの初期の頃を思い出した。私も奇妙なスキルを持つ人々のグループをまとめた。彼らは問題解決者であり、会社を成功に導くという共通の情熱を共有する人々だった」とゲイツは述べています。

なおタイトルの「シュードッグ」が何を意味するのか気になる方もいることでしょう。ナイトによると、「シュードッグとは靴の製造、販売、購入、デザインなどすべてに身を捧げる人間のことだ。靴以外のことは何も考えず、何も話さない。熱中の域を越し、病的といえるほどインソール、アウターソール、ライニング、ウェルト、リベット、バンプのことばかり考えている人たちだ」そうです。創業者と仲間たちの靴に対する異常なまでの情熱がナイキを成功に導きました。

ディズニーCEOが実践する10の原則

「企業の経営に関する本はあまり読まない。実際に実践できるヒントが書かれているものはめったに見つからないからだ」と語るゲイツが推薦する数少ない企業経営に関する本の1つが

『ディズニーＣＥＯが実践する10の原則』です。

著者は２００５～20年までウォルト・ディズニー・カンパニーのＣＥＯを務めたロバート・アイガー。ＡＢＣテレビの元社長で、２０００年にディズニーの社長兼ＣＯＯ（最高執行責任者）に就任し、同社のトップとして長年君臨してきたマイケル・アイズナーの後を継いで２００５年にＣＥＯに就任しました。

ＣＥＯを務めた15年間に、アイガーはディズニーの株式時価総額を5倍強の２５７０億ドル（約36兆円）に引き上げました。大胆な戦略とそれを着実に実行する優れた手腕は株式市場で高く評価されました。

２００６年に『トイ・ストーリー』や『ファインディング・ニモ』で知られるアニメーション・スタジオのピクサーを買収。２００９年には数々の人気コミックやアニメ作品で知られるマーベル・エンターテインメントを、さらに２０１９年には映画大手の21世紀フォックスも傘下に収めます。

動画配信ではネットフリックスが先行しましたが、独自コンテンツを強化してきたディズニーが急速な追い上げを見せています。２０２２年6月末時点で、ディズニープラスのほかＨｕｌｕやＥＳＰＮプラスなどを含めたディズニーグループの動画サービスの会員数は2億２１１０万人に達し、ネットフリックス（2億２０６７万人）を凌駕しています。

将来を見据えた布石を着実に打ってきたアイガーの先見性が証明されているといってもいいでしょう。アイガーはディズニーがどこに向かうべきかという全体的なビジョンを明確に描

ディズニーCEOが実践する10の原則
ロバート・アイガー
早川書房

き、「強みを伸ばし、弱みを補強することを考えて行動してきた」とゲイツは評価します。

この本で描かれているアイガーの最も印象的な決断は2006年のピクサー買収です。ディズニーは伝統的なアニメ映画の世界で豊富な経験と強みを持っていましたが、当時は興行的に失敗する作品も目立っていました。デジタル時代への対応という意味ではピクサーの方が先んじており、数々のヒット作も生み出していました。

当時、ピクサーの株式の大半を所有していたのは同社のCEOも務めたアップルのスティーブ・ジョブズでした。交渉はタフで紆余曲折がありましたが、アイガーはそれがディズニーのコンテンツ制作力を高める唯一の道だという信念を持って行動しました。アイガーとジョブズの交渉はドラマチックで、とりわけ大規模な買収を発表する記者会見の直前に、ジョブズが、がんの再発を打ち明ける瞬間は心を打ちます。

アイガーの回顧録からは、歴史ある伝統的な企業をどうすれば変革できるかが学べます。ディズニーは名門であり、内側から改革するのは困難でした。そこでアイガーは、ピクサーというデジタル時代の新しいコンテンツ制作のノウハウにたけた企業を取り込むことで、ディズニーを変革しようと考えたのです。実際にピクサーの買収後にディズニーのコンテンツ制作力は高まります。『アナと雪の女王』や『塔の上のラプンツェル』などの大ヒット作品も生み出すようになりました。

ゲイツは、アイガーが動画配信サービスに賭けたことを高く評価します。「今では当たり前のように思えるかもしれないが、アイガーが決断を下した当時、それは危険な動きだと考えられていた」。なぜならディズニーは、会社の収益を支えていた他社の動画配信サービスから自社のコンテンツを引き上げる必要があったからです。

破壊的なイノベーターが登場した際に、伝統的な名門企業は競争に敗れるケースが目立ちます。ビジネスモデルを変えようとしても、過去の成功体験に固執する人が社内に多く、経営陣が旗を振っても変革に時間がかかるからです。

ネットフリックスはまさに破壊的なイノベーターでしたが、アイガーが未来を見据えて早くから手を打ってきたため、ディズニーは生き残り、動画サービスの会員数を拡大させることが可能になりました。

日本語版のタイトルにもなっているアイガーが経営において重視したリーダーシップの「10の原則」も大変参考になります。「前向きである」「勇気を持つ」「集中する」「決断する」「好奇心を持つ」「公平である」「思慮深い」「自然体である」「常に最高を追求する」「誠実である」といったポイントは一見すると当たり前に聞こえます。

しかしマネジメントに携わる人の多くが感じていると思いますが、このようなシンプルな原則を実践するのは簡単ではありません。この本では10の原則について解説する付録のパートがあり、リーダーシップの要諦について詳しく述べています。ゲイツはこの本を、マイクロソフトCEOのサティア・ナデラを含む何人かの友人や同僚に推薦しており、高く評価しています。マネジメントに関心がある方が読めば、間違いなく多くの学びがある良書です。

世界の物流を激変させた「箱」の物語

地味な「箱（コンテナ）」の発明が世界経済と物流を短期間で激変させた――。『コンテナ物語 世界を変えたのは「箱」の発明だった』は驚きに満ちた本です。著者は経済学者にして歴史家、ジャーナリストでもあるマルク・レビンソン。目立たない箱であるコンテナに注目し、それがグローバル物流の世界をどのように変えていったのかを綿密なリサーチによりひも解いていきます。

あまり知られていませんが、コンテナは20世紀最大の発明品の1つといわれています。その歴史は新しく、海上輸送が始まったのは１９５６年です。発案者は米国の陸運業者のマルコム・マクリーンで、交通渋滞を回避しコストを削減するために、トラックから荷物を積載する〝箱〟だけを取り外して船に載せるアイデアを思いつきます。

しかしコンテナ物流の実現は一筋縄ではいきませんでした。法律では、トラックと船は別の区分で、トラックは陸運会社が、船は海運会社が扱うものと決まっていました。さらに港湾で荷物の積み降ろしをする労働者と組合からすれば、クレーンを使うことで人手がほとんど必要なくなるコンテナは仕事を奪う敵でした。

このような高いハードルを乗り越えて、マクリーンはコンテナによる海上輸送を実現。相次いで海運会社を買収し、事業を拡大していきます。さらに１９６０年代にはベトナム戦争のた

コンテナ物語
世界を変えたのは「箱」の発明だった
マルク・レビンソン
日経BP

めの軍用物資の輸送が混乱する中、コンテナ船を利用することで問題を解決しました。

コンテナを使えば物流コストを大幅に削減でき、輸送能力と配送スピードも向上します。多くのメリットが鮮明になり、コンテナ物流は驚異的な速さで普及し始めます。標準サイズのコンテナに合わせて船が建造され、各地の港でコンテナ船が停泊できる巨大な専用ふ頭の整備も進んでいきます。

長年にわたり、貨物船からの荷物の積み降ろしは手作業で行われていました。このため膨大な数の労働者が必要で、コストもかさんでいました。それが標準サイズのコンテナを使い、大型クレーンを使うことで、必要な労働者の数が大幅に減り、劇的なコスト削減が可能になったのです。変化は急速で、1980年代前半までにコンテナ化された物流システムへの移行は事実上完了しました。

輸送単位を共通化し、鉄道、トラック、船によるシームレスな貨物輸送を実現するコンテナ物流のうねりは、世界経済に大きな影響を与えました。アメリカン・プレジデント海運によると「物流のコンテナ化により、アジアから北米向けの貨物運賃は40～60％下落した」そうです。物流の低コスト化で海外生産は容易になり、サプライチェーンのグローバル化も加速しました。

ゲイツはコンテナ物語からある洞察を得たそうです。「特定のビジネスに早く参入することは大きな利点であるとよく耳にする。しかしソフトウエアと物流の両方において、必ずしもそうではなかった。一部の海運会社は、早い段階で大きな賭けに出たが、失敗した。アップルはパソコンビジネスに早い段階で参入したが、何年も後になるまで成功しなかった」。

コンテナ物流を発案し、ライバルに先行していったんは栄光を手にしたマクリーンでしたが、市場動向を読み違え、１９８０年代に入って海運大手のマクリーン・インダストリーズを倒産させてしまいます。アップルもマッキントッシュで個人向けコンピューターの市場を切り開きましたが、ゲイツ率いるマイクロソフトのウィンドウズを搭載したパソコンが市場を席巻するようになります。

先行者として市場を開拓しても競争優位を保てないケースはままあり、後発でも逆転できる可能性もあります。検索エンジンでもヤフーが先行したものの、後発だったグーグルがロボット検索の技術を武器に台頭し、圧倒的な勝者になりました。携帯電話で先行したモトローラやノキアは転落し、「ｉＰｈｏｎｅ」でスマートフォンという概念を生み出したアップルが勝者になりました。

「どのイノベーションが失敗し、どのイノベーションが世界を変えるかを予測することは困難だ。次の輸送用コンテナがどこから来るかはわからない」。ゲイツはこう述べています。

グーグルの急成長支えた伝説のベンチャー投資家の手法

グーグルは短期間になぜ驚異的な成長を遂げたのか？

その謎を解くカギが『Measure What Matters（メジャー・ホワット・マターズ）伝説のベンチャー

Measure What Matters
（メジャー・ホワット・マターズ）
伝説のベンチャー投資家が
Googleに教えた成功手法
OKR
ジョン・ドーア
ラリー・ペイジ（序文）
日本経済新聞出版

投資家がＧｏｏｇｌｅに教えた成功手法ＯＫＲ』にあります。筆者はシリコンバレーの伝説的なベンチャー・キャピタリストのジョン・ドーア。世界的なベンチャーキャピタルであるクライナー・パーキンス・コーフィールド・アンド・バイヤーズの会長です。ドーア自身がグーグルやアマゾンへの投資を創業から間もない段階で決定し、両社の取締役に就任して成長につながるさまざまなアドバイスをしてきました。

この本は、数々の伝説的なスタートアップの成功を黒子として支えてきたドーアが重視する「目標と主要な結果（ＯＫＲ）」という経営手法に焦点を当てたものです。

「Ｏ」はObjectives(目標)で、「ＫＲ」はKey Results(主要な結果)のそれぞれの頭文字を取っています。組織が「何を」達成するのかという明白な目標（Ｏ）を定め、その目標を「どのように」達成しつつあるのかをモニタリングする指標が、主要な結果（ＫＲ）になります。

それだけを聞くと、従来から広く知られている目標管理の手法のようにも思えます。そして「そんな当たり前のことをなぜ今さら言うのか」と多くの読者の方は感じることでしょう。「ＫＰＩ（Key Performance Indicators=重要業績評価指標）」を重視する経営は多くの企業が実践しています。

ＯＫＲは、一般的な目標管理の手法といったい何が違うのでしょうか？　一番のポイントは、その第一人者であるインテル元社長のアンディ・グローブの言葉から見えてきます。

まず経営の最終目的地＝目標（Ｏ）は何であるかを、絞り込んで決めることです。つまり何を優先目標とすべきかを明確にします。「ひとにぎりの目標を厳選することで、何に『イエス』

と言うべきか、何に『ノー』と言うべきかが明確に伝わる」（グローブ）。1サイクル当たりの目標を3〜5に限定すると、企業や組織や個人は重要なものだけを選ぶようになるからです。「主要な結果」は、測定が容易なモニタリング指標を設定することが必要で、5個以下にすることが求められます。

例えば、目標が「カーレースのインディ500で優勝する」だったとしましょう。主要な結果は「平均ラップスピードを2％速くする」「風洞試験を10回実施する」「ピットストップの平均時間を1秒短縮する」「ピットストップのエラーを50％減らす」といったふうに具体的な数値を含める形で設定します。主要な結果を「ラップスピードを速くする」「ピットストップの時間を短縮する」といったあいまいなものにしないことがポイントだそうです。

そして目標設定は、トップダウンで決めるのではなく、ボトムアップの要素が欠かせません。「組織や個人の意欲を引き出すには、上司と相談しながらOKRのほぼ半分を自分で決めさせるとよい。すべての目標をトップダウンで設定すると、意欲は削がれてしまう」とドーアは指摘します。

そのうえで、ほかの目標設定の手法と比べて、高い頻度で目標を設定し、検証し、評価していきます。1年間に1回のような頻度ではなく、3カ月に1回もしくは毎月のようなサイクルで回していくのです。このため、事業環境が変化し、現在の目標が現実的でなくなったり、妥当でなくなったら、主要な指標を修正して捨ててもいいという「柔軟な姿勢」で取り組むことが成功のカギになります。

目標は高く設定することが求められます。「全員がすぐに手の届かないような目標に向かって努力するとき、アウトプットは伸びる」というのがグローブの持論です。困難で達成できない可能性がある目標を目指すことで、組織は新たな高みに引き上げられるとします。

しかしながらOKRの目標は、報酬とはほぼ完全に分離する必要があるとします。報酬とリンクさせると、どうしても現実的な目標を掲げるようになってしまうからです。「リスクテイクを促し、力の出し惜しみを防ぐためにはボーナスを切り離した方がいい」とドーアは述べます。

この本ではOKRという手法を、スタートアップを中心とする多数の企業がいかに実践しているかを数々のケーススタディによって説明しています。グーグルだけではなく、アドビ、インテュイットなど、具体例が豊富であることが、理解しやすさにつながっているといえるでしょう。

短期間に驚異的な成長を実現しようとするスタートアップは、優先目標を明確に定めることが求められます。そのうえで目標を達成するために重要な指標を決めて、評価し、検証し、問違っていれば目標を変更したり、修正したりするというサイクルを高速で回していくことが欠かせません。もちろん言うは易しで、OKRを実践するハードルはかなり高そうですが、GAFAに代表される米国の成長企業は、このようなスピード感で組織を運営しています。

ゲイツがこの本を高く評価する背景には、マイクロソフトはインテルと密接な関係があったことに加えて、個人的にもグローブを知っていたことがあります。「アンディ（・グローブ）と私は何年にもわたって親しくしており、彼が初期に書いたいくつかのビジネス書を研究し、マイクロソフトはインテルの手法をいくつか採用した。アンディは偉大なビジネスリーダーだ」とゲイツは述べています。

この本の筆者のドーアもゲイツのビジネスパートナーでもあり、お互いをよく知っています。ドーアはインテルを経て、クライナー・パーキンス・コーフィールド・アンド・バイヤーズ（ＫＰＣＢ）に参加。アマゾンやグーグル以外にも、サン・マイクロシステムズやシマンテック、インテュイットなど数々の著名なＩＴスタートアップへの投資を成功させた後に、ＫＰＣＢの会長に就任しました。

ドーアは、数々のスタートアップに投資するだけでなく、取締役などの立場で自ら経営に関与し、成長に向けたアドバイスをしてきました。だからこそ、この本で取り上げているＯＫＲを中心とする経営手法は実践的で、参考になります。「より優れたマネージャーになることに興味がある人にこの本をお薦めします」とゲイツは述べています。

日本でＯＫＲを採用している企業としてはフリマアプリのメルカリが有名で、会計や人事労務のソフトウエアプラットフォームをクラウドで提供するｆｒｅｅｅも知られています。ＯＫＲは、短期間で成長を目指すスタートアップにとって、見逃せない経営手法といえるでしょう。

PART 02

経済学

世界の貧困と格差の問題をどう解決するのか？

ビル・ゲイツは2000年に設立した慈善団体のビル&メリンダ・ゲイツ財団で、世界の貧困撲滅や公衆衛生の改善、教育機会の提供などに熱心に取り組んでいます。2020年末時点で、財団の資産は約500億ドル（約7兆2000億円）で、慈善財団としては世界2位です（1位はデンマークのノボ ノルディスク財団）。

2020年にトランプ前大統領が「米国はWHO（世界保健機関）への資金提供を止める」という声明を出した際に、ゲイツ財団がWHOへの資金提供者として第2位だったことが注目されました。中国やドイツ、日本といった国家よりも上位で、その存在感の大きさに世界は驚愕しました。ゲイツ財団は、WHOのNGO（非政府組織）資金の45％、WHO全体の運営費の12％も拠出していたのです。

マスクとベゾスの関心が宇宙に向いているのに対し、ゲイツは世界をよりよくする活動に多くの時間を割こうとしているように見えます。例えば、水と衛生に関するプロジェクトであるユニセフの「ＷＡＳＨ」は有名です。新興国には自宅にトイレがない人が多数存在し、衛生問題で命を失う人も目立ちます。マイクロソフトのＯＳ（基本ソフト）を搭載した安価なパソコンを配っても解決できない深刻な問題です。

そこでゲイツは「トイレとトイレに関連するあらゆるイノベーションを促進しよう」と呼びかけ、さまざまなアイデアを募集してきました。「Reinvent the Toilet Challenge（トイレを再発明するチャレンジ）」というイベントを米国や中国、インドで開催。さらに米ワシントン州にあるジャニッキ・バイオエナジー（現セドロン・テクノロジーズ）のＣＥＯであるピーター・ジャニッキに依頼して、水も電気もいらない汚水処理装置「オムニプロセッサー」を開発してもらいました。

人間の排せつ物を燃やして、水と電気を生み出すというユニークな装置で、数分前にウンチだった水をゲイツが笑顔で飲む動画は衝撃的です。「ペットボトルのミネラルウォーターと同じくらいおいしい」そうで、ゲイツが水と衛生問題の解決に本気であることがよく分かります。オムニプロセッサーは10万人分の排せつ物を処理でき、１日最大８万６０００リットルの飲料水と２５０キロワットの電力を生成できるそうです。

貧困撲滅や新興国の衛生問題に熱心に取り組むゲイツは、格差や貧困に関連する経済学の書籍に強い関心を示しています。貧困国の現実を知っているからこそ、この分野の本については手放しでほめるのではなく、辛口のコメントも目立ちます。

ノーベル賞学者の『絶望を希望に変える経済学』

２０１９年に「世界の貧困を減らすための実験的なアプローチ」でノーベル経済学賞を受賞したアビジット・V・バナジーと妻のエステル・デュフロが著したのが『絶望を希望に変える経済学 社会の重大問題をどう解決するか』です。

バナジーとデュフロの研究で特筆すべきなのは、彼らのアプローチが非常に実践的なことです。「フィールド実験」と呼ばれる手法で、例えば、インドのラジャスタン州で、ポリオの予防接種を無料で受けられる制度があっても、多くの母親が子どもを予防接種に連れて行かない問題を取り上げました。現地の実験では、予防接種を受けると豆が入った袋がもらえるようにしたところ、接種率が劇的に向上しました。

２人は、政策が科学的な根拠に基づいているかどうかを検証することで貧困の削減に取り組む研究機関「アブドゥル・ラティフ・ジャミール貧困アクション研究所（J－PAL）」を２００５年にほかの研究者と共同で設立しています。世界の貧困と戦うためには、科学的なアプローチにより、有効性の高い政策を実施することが大事だからです。

ゲイツは「私はいつも、貧困と闘うためのさまざまなアプローチのメリットを評価する彼らの厳格で実験的な手法に感心しており、彼らの最初の本である『貧乏人の経済学――もういちど貧困問題を根っこから考える』が大好きだった」と述べています。

絶望を希望に変える経済学
社会の重大問題を
どう解決するか
アビジット・V・バナジー
エステル・デュフロ
日本経済新聞出版

貧乏人の経済学は貧しい国に焦点を当てていましたが、絶望を希望に変える経済学は豊かな国で注目されている政策論争に焦点を当てており、2人が「移民、不平等、貿易などの論争の的となる問題の背後にある事実をまとめてうまく説明している」と高く評価しています。

例えば、第2章で取り上げている先進国における移民に関する分析が優れています。米国のドナルド・トランプ前大統領や、フランスの国民連合のマリーヌ・ルペン党首などが好んで語る、移民が仕事を奪ったり、賃金水準を引き下げたりしているという〝移民脅威論〟は科学的な裏付けがなく、事実に反していると指摘しています。

具体的には、1980年にキューバから12万5000人の難民が押し寄せたフロリダ州のマイアミでは、労働者の賃金と雇用には何ら影響がなかったという研究を紹介します。旧ソ連からイスラエルに大量流入した移民や、1910~30年の欧州から米国への大量の移民が、受け入れた国の住民に与えたマイナス影響もごくわずかで、プラスの影響が見られたケースもあったそうです。

「今日貧しい国から来る人々は、立ちはだかる厳格な入国管理制度を乗り越えるために、まず渡航費用と頑強な体（または高度な資格）を持ち合わせていなければならない。このため移民の多くは、技能なり、野心なり、忍耐力なり、体力なり、何かしら並外れた能力を備えている」とバナジーとデュフロは述べます。

全米起業家センターの2017年の調査によると、フォーチュン500社の43%は設立者または共同設立者が移民または移民の子どもとなっています。イーロン・マスクは南アフリカか

貧乏人の経済学
──もういちど貧困問題を
根っこから考える
アビジット・V・バナジー
エステル・デュフロ
みすず書房

らの移民で、スティーブ・ジョブズの実の父親はシリアからの移民で、グーグル創業者のセルゲイ・ブリンはロシアからの移民で、ジェフ・ベゾスもキューバからの移民だった義父のマイク・ベゾスの名前を受け継いでいます。

移民は労働者であるのと同時に消費者にもなります。スーパーで買い物をし、レストランで食事をします。さらに貯蓄が増えるとクルマを買い、やがて家を買う人も出てきます。もちろん古くからの住民は、文化や習慣、肌の色が違う人が増えることを警戒し、反発するケースもあります。それでも移住先の国の経済成長に貢献する可能性は大きく、米国やカナダの発展が象徴するように移民の受け入れは経済合理性が高い政策といえるでしょう。

合理的に考えると移民受け入れは経済面でプラスの効果が大きいのに、なぜ移民への敵意をむきだしにする政治家が勢いを増しているのでしょうか。外国人や外国への敵意をあおる主張をする政治家や政党は世界的に目立っています。

「自分とは違う人種、宗教、民族、さらには違う性に対する剝き出しの敵意をあからさまに表現する――。これが、世界中で台頭するポピュリスト政治家の常套手段だ。アメリカからハンガリー、イタリアからインドに至るまで、人種差別や民族的偏見と大差ない発言を繰り返し、選挙で公約に掲げるような政治家が跳梁跋扈《ちょうりょうばっこ》している」。バナジーとデュフロはこのようにポピュリズムを批判しています。

世界的にポピュリスト政治家が増えているのは、国民の不安をあおり、敵をつくって非難することが〝票になる〟からです。ナチスドイツも、ユダヤ人や外国人に対する敵意をあおる発言や差別的な政策が人気を集め、ついには政権を握りました。今も外国人を敵視するポピュリズム的な政治手法は有効だと考える政治家が多いのです。

バナジーとデュフロは格差問題についてさらに興味深い分析をしています。

格差を是正するために富裕層への課税を増やすべきかがよく議論されます。しかし富裕層への課税を増やすと、ゲイツのようなイノベーターたちが新しいアイデアを生み出し、国全体の生産性を押し上げる動きが弱まる可能性があります。このため富裕層を対象に減税して、経済成長を促進すべきだという主張もあります。

それは本当なのでしょうか。是非を考えるヒントになるのが、シカゴ大学のブース経営大学院が実施した、富裕層に有利な減税と富裕層以外に有利な減税の成長寄与度を比較する調査です。この調査によると、「第二次世界大戦以降に実施された31回におよぶ税制改革のデータを比較した結果、所得上位10％に有利な減税では雇用と所得いずれの増加も見られなかったが、それ以外の90％に有利な減税では雇用も所得も増えたことがわかった」そうです。つまり米共和党がこれまで進めてきたような、富裕層を優遇する減税は経済効果が少ないという指摘です。

富裕層への課税について、世界トップクラスの大金持ちであるゲイツはどう考えているのでしょうか。

「『私のような富裕層に高い税率を課すことは、懸命に働き、新しい仕事を生み出すインセンティブを低下させるのか？』。この問いに対する私の答えはノーだ。バナジーとデュフロは、私が『富裕層は現在よりも多くの税金を支払う税制にすべきだ』と提唱するさらに多くの理由を与えてくれた」

ゲイツ自身は富裕層への課税が強化されても、イノベーションを起こすインセンティブは低下しないと明言しています。さらにゲイツは以前から富裕層への課税強化を訴えており、特筆すべきなのは実効性を重視していることです。所得に対する課税だけでなく、相続税、株式など有価証券の売却によるキャピタルゲインへの課税、配当や利息などの収入などに対する累進課税を強化すべきだと主張しています。

貧困の撲滅に力を注ぐ一方で、富裕層に対しては減税をすべきだと主張すると、論理が一貫していないと批判されかねません。しかしゲイツは「自分たちのような富裕層にもっと課税すべきだ」と繰り返し主張しています。言行が一致しているからこそ、「貧困や健康、衛生の問題を減らし、世界をよりよくする」というゲイツの主張は説得力を持ち得ます。

『貧乏人の経済学』をゲイツが称賛する理由

すでに触れたバナジーとデュフロの貧乏人の経済学をゲイツが称賛する理由も、貧困問題を解決するうえで、「実効性が高いアプローチ」だと考えているからです。この本にも登場するアブドゥル・ラティフ・ジャミール貧困アクション研究所（J－PAL）について、ゲイツは次のように述べています。

「J-PALの本当に素晴らしいところは、貧困撲滅の取り組みをより効果的にするのに役立つ科学的証拠を生み出していることだ。これは非常に重要である。政府が開発に投資する資金は、何百万人もの命を救い、何億人もの生活改善に役立っている。しかし、これらの取り組みへの支援を持続させるためには、援助の費用対効果と全体的な影響を厳密に評価し、継続的な改善を行う必要がある」

例えば、貧困国の栄養失調や食糧問題に対応する際に、単純に現地に食糧を送って配ったりすればいいと考える人も少なくありません。しかし、そのような援助が本当に効果を及ぼしているのかについては検証する必要があります。

J-PALが似たような条件の複数の村で実験したところ、食べ物を配っても、村人たちの栄養状態が改善されないケースがしばしば見られました。村人たちは食糧が手に入ったことで節約できたお金を、自分たちが欲しい別のものを買うために使っていたからです。個別の援助プロジェクトの実態を科学的に検証することで、より効果的な支援のあり方を考えて提案するのがJ-PALのアプローチです。

ゲイツ財団における農業支援も、実効性の高い戦略を考えて実行しているそうです。「貧しい農家が自国および近隣諸国で農産物を販売することも支援している」、とゲイツは述べます。現地の人々が経済的に自立できるような援助のスタイルが、持続性のある支援だといえるからです。ただお金をばらまくのではなく、本当の問題はどこにあるのかを考えて、実際に役立つ支援をすることをゲイツは重視しています。

ピケティの『21世紀の資本』から格差問題を考える

フランスの経済学者、トマ・ピケティが2013年に出版した『21世紀の資本』は富と所得の歴史的な変動をテーマにした大著です。世界的に注目を浴びている「貧富の格差」の拡大に鋭く切り込んだことが話題になり、2014年には日本語版が発売されました。約700ページと分厚く、税込みで6050円もするので、尻込みしそうになりますが、格差に関心があるなら読む価値の高い本です。

ピケティはこの本で18世紀以降の3世紀にわたる20カ国以上のデータを使い、富と所得の変動を分析しています。『人口論』で知られるトマス・マルサス、『経済学および課税の原理』を著したデイヴィッド・リカード、『資本論』の著者にして共産主義の泰斗であるカール・マルクス、ノーベル賞経済学者で経済成長と環境負荷の関係を示した「クズネッツ曲線」で知られるサイモン・クズネッツなどの研究を引用しつつ、理論を展開していきます。

『21世紀の資本』でとりわけ頻繁に登場するのがクズネッツです。彼は膨大なデータを分析して、1913〜48年にかけて米国の所得格差が急激に縮まったことを突き止めて、1955年に『経済成長と所得格差』を刊行しました。「工業化の初期段階に伴って自然に格差が増大する第一段階（米国ではおおむね19世紀）に続いて、急激に格差が減る時期がやってくる」という主張です。

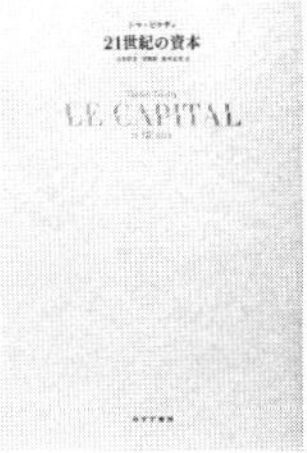

21世紀の資本
トマ・ピケティ
みすず書房

この理論によると、あらゆる国で格差は「釣り鐘型の曲線（クズネッツ曲線）」にしたがうはずだといいます。最初は格差が広がるものの、工業化と経済発展が進むにつれて、今度は減るという理論です。

しかしピケティは「1913〜48年にかけての所得格差の縮小は偶然の産物だった」と指摘します。格差縮小は大恐慌と第二次世界大戦が引き起こした複数のショックにより生じたものがほとんどで、実はクズネッツ自身もそれを認識していたといいます。

1950年代は米国や英国などの資本主義陣営とソ連などの社会主義陣営との間で緊張が高まり、冷戦が深刻になった時代で、米国では資本主義の追い風になる理論が求められていました。当時はジョセフ・マッカーシーの「赤狩り」も猛威を振るっていました。クズネッツはロシア生まれで革命が起きた同国を逃れて米国に移民した経済学者で、第二次世界大戦中は米戦時生産局の計画ならびに統計局の副局長を務めた人物です。

だからこそクズネッツは、「自分の楽観的な予測は単に低開発国を『自由世界の軌道にとどめる』のが狙いなのだと念を押した」とピケティは述べ、クズネッツ曲線は〝冷戦の産物〟だと主張します。

ピケティの研究は、クズネッツによる1913〜48年にかけての米国における所得格差の推移の研究を、時間的にも空間的にも拡大したものです。そこから得られたのは、1950年代にクズネッツ曲線が示唆したものとは異なる現実でした。「1970年代以来、所得格差は富裕国で大幅に増大した。特にこれは米国に顕著だった。米国では、2000年代における所得の集中は、1910年代の水準に戻ってしまった」とピケティは指摘します。

米国では1910年～20年代は、上位10％の富裕層が全体の所得の45～50％を占めていましたが、1940年代末に30～35％に下がり、その水準が1970年代まで続きました。しかし1980年代以降に格差が急激に拡大し、2000年代になると再び45～50％にまで高まっています。このようなトレンドは米国に加えて、英国やカナダ、オーストラリアなどアングロサクソン系の国々を中心に顕著になっています。

それではなぜ格差がここまで広がっているのでしょうか？　その理由として、ピケティは2種類の超不平等社会の存在を指摘します。「スーパー経営者（スーパースター）の社会」と「不労所得生活者（超世襲）の社会」です。

年収が数億から数十億円のスーパー経営者

スーパー経営者とはCEOなどの〝経営のプロ〟で、数億から数十億円の年収を得られる人々のことです。高額報酬を手にするスーパー経営者は1980年以降増え続けており、最近になってこのトレンドはますます加速しています。

米ウォール・ストリート・ジャーナルによると、米大手企業のCEOが受け取る報酬の中央値は2021年に1470万ドル（約21億円）に達しており、6年連続で過去最高を更新しました。米国では年収100億円以上のCEOも多数存在します。さらに1億円以上の超高報酬を得るプレーヤーは、CEO以外の経営幹部でも増えており、とりわけ投資銀行やヘッジファンドなどの金融のプロ（ファンドマネージャーやトレーダーなど）が多いそうです。弁護士などの専門性の高い職種でも際だって高い報酬を得ているスタープレーヤーが目立ちます。

一方、不労所得生活者とは、不動産や株式、現金などの資産を保有することで、賃貸料や利子、配当などで多くの収入を得られる人のことを指します。このように資産が生む利子や配当などから得られる所得を「資本所得」といいます。ピケティによると、1980年以降、資本所得の格差も拡大しています。超高額の報酬を得る人は、株や不動産などを購入して資本所得も増やす場合が多いからです。

富裕層は、賃料や利子、配当を得られる資産を子どもに相続することで豊かさを世襲する一方、持たざる貧困層は苦しい生活から抜け出すのが難しくなります。米国や英国では大学の授業料も高騰しており、ハーバードやスタンフォードなどの有名大学では諸経費を含めて年間700万円以上が必要になります。このような多額の出費は、貧困層だけでなく、中間層でも困難です。中間層の子どもが有名大学に合格し、多少は奨学金を得られたとしても、学生時代から多額の借金を背負うことになります。

所得に応じて課税する累進課税の制度が〝金持ち優遇〟になったことが、米国や英国を中心に格差拡大を助長したとピケティは指摘します。「1980年以来の米英における所得税累進性のすさまじい低下（両国とも第二次世界大戦後の累進課税の旗手だったのだが）は、おそらくきわめて高い労働所得の増加の相当部分を説明してくれる」。

米英の最高限界所得税率は1930～1980年に80～90％でしたが、1980～2010年に30～40％へと下がりました。さらに多くの政府は、資本所得を累進所得税から除外したと述べます。まさに「金持ち天国」のような世界が到来したわけです。

そこで問題になるのが、日本でも最近注目を浴びている富の公平な「分配」の仕組みです。ピケティは現在のような累進所得税の仕組みを再考すべきだと考えています。さらに「資本税」も提案し、それは「個人の富に対する累進的な年次課税、つまりそれぞれの個人が支配する資産の純価値に対しての課税であるべきだ」と主張します。

実はピケティは『21世紀の資本』でゲイツを批判しています。ゲイツはもと世界一の資産家で、称賛に値する起業家の見本とされていると指摘したうえで、「このビル・ゲイツ崇拝としか言いようのないものはまちがいなく、格差を何とか正当化したいと思っている現代の民主的社会の明らかに抑えきれないニーズが生み出したものだろう」と述べています。

このような批判をピケティから受けたゲイツは、21世紀の資本をどう評価しているのでしょうか？

「私はピケティに同意する。極端な不平等は問題だ。経済的インセンティブを台無しにし、強力な利益を支持するように民主主義をゆがめ、すべての人が平等であるという理想を弱体化させる。資本主義はより大きな平等に向けて自己修正することはない」

もちろんゲイツは『ファクトフルネス』についてコメントしたように、世界全体がより不平等になっているとは思っていません。中国、メキシコ、コロンビア、ブラジル、タイなどの国で中産階級が台頭して、世界全体を見ると平等になりつつあり、その前向きな傾向は今後も続く可能性があると考えています。

「しかし、極端な不平等を無視してはならない。資本主義のシステムは不平等を内包している。問題は、どの程度の不平等なら許容されるかだ。そして、不平等が益よりも害を及ぼし始めるのはいつからなのか。それこそが我々の議論すべきことであり、ピケティがその議論を真剣に進めることを助けたのは素晴らしい」

ゲイツはこう前向きに評価しつつも、ピケティの本にはいくつかの重大な欠陥があると指摘します。

1つ目は、ピケティが「私の結論全体の論理を総括している」とこの本で述べている「r（資本収益率）＞g（経済成長率）」という不等式です。「ピケティのr＞gは、社会的効用の異なるさまざまな種類の資本を適切に区別できない」とゲイツは批判します。

例えば、3人の富豪がいると仮定します。自分のビジネスのために資本を投入している男性、富のほとんどを慈善団体に寄付している女性、ヨットや飛行機などに多額のお金を費やしている男性です。ゲイツは、最初の2人は3人目よりも社会により多くの価値をもたらしていると主張します。

「さらに重要なことに、ピケティのr＞g分析はある世代から次の世代への富の蓄積を妨げる強力な力を説明していない」とも指摘します。

米フォーブス誌の米国人の富豪ランキング400位までのリストを見ると約半数は起業家で

す（移民や移民の子孫も目立ちます）。18世紀末に広大な土地を購入し、地代を得て富を築いてきたような一族の出身者はいません。自動車産業でもフォード一族のような成功事例は少数派で、20世紀初頭に自動車産業に投資したほかの多くの一族は失敗しました。

このほかにもゲイツは、ピケティが富と所得に関するデータに重点を置き、消費を無視していることや、富裕層であっても株式などを売却して損失を出して、収入が貧困ラインを下回る可能性があることなどを指摘しています。

ゲイツはピケティが提案する「所得ではなく資本に対する累進的な年次課税」には賛成していますが、「消費に対する累進課税の方がベストだ」と主張します。先ほどの3人の富豪のたとえ話のように、企業に投資する人や慈善活動に力を入れる人よりも、贅沢な生活を送る人の方が多くの税金を払うべきだと考えているからです。

相続税に関してもゲイツはピケティを支持しています。「単純に出生のくじに基づいて相続人に資本を配分することは賢明で公正な方法ではない」。相続税から得られる収入を政府は教育と研究に投資すべきだとゲイツは主張します。

慈善活動も格差問題の解決につながり、社会に直接的な利益をもたらすだけでなく、お金持ち一族の富を減らすことに役立つとゲイツは考えています。「私たちは、（自分の）子どもたちが世界で自ら道を切り開いていくことを望んでいる。どのような人生とキャリアを築くかは彼ら次第だ」。

進歩と格差の間の終わりなきダンス

ゲイツが称賛するのと同時に鋭く批判する、経済発展と格差をテーマにしたもう1冊の本がノーベル賞経済学者のアンガス・ディートンが著した『大脱出——健康、お金、格差の起原』です。大脱出というタイトルは、第二次世界大戦中の実話を基にした映画『大脱走』に由来しています。ナチスドイツの捕虜になった250人もの連合国軍兵士が収容所から脱走する物語で、極限状態にあっても自由を求める人々を描いた映画と、この本のテーマである「貧困からの脱出」を重ねています。

ただし映画では、脱出に成功して生き残ったのは3人だけで、ほとんどの脱走者は捕まって処刑されました。「これが『大脱走』の本質だ。誰もが脱走に成功するわけではない」とディートンは述べます。そもそも脱走せずに収容所に残った捕虜も多数いました。貧困からの脱出に関しても取り残されている人々が多数存在し、この映画の世界に似ているとディートンは考えています。

所得だけでなく、健康にも目を向けているのが、この本の特徴です。さらに所得や健康が、人間の幸福感や人生の満足度にどのような影響を与えているのかに、ディートンは強い関心を示しています。「所得が多いことが必ずしも高い幸福感につながっていない」というのがディートンの主張です。1人当たりの国民所得（国内総生産＝GDP）に対する各国・地域の平均人生

大脱出
——健康、お金、
格差の起原
アンガス・ディートン
みすず書房

満足度を比較したところ、所得が低いメキシコやブラジル、コスタリカの方が、所得の高い日本、韓国などよりも満足度は高かったと指摘します（数値は2007～09年の平均値）。

もちろん一般的には所得が高いほうが人生への満足度は高く、所得が低ければ満足度は低いのですが、そうでない国も多数あります。文化の違いなどを背景に、人生満足度は、中南米は高く、東アジアは比較的低く、旧ソ連のロシア、旧共産圏の東欧などがひときわ低い傾向が鮮明です。

ディートンは、所得、健康など、多くの面で世界はよくなっていると考えており、「第二次世界大戦以降、所得と健康は世界中のほぼ全域で改善してきた。1950年と比べて今のほうが乳児死亡率が高い国は一つとしてない」と述べています。

1～4章のテーマは「健康」で、18世紀から21世紀に至るまでの平均余命、年齢別死亡率、幼児死亡率を、データも提示してどのように改善してきたかを詳しく分析しています。5章と6章のテーマは「お金」です。まず米国の物質的幸福を取り上げ、一人当たりGDP（物価に合わせて補正された数字）が2012年に1929年の5倍以上に増えていることを指摘します。

5～6章におけるディートンの主張はピケティの『21世紀の資本』と似通っています。米国では大恐慌以降、貧富の格差が縮まったものの、最近になって拡大が目立っていると指摘します。「1970年代半ばから後半までは、全世帯が経済成長の恩恵を受けていたということだ。だがその後、所得格差が広がり始める」「最底辺の20％に属する世帯はほとんど所得が増えていない。彼らの平均所得の伸び率はこの40年間で毎年0・2％にしかならず、不況が訪れる前でさえ、実質所得は1970年代後半と変わらない」。

米国に続き、グローバルな格差がどう変化しているのかも考察します。中国やインドでは経済成長により豊かになる人が増えていますが、発展している地域とそうでない地域が存在し、国内格差が拡大しているという問題を抱えていると指摘します。

取り残された者をどうやって助けるか？

ゲイツは「人類全体の福祉が時間の経過とともにこれほどまでに向上した理由を知りたいなら、『大脱出』を読むべきだ」と評価します。しかし、「最終章である第7章は奇妙な展開をたどっている。援助についてこれしか読んでいないとしたら、援助が人々のために何をするのかについて非常に混乱してしまうだろう」と指摘します。

第7章「取り残された者をどうやって助けるか」では、富裕国＝先進国による貧困国の支援に対する批判的な見方が目立ちます。「今の援助では世界の貧困が撲滅できない理由の一つが、ほとんど貧困を撲滅しようとしていないということだ」とディートンは述べます。

先進国による貧困国の支援は「二国間の援助」が多いのが現実です。しかしながら支援を受ける国の政府は、援助で得られたお金を貧困層の支援に使わず、私腹を肥やすための蓄財や自国内の反対勢力を弾圧するために使っているケースが目立つといいます。

「援助は、政府間援助もNGOの人道的援助も含め、自国民を助ける気もなければ記録を取る気もないような政権に与えられる場合が多い」とディートンは指摘します。このような支援は、貧困問題の解決に寄与せず、独裁的で腐敗した政府による支配体制を延命させることにつながると考えています。

お金持ちが貧乏な人を援助していけば貧困はなくなるといった考えは「援助の錯覚」であるとディートンは批判します。援助にはどれくらい効果があるのか、開発プロジェクトはどれくらい有効なのかも検証しますが、一般的に何が効いて、何が効かなかったのかを知るのに役立つ事実が出てくる可能性は低く、結果の信頼性は高くないと指摘します。富裕国による援助は自国の利益を考えたものが多く、実際には貧困国の成長や、貧困や健康問題の解決にはあまり役立っていないとディートンは考えています。

このような主張にゲイツは反発します。「援助を受ける国のGDPの推移を調べた後、ディートンは援助が成長を引き起こさないと結論付けた。彼は援助が貧しい国の成長を妨げており、援助をやめるべきだと主張している」。

多くの新興国で貧困や健康といった問題の解決に取り組んでいるゲイツは、「貧困国を援助しても意味がない」と聞こえるような指摘は受け入れがたいようです。「人間の福祉、特に健康と農業を改善するために実際に設計されたプログラムは、豊かな国が貧しい人々のために行うことができる最高の支出の一部である。その成功率は、少なくともベンチャーキャピタルの投資実績と同じくらい優れている」と述べ、支援の力で実現できるイノベーションによって貧しい人々は利益を得られると主張します。

笑えるけれど気づきも多い『ヤバい経済学』シリーズ

ゲイツが薦めるユニークな経済学の書籍が『超ヤバい経済学（原題：SuperFreakonomics）』です。「私は（前作の）『ヤバい経済学（原題：Freakonomics）』がとても好きで、超ヤバい経済学はさらに優れている。非常によく書かれており、素晴らしい洞察に満ちている」とゲイツは称賛しています。

ベストセラーになった前作のヤバい経済学は、多くの日本人が気になる「相撲に八百長があるかどうか」をデータに基づいて検証して話題になりました。データを見ると相撲に八百長がないと言い張るのは難しいそうです。ほかにも、米国で1990年代になぜ犯罪が大幅に減少したのか、勉強ができる子どもの親はどんな人なのか、出会い系サイトの自己紹介はウソなのかといった身近で気になる疑問に、経済学を使って答えており、大変面白い本です。

その続編が超ヤバい経済学で、この本も身近なテーマを対象にしたとても読みやすい本です。酔っぱらいが事故にあう確率、サメに襲われるリスク、チャイルドシートの有効性から気候変動まで、データを基に巧みに分析して裏側にある真実に迫ろうとします。

ヤバい経済学シリーズの著者は、シカゴ大学教授のスティーヴン・レヴィットと作家・ジャーナリストのスティーヴン・ダブナーです。レヴィットは2003年に40歳未満で最も優れた米国の経済学者に贈られる「ジョン・ベイツ・クラーク・メダル」を受賞している経済学

ヤバい経済学
スティーヴン・D・レヴィット
スティーヴン・J・ダブナー
東洋経済新報社

超ヤバい経済学
スティーヴン・D・レヴィット
スティーヴン・J・ダブナー
東洋経済新報社

者で、ダブナーはユダヤ教からカトリックに改宗した両親のもとに生まれたものの、本人は逆にユダヤ教に改宗。さらにプロデビューしたロックバンドの元メンバーでもあったユニークな人物です。

超ヤバい経済学で面白いのは「世界をちょっと違った目で調べよう」というアプローチです。行動経済学的なスタイルで「人がどうやって判断するか、人はどんなふうに気が変わるか、それを描き出す体系的な方法」として経済学を位置づけています。

「経済学的アプローチが描き出すのは、世の中が実際にはどうなっているかだ。ぼくたちはだいたい、何らかの形で世の中を直したいとか変えたいとか思っている。でも、世の中を変えるには、まず世の中がどうなっているかわからないといけない」と2人の著者は述べます。

例えば、「酔っぱらって運転するのと酔っぱらって歩くのはどちらが危険か」というテーマを取り上げます。実際には1マイル（約1・6km）当たりでは、酔っぱらいは、酔っぱらって歩いた方が酔っぱらい運転をするより死ぬ確率が8倍高いと指摘します。酔っぱらって歩いた方が千鳥足で歩道から車道に出てしまったり、田舎道のど真ん中で寝てしまったりしがちだからだそうです。

インドの親が男児を好む傾向についての分析も興味深いものです。インドでは、花嫁の両親が、花婿やその家族に、持参金としてお金やクルマ、不動産を贈る習慣があります。女の子を持つよりも、男の子を持つ方が経済的なメリットが大きいため、インドの人口をみると女性が男性よりも3500万人も少ないそうです。インドでは妊娠中に赤ちゃんの性別が女性だと分かると中絶するケースが目立つそうです。

さらにショッキングな内容があります。「インド人の男性の51％は、場合によっては妻を殴ってもいいと考えている。それより驚きなのは54％の女性もそのとおりって言っていることだ」。夕食を焦がしたり、許可なく外出したりしたといった場合に、妻は殴られる可能性があるそうです。インドでは持参金が少ないことを理由に花嫁が殺される事件が年間８０００件以上起きているという報道もあります。

『不都合な真実』は本当に正しいのか？

超ヤバい経済学で秀逸なのが、第5章の「アル・ゴアとかけてピナトゥボ火山と解く。そのこころは？」です。テーマは世界的に関心が高まっている「地球温暖化」。元・米副大統領のアル・ゴアは２００６年公開のドキュメンタリー映画『不都合な真実』に出演し、地球規模で起きている温暖化の深刻さと人々が環境保護を重視した生活を送ることの必要性を訴えかけました。この映画は話題になり、多くの人の環境意識を高めました。このような活動が評価され、ゴアは２００７年にノーベル平和賞を受賞します。

しかし不都合な真実が描くような地球温暖化や環境問題はどこまでが本当なのでしょうか。超ヤバい経済学の著者は、マイクロソフトの元チーフ・アーキテクト・オフィサーで、生物物理学者のネイサン・ミアヴォルドらと議論します。

「アル・ゴアが悪夢のシナリオだと言って描き出す情景は——たとえば海面が上昇してフロ

リダ州が海中に消えるとか――『まっとうに考えれば、理にかなったどんな期間を想定しても物理的に実現するわけがない。どの気候モデルもそういうことが起きるなんて予想していない』」。こうミアヴォルドが指摘するように、不都合な真実には誇張が多いとの指摘があり、英国では裁判にもなりました。

さらに地球温暖化対策で二酸化炭素をやたら重視することに疑問を投げかける天体物理学者のローウェル・ウッドのコメントも紹介します。二酸化炭素に偏重した気候対策について、「勘違いだな。主な温室効果ガスは二酸化炭素ではなく、水蒸気だ」とウッドは指摘します。二酸化炭素は近年の温暖化とあまり関係ないと主張する論文も存在しているそうです。

さらに世界的な気候科学者のケン・カルデイラの研究によると、二酸化炭素を2倍にして水や栄養素などのほかの要素をすべて一定に保った場合、植物の成長は70％高まるそうです。二酸化炭素を排出しないクリーンな発電方法とされる「太陽光発電」も、ミアヴォルドによると、電気に変わるのはたった12％で、残りは熱として再放射されて地球温暖化を加速させる可能性があるといいます。

一方で、温暖化を防ぐために地球を人工的に冷やすという驚くべきアイデアもあります。それが成層圏に亜硫酸ガスをばら撒くというものです。背景には、1991年にフィリピンのピナトゥボ火山が噴火した後に、成層圏を漂った亜硫酸ガスが地球を冷やし、気温が長い間低くなったことがあります。地上から成層圏に届く長いホースを作り、ヘリウムを詰めた風船を一定の間隔でホースに取り付けて空に浮かせ、ホースの先端のノズルから無色の亜硫酸ガスを噴霧します。極地を対象にする場合、初期投資は2000万ドル（約290億円）で、毎年1000万ドルで継続できるとの試算があるそうです。

このほかにもレヴィットとダブナーは興味深いテーマを多数取り上げています。「みんながずっと知っているつもりで実は知らなかったこと、それに知りたいと思っているなんて自分でも知らなかったけど知りたかったこと」を教えてくれるこの本は、エンターテインメントとして楽しめるだけでなく、多くの気づきを読者に与えてくれます。

PART 03

未来予測

未来を予測する精度を高める方法

ビル・ゲイツは未来学者のようなものだ――。2000年代前半にニューヨーク特派員だった当時、私はそう思っていました。毎年1月に米ラスベガスで開かれる国際家電見本市の「CES」は、ゲイツのキーノート（基調講演）で幕を開けるのが慣例でした。まるで未来を見通しているかのように、ゲイツはコンピューターとソフトウエア、携帯電話、ゲームの進化や将来像について、熱く語り続けてきました。

ITや家電業界の世界的なリーダーが集結する場で、毎年、新しいネタを披露するのは大変です。合計12回もCESでキーノートに登壇したゲイツは、未来の社会がどうなるか、そこでマイクロソフトのソフトウエア技術がどのように貢献できるかを考え抜いてきました。ゲイツが膨大な数の本を読んで知識を深め、多くの科学者と意見交換を繰り返してきたのはいうまでもありません。

楽観的な未来を創るテクノロジーと3つの力

そんなゲイツが薦める未来予測の本が『楽観主義者の未来予測』です。この本は、「未来が明るく、進歩的なテクノロジーによって照らされていることを示している」とゲイツは評価します。

筆者はピーター・ディアマンディスとスティーブン・コトラーです。ディアマンディスは2008年に未来学者のレイ・カーツワイルと共にシンギュラリティ大学を設立したことで知られています。多才な人物で、マサチューセッツ工科大学（MIT）で航空宇宙工学を学び、ハーバード大学の医学大学院も卒業しています。

幼い頃から宇宙に強い関心を示してきたディアマンディスは、1987年に国際宇宙大学を共同設立し、宇宙関連の複数のスタートアップを立ち上げています。さらに1994年にXプライズ財団という民間旅客輸送のための宇宙船を開発した団体に賞を与える財団も設立。同財団は後に、海洋探査や生命科学、エネルギー、環境、教育などの分野も対象とするようになり、ラリー・ペイジやイーロン・マスク、カーツワイルも理事会のメンバーに加わります。

そんなディアマンディスらが著した、楽観主義者の未来予測とはどのような本なのでしょうか。まず感染症やテロ、戦争など世界は恐ろしいニュースであふれていますが、世界は着実に良くなっていると主張します。「20世紀（の100年間）には、乳児死亡率は90％減少し、妊産

楽観主義者の未来予測（上・下）
ピーター・H・ディアマンディス
スティーブン・コトラー
早川書房

婦死亡率は99％減少した。そして全体では、人間の寿命は100％以上長くなっている」「現在利用されているほとんどどんな指標でみても、世界の質は過去100年間で、それ以前よりも大きく改善していることがわかる」。

このような世界の見方は最近出版された本で目立ちますが、ディアマンディスらはテクノロジーの進歩と経済発展を結び付けて物事を捉えています。とりわけコンピューターやネットワーク、センサー、AIのような「指数関数的に成長するテクノロジーのパワー」を高く評価しています。さらにテクノロジー以外にも、「そうした変化を起こす力は3つある」と指摘します。

民間企業で、宇宙ロケットを開発したり、ヒトゲノム配列解読競争で政府と互角に渡り合ったりするような「型破りな革新者（イノベーター）」、膨大な財産を世界的な課題を解決するために使うゲイツのような「テクノフィランソロピスト（技術慈善家）」、そして「ボトム・ビリオン（底辺の数十億人）」から、経済的に豊かになり「ライジング・ビリオン（成長する数十億人）」になった人々です。

飢え、汚れた水、マラリアなどに苦しまずに、すべての人が可能性に満ちた暮らしを送れるようになる――。そんな世界がテクノロジーの進歩とそれを支える3つの力によって可能になるという明るい未来を予測します。

「繁栄の定義として最も優れているのは、『時間の節約』だ」という世界的な科学・経済啓蒙家のマット・リドレーの言葉を引用し、照明から携帯電話まで多様なテクノロジーが新興国でも利用可能になったことで時間の節約が可能になり、人々の生活の質が上がって繁栄を享受できるようになったと述べます。

テクノロジーの指数関数的な成長はデジタル分野において顕著です。「1個の集積回路上のトランジスタの数が18カ月で2倍になる」という半導体の「ムーアの法則」はその象徴といえるでしょう。コンピューターとソフトウエア、インターネット、スマートフォンなどが劇的な進化を遂げています。このような指数関数的に成長しているテクノロジーを学ぶ高等教育機関として、ディアマンディスはシンギュラリティ大学を設立しました。

さらに未来を変えるような次世代テクノロジーも紹介しています。超低価格の燃料を製造できるような「新しい種類の合成生命体」、ドアを開けたり、洗濯物を畳んだり、冷蔵庫からビールを取ってきたりする「人間のような家事手伝いロボット」、何でも好きなものを作ることができる「自己複製するナノマシン」、砂漠の表土の下に、10㎝の厚さで敷き詰めると砂漠を緑に変えられる「ナノテクノロジーを使った疎水性のある砂」も興味深いアイデアです。

食糧問題の解決に役立ちそうな「垂直農場」というアイデアもあります。消費地に近い大都市の高層ビルで、養分を豊富に含む水溶液を使って作物を育てるような構想です。30階建ての垂直農場を建設すれば、1年間に5万人の人々に食べ物が供給できるといいます。天候に左右されず、農薬も除草剤も不要になります。

楽観主義者の未来予測が描くのは、バラ色すぎる未来のように思えます。しかし歴史を振り返ると、テクノロジーの進歩によって解決されてきた問題は多く、世界の未来は多くの人が思っているよりも明るいのかもしれません。

野球から選挙まで、正確な予測は可能？

将来予測について語るのに最適といえる人物が、統計学者のネイト・シルバーです。シルバーは選挙やプロ野球における卓越した予測で全米を驚かせました。

２００３年にメジャーリーグの選手の成績を予測する「ＰＥＣＯＴＡ」というシステムを開発。このシステムは非常に精度が高く、例えば、２００６年のシーズン前に出した各チームの勝利数予測は他のシステムを圧倒しました。２００８年にメジャーリーグ各チームの勝利数を予測したシステムの中でも、ＰＥＣＯＴＡは最も誤差が少なかったそうです。確率論的に一人ひとりの選手の成績について幅を持って予測するなどの新しい手法で精度を高めました。

そんなシルバーの知名度を飛躍的に高めたのが大統領選の予測です。２００８年に「ファイブサーティーエイト」というサイトを開設して次の選挙を予測。大統領選の各州の勝者について、50州のうち49州の結果を当てたからです。その後の上院議員の選挙では35人の当選者すべてを的中させました。さらに２０１２年の米大統領選挙では、全50州とコロンビア特別区における勝者を正確に予測しました。

そんなシルバーが著したのが『シグナル＆ノイズ 天才データアナリストの「予測学」』です。〝預言者〟のように思われているシルバーですが、この本では、むしろ予測には誤りがつきも

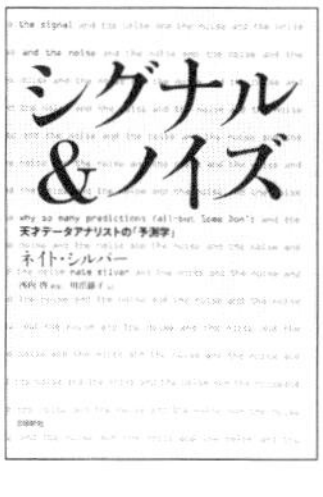

シグナル&ノイズ
天才データアナリストの「予測学」
ネイト・シルバー
日経BP

ので、完璧な予測は不可能だと主張します。「この本では、より正確な予測をしたいのであれば、私たちの判断は誤るものだという事実を受け入れなければならないという大前提を置いている」。

では予測の精度を上げるには、どのようなマインドセットが必要なのでしょうか。

シルバーは、専門家をハリネズミとキツネという２つのタイプに分類するカリフォルニア大学バークレー校で心理学と政治学が専門のフィリップ・テトロックの研究を紹介します。ハリネズミとキツネのたとえは、「キツネはたくさんの小さなことを知っているが、ハリネズミは大きなことを１つ知っている」という古代ギリシャの詩人、アルキロコスの一節に由来しています。

ハリネズミというのは、あたかも自然界の法則であるかのように機能し、社会のすべての相互交流を実質的に支える基本原則があると信じているタイプ。１つか２つの大きな問題を専門とする場合が多く、分野外からの意見は疑ってかかります。全部をひっくるめたアプローチにこだわり、新しいデータは元のモデルを補強するために使います。間違った場合は運が悪かったか、特別な環境のせいにします。

一方のキツネは、たくさんの小さな考えを信じており、問題に向けてさまざまなアプローチを試み、微妙な差異や不確実性、複雑性、異なる意見に寛容なタイプだとします。キツネの方がハリネズミより予測する能力に秀でているというのがテトロックの主張です。キツネの方が物事をありのままに見ることができるからです。キツネは柔軟で、自己批判的で、自分の間違いを認められる現実主義タイプで、予測が上手だとします。

最近はコンピューターとソフトウエアが大幅に進化し、膨大なデータを分析しやすくなっています。ビッグデータの解析が話題になり、データさえ集めれば何でも分かるような錯覚に陥っている人も少なからずいます。しかしながらデータには、シグナル（信号）とノイズ（雑音）の両方があり、ノイズも増えているので、何でも正しく予測できるようになっているわけではないとシルバーは指摘します。

「コンピュータが一番役立つのは、気象予報やチェスのように、システム自体は単純でわかりやすい法則にしたがって動くが、予測のためには膨大な数の方程式を解く必要があるというケースだ」。一方、根本的な理解があいまいで、データにノイズが多い経済や地震といった分野における予測では、コンピューターはほとんど役に立たないと考えています。

予測の精度向上に役立つ「ベイズの定理」

このような前提に立ったうえで、予測の精度を高める1つのカギとしてシルバーは「ベイズの定理」に注目します。18世紀の英国の牧師で統計学者のトーマス・ベイズにちなんで名づけられた確率論の手法です。

例えば、パートナーと暮らしていて、出張から戻った際に自宅で見たことがない下着を発見した場合に、相手が浮気をしている確率を計算するとします。まずパートナーが浮気をしているという仮定の場合、下着が存在する可能性は50％（y）だとします。次にこの仮定が間違っているという条件で、下着が存在する確率は5％（z）と見込みます。そしてベイズの定理で重要な「事前確率」を考えます。下着を見つける前だったらどれくらいの確率でパートナーが浮気をしていると思っていたかです。ある調査によると既婚者がパートナーを裏切る確率は4％なので、4％をxとします。

3つの変数をベイズの定理の計算式（$\frac{xy}{xy+z\ (1-x)}$）に当てはめると、パートナーに浮気をされている事後確率は29％になります。意外に低くて納得できないかもしれませんが、相手が浮気をしていることについての事前確率を低く見積もったことが原因です。相手が無実かもしれないという考えから出発しなければ、結果は違うものになっているでしょう。

ほかにも「マンモグラムの診断結果と乳がんの確率」「ワールド・トレード・センターに飛行機が衝突した際にテロである確率」を、シルバーはベイズの定理を使って説明しています。下着が見つかった後にパートナーが浮気をしている確率が跳ね上がったように、新たな事象が起きた場合、事後確率は変化します。紙幅の関係で詳細な説明は難しいため、関心がある方はぜひシグナル&ノイズをお読みください。

キツネのように仮説を立てては、自己批判的に検証する作業を積み重ねることが重要で、「自分自身を徹底的にテストすること――統計モデルでは満足せずに、実際に予測が当たったかどうか検証すること――は、習得過程を早める一番よい方法だろう」。こうシルバーは述べています。

多くの人が予測に失敗する理由として、人間が自信過剰になりがちなことをシルバーは戒めます。「投資家が抱えるさまざまな認知上のバイアスのなかで、自信過剰がもっともたちが悪い。おそらく行動経済学の核心をなす発見は、ほとんどの人が予測をするときに自信過剰になるという点だろう」。

人間はたくさん情報が得られたとしても、不都合な情報には目をつぶりがちです。例えば、2008年秋のリーマン・ショックの前にさまざまな危険信号が出ていましたが、多くのアナリストや経済学者、経営者はそれを見逃していました。兆候に気づいていたとしても、意図的に目を背けていた可能性もあります。

シグナル（信号）とノイズ（雑音）を区別するのはかように難しいのです。シェイクスピアの悲劇『ジュリアス・シーザー』でシセロ（キケロ）がこんなセリフを語っています。「人間というものは、ものごとを自分の好きなように解釈して、本来の意味を見失うことがある」。

データを正しく見るための数学的思考

「微分や積分を勉強して、将来、何の役に立つのか？」。高校時代にそんな疑問を持ったことがある人は多いことでしょう。数学が苦手だった私もいつも疑問に思っていました。「この先、いつこれを使うことがあるんですか？」。世界中の数学教師がこのような質問を生徒からよく投げかけられるそうです。

そんな疑問に答えてくれる本が『データを正しく見るための数学的思考 数学の言葉で世界を見る』です。著者はウィスコンシン大学マディソン校数学科教授のジョーダン・エレンバーグ。ニューヨーク・タイムズ、ウォール・ストリート・ジャーナル、ワシントン・ポストなどのコラムにも執筆している〝数学の伝道師〟で、1987〜89年にかけて、国際数学五輪に米国代表として3回参加し、金メダル2個、銀メダル1個を受賞した人物です。

「難しい数学が何の役に立つか」と問われた際に、エレンバーグがよくするのが「アブラハム・ヴァルトと見えない弾痕」の話です。ヴァルトはオーストリア・ハンガリー帝国に生まれたユダヤ人の数学者で、ナチスドイツのオーストリア併合後に米国に亡命しました。

第二次世界大戦中、ヴァルトは米国の統計学者の力を戦争遂行のために結集した「統計学研究グループ（SRG）」に所属します。後にノーベル経済学賞を受賞するミルトン・フリードマンを含むスター研究者が集まるエリート集団の中で、成績が最優秀だったのがヴァルトです。

例えば、敵の戦闘機に撃墜されにくくするためには、飛行機のどの部分の装甲を厚くすべきかというテーマを研究しました。不必要な部分の装甲を厚くすると機体が重くなって操縦性や燃費が悪くなります。

ヴァルトが出した答えは、弾痕があるところではなく、弾痕があまりないところ、つまり「エンジンに装甲をつける」でした。損傷が飛行機全体に均等に散らばるとしたら、見当たらない弾痕は失われた飛行機にあるはずです。つまり帰還した飛行機のエンジンに弾痕が少ないのは、エンジンに弾丸があたった飛行機は墜落して帰還できなかったからでした。ヴァルトの

データを正しく見るための
数学的思考
数学の言葉で世界を見る
ジョーダン・エレンバーグ
日経BP

るそうです。

勧告は、すぐに実行され、朝鮮戦争やベトナム戦争を経て、今でも海軍や空軍で用いられてい

エレンバーグは正しいデータ分析のカギとなる数学的な統計の知識を、日常的な例を交えながら分かりやすく説明します。宝くじの当選確率、肺がんの原因が喫煙である確率、失業率、米国の大統領選挙など扱うテーマは広範囲ですが、どれも数学者ならではの鋭い分析が光っており、うならせられます。

とりわけ面白いのは、未来予測について書かれた第10章の「神様、いらっしゃるんですか？私です、ベイズ推定です」。ベイズの定理についてはすでに触れた通りですが、この本では、「ある人物がフェイスブックのリストに載っているとしてその人物がテロリストではない確率はどれだけか」「ラジオ超能力者はテレパシーで情報を送ることができるのか」といったユニークなテーマを取り上げています。

ゲイツはこの本が「私たちの日常生活を支えている一見すると数学的でないシステムの多くが、実際には非常に数学的である」ことを気づかせてくれると述べています。特にマサチューセッツ州の宝くじの仕組みに問題があることを、マサチューセッツ工科大学（ＭＩＴ）の学生が数学を利用して発見し、ある条件が満たされたときに宝くじをまとめ買いすることで、投資を上回るリターンを上げられた話が印象に残ったそうです。

「文章は面白く、滑らかで、読みやすい、数学へのラブレターだ」。ゲイツはデータを正しく見るための数学的思考をこう評価しています。

実際、この本にはエレンバーグの数学への愛があふれています。「数学的理解の感覚――何がどうなっているかを突然知って、頭から爪先まで達す全面的な確信を抱く――は、特別なもので、人生の他の場所ではなかなか達成できない」「数学をするとは、火のように熱くなりつつ、同時に理性で縛られるということだ」といった言葉は、数学を学ぶことの醍醐味を端的に伝えています。

航空、宇宙、自動車、ロボット、建築、エレクトロニクスまで、あらゆる科学・技術の共通基盤として数学は使われています。数学が実社会においてどう役立つのか、数学の面白さと本質はどこにあるのかに迫る価値ある一冊といえるでしょう。

PART 04

世界、宇宙、エネルギーの本質に迫る

科学・テクノロジー

進化の謎に迫る『世界の秘密』

私たち人間が生きている世界はいかにして成り立っているのか——。生物学、物理学、地学的な分野にまたがる身近な疑問に、科学的にきわめて分かりやすく答えてくれる本が『ドーキンス博士が教える「世界の秘密」』です。

筆者はリチャード・ドーキンス。英国の進化生物学者・動物行動学者です。代表作は『利己的な遺伝子』。「なぜ世の中から争いがなくならないのか」「なぜ男は浮気をするのか」といった、人間に限らず、動物社会全体に見られる争いや対立などの行動について、遺伝子の利己性という観点から鋭く迫った内容が多くの人に支持されて世界的なベストセラーになりました。『進化の存在証明』、『神は妄想である 宗教との決別』などの著作も知られています。

ドーキンス博士が教える「世界の秘密」
リチャード・ドーキンス
早川書房

とりわけドーキンス博士が教える世界の秘密では、「なぜ、いろいろな動物がいるのか」「ものは何でできているのか」「すべてはいつ、どうやって始まったのだろう?」「なぜ悪いことは起こるのだろうか」といった多くの人が気になる疑問について、明快に答えてくれます。

子ども向けの本でよく取り上げられるテーマなので、月並みな解説書なのかと思って読み始めると、本質を突いた深い内容に驚かされます。進化生物学者であるドーキンスは、何十億年もの長期的な時間軸と宇宙的なスケールに立ちつつ、分かりやすい比喩を使ってそれぞれの疑問に対する答えを導き出してくれるからです。

例えば、生物の進化。多様で複雑な生物がいかにして地球上に存在するようになったのかは、「長い間不可解な問題できちんと答えられる人はいなかった」といいます。王子がカエルに変わるようなおとぎ話を例に、現実には起こり得ないようなことが、生物の長い歴史の中では自然に起きていることを、ダーウィンの進化論を踏まえて丁寧に説明します。

生物は環境に適応できなければ、自然に淘汰されます。環境に合った特徴を持つ、生き残った者同士が交配することで、最適な進化をするような自然な仕組みが存在するのです。もちろん人間は優れた特徴を持つ個体同士を人工的に交配して、牛、豚、馬などの品種改良に取り組んできました。

しかし自然界では「ふるいにかけるリーダーがいなくても、生物は進化する」ことに最初に気づいたのがダーウィンです。「生き延びる個体は、ほかよりも優れた資質を持っているから生き延びる。だから生き延びた個体の子どもは、親が生き延びるために役立った遺伝子を受け継ぐ」という考え方です。

「本当のところ、最初の人間は誰だったのだろう？」という謎に対するドーキンスの回答も興味深いものです。多くの教科書や解説書では、ヒト属の最初の種（ホモ・ハビリス）は200万年あまり前に、アフリカでアウストラロピテクスから種として分化したといった説明がなされています。

しかし、ドーキンスは、『ひい』が1億8500万個つくおじいさんの写真があるとすれば、どんな顔なのだろう？」と問いかけます。正解として示す写真に写っているのは驚くべきことに「魚」です。

仮にタイムマシンが存在したとして1000年や1万年といった単位で過去にさかのぼって先祖に会っても、服装や髪型やひげのスタイルなど表面的な違いをのぞいて、彼らは現代人と何ら変わりがありません。しかし途方もなく膨大な時間の中で、生物はゆっくりとしかし劇的な変化を遂げるといいます。

この本では、生物だけではなく、地震、太陽、地球外生命体は存在するのか？　といったテーマにも切り込んでいます。とりわけ地球以外に生命体は存在するのかという問いに対するドーキンスの見解は面白いものです。「誰にもわからないが、私はあると思う。しかも何百万もの惑星にあると思う」と述べています。

水が存在しうる惑星が次々に発見されている以上、生命体は存在していると考えるのが自然だからです。火星には現在は液体の水がないにしても、過去にあった証拠が見つかっています。木星の衛星の1つ、エウロパは氷で覆われていて、その下に液体水の海があるという説もあります。イーロン・マスクによる火星探査の計画も、実現に向けた準備が進んでおり、地球以外で生命が存在しているか否かに対する関心は高まる一方です。

「宇宙がどのように形成されたのかから地震の原因まで、大きな疑問に対する説得力のある答えを提供する、魅力的でよく説明された科学の教科書だ」。ゲイツはこの本をこう評価しています。「ドーキンス博士は史上最高の科学の作家・解説者の1人だ」と述べ、ドーキンス博士が教える世界の秘密を、科学を学びたい子どもからシニアまで読む価値がある本として推薦しています。

宇宙、地球的なスケールの「世界」とその本質に関する疑問について、新しい視点を得たい人にお薦めしたい一冊です。

人類の生活を激変させた素晴らしき10の材料

ガラス、紙、鋼鉄、コンクリート、プラスチック……。私たちが毎日のように目にしたり、使ったりする身近な材料の驚異的な秘密を解き明かしてくれる本が『人類を変えた素晴らしき10の材料：その内なる宇宙を探険する』です。著者はマーク・ミーオドヴニク。ユニヴァーシティ・カレッジ・ロンドン（UCL）の「材料と社会」学部教授で、材料研究の権威として知られています。

ミーオドヴニクがこの本で最初に取り上げるのは鋼鉄です。私たちが当たり前のように使っているにもかかわらず、鋼鉄について科学的に解明されたのは実は20世紀に入ってからでした。それまでの数千年、鋼鉄の製法は特殊技術として世代から世代へと受け継がれてきました。広範囲に使われてきたにもかかわらず、製鉄法は「どの方法も試行錯誤の末の産物で、うまくいった方法が次世代へ引き継がれ、たいていは秘伝となった」といいます。やがていくつかの文化における冶金の伝統が、きわめて質の高い鋼鉄をつくることで知られるようになり、そのような伝統をはぐくんだ文明は栄えました。

鉄と鋼鉄を活用して栄えたのが古代ローマです。あるローマ軍の遺構からは90万本近い鉄と鋼鉄の釘が見つかっています。「ローマ人が水道橋や船や剣をつくれたのは鉄と鋼鉄のおかげだ。鉄と鋼鉄が帝国建設を可能にしたのである」とミーオドヴニクは指摘します。

卓越した鋼鉄技術を職人技で実現したのは日本です。三種の神器の1つでヤマタノオロチ退治に使われたという伝説で知られる「天叢雲剣《あめのむらくものつるぎ》」を例に挙げ、「物語や儀式は空想的だが、ほかより10倍強くて鋭い刀をつくれたというのは単なる神話ではなく事実だった。15世紀になると日本刀の鋼鉄は史上最高の品質を極め、20世紀に入って科学としての冶金が登場するまでの500年間、抜きんでた存在だった」とミーオドヴニクは述べます。

日本刀の材料は「玉鋼《たまはがね》」と呼ばれる特殊な鋼鉄で、その材料に火山性の黒砂（砂鉄）を使っていました。玉鋼を「たたら」と呼ばれる炉でつくり、刀匠が鍛えることで、ねばり強くて折れにくく、鋭い日本刀を製造していました。19世紀の英国で製鋼法が進化し、強靭な鋼鉄の大

人類を変えた素晴らしき10の材料：その内なる宇宙を探険する
マーク・ミーオドヴニク
インターシフト

量生産が実現するまで、日本の技術は世界をリードしていました。

そして20世紀に入って画期的な「ステンレス鋼」が発明されます。クロムを加えることで、表面に「酸化クロム」の保護層ができます。保護層には自己回復力があり、仮に破られても、層が再び形成されるという優れた特徴を持っていました。スプーンに味がしないのは、酸化クロムの保護層のおかげで、その理由は舌が鋼鉄にじかに触れることがなく、唾液が鋼鉄と反応しないからだそうです。ステンレスは瞬く間に世界で普及しました。

紙という材料も急速な発展を遂げています。書籍や雑誌に使われていましたが、紙幣の透かし、トイレットペーパー、コーヒーのフィルター、飲料の紙パックなどに、利用範囲は広がり続けています。

第3章で取り上げているコンクリートの歴史も興味深いものです。世界中で何百メートルもの高さがある巨大なビルの建設が可能になったのは、コンクリート技術が発展したからです。

コンクリートを使う建設技術を発明したのも古代ローマです。ローマ人はナポリの近郊で発見した溶岩や噴火による灰や小石が蓄積されていた火山灰を「天然セメント」として活用。石灰を加えると固められることに気づいて、石を混ぜて強度を高めて建材として活用するようになったのです。

ローマ時代のコンクリート建築は今でも見ることができます。ローマ市内のマルス広場にある「パンテオン（万神殿）」の直径43・2メートルの巨大なドーム天井です。建てられて約2000年も経ちますが、今でも世界最大の無筋コンクリートドームとして威容を誇っています。しかしローマ帝国が滅びて知識が失われたため、コンクリートの建物は1000年以上建てられなくなりました。

コンクリートが再び建材として脚光を浴びるのは19世紀後半のことです。それでも引っ張り応力に弱く、ひび割れやすいという課題がありました。その課題を克服するために考え出されたのが、コンクリートの内部に鉄筋を埋め込むことでした。世界でダントツに安い建材で、自由な形状に変化させられる鉄筋コンクリートは建築の常識を劇的に変化させました。

ミーオドヴニクは、ほかにもプラスチック、チョコレート、グラファイト、磁器といった人間の生活において幅広く使われている材料を取り上げて、歴史を含めて丁寧に解説していきます。身近な材料の裏側にある物語はとても魅力的で引き込まれます。この本を読んだら「鉛筆やカミソリをこれまでと同じように見ることはなくなるだろう」とゲイツは述べています。材料に対する見方と理解がそれくらい大きく変わる一冊です。

とりわけゲイツが評価するのは、材料の未来について論じている部分です。「さらに大きな材料の革新が生まれる可能性がある。ミーオドヴニクが述べているように、将来の橋は『自己修復コンクリート』で建設される可能性があり、修理や交換の費用を数十億ドル節約できる可能性がある」

デジタル情報をもとに金属や樹脂などの材料を使って物体を造り出す3Dプリンター、ボーイング787など航空機で採用が進む強度が高くて軽量の炭素繊維強化プラスチック、世界で最も薄くて強くて硬い物質であるグラフェン、ナノ（10億分の1を表す言葉）という分子レベルの技術であるナノテクノロジーなど、次世代技術の未来についても言及しています。

生命とは何か？　起源とエネルギー、進化の本質に迫る

「ニックは、世界について多くのことを説明する壮大な理論を展開するジャレド・ダイアモンドのような作家を思い起こさせる。この人の仕事について、もっと多くの人が知るべきだ」。ゲイツがこう評価する生物学者のニック・レーンが著したのが、『生命、エネルギー、進化』です。レーンはユニヴァーシティ・カレッジ・ロンドン（UCL）の遺伝・進化・環境部門の教授で、2015年に英国生化学会賞を受賞しています。

「生物学の中心にはブラックホールがある。率直に言って、なぜ生命は今こうなっているのかがわかっていないのだ」。そんな言葉から、この本は始まります。レーンによると、地球上の複雑な生命はすべて共通の祖先をもち、それは、単純な細菌から40億年でただ一度の機会に生じたひとつの細胞だったそうです。

人間が顕微鏡を使って自分の細胞とキノコの細胞を見分けるように言われたとしましょう。実はどちらもほとんど同じです。もちろんキノコと人間は全く違う生物ですが、細胞だけをみると驚くほど似ています。「なぜそんなにも多くのユニークな形質がそのひとつの祖先に蓄積されたのかについて、研究者の意見の一致は見られていない」。こうレーンは述べます。

細菌は40億年以上ずっと形態上は単純なままです。しかし多様な植物や動物、菌類、海藻、

アメーバなどの単細胞の原生生物は、15億~20億年前に誕生した唯一の祖先から生まれたものだといいます。この祖先は新しい時代の細胞で、精妙な内部構造とそれまでにない分子メカニズムを持ち、細菌ではほとんど知られていない数千の新しい遺伝子がコードする高度なナノマシンを原動力としています。

しかし、現在、進化の中間体として生き残っているものはなく、それがどのような形で生まれたかを示す「ミッシング・リング（失われた環）」は存在しないため、〝進化のブラックホール〟になっているのです。

この生物学の最大の謎に迫るために書かれたのが『生命、エネルギー、進化』です。レーンは最新の研究成果を紹介しつつ、自らの研究に基づいた進化の理論を展開します。

例えば、「複雑な生命は、古細菌という宿主細胞と、ミトコンドリアになる細菌とのただ一度の内部共生によって生じた」という進化生物学者のビル・マーティンの研究を紹介。生命の謎を解くカギは、「細胞内での生物学的エネルギー生成の特異なメカニズムにあるように思う」と述べます。

レーンによると、ほぼすべての生体細胞は、プロトン＝陽子（正電荷を帯びた水素原子）の流れによってエネルギーを得ており、人間が呼吸で食物を燃焼させて得るエネルギーは膜を通してプロトンを汲み出し、膜の片側に貯蔵庫を形成するのに使われます。この「プロトン・パワー」はあらゆる生命に欠かせないもので、生物に小さな発電所が組み込まれているようなものだそうです。「エネルギーは進化の要であり、エネルギーを方程式に持ち込んで初めて生命

生命、エネルギー、進化
ニック・レーン
みすず書房

の特質が理解できる」とレーンは主張します。

この本は専門的で難しい部分もあり、理解するのは簡単ではないかもしれません。それでも「生命とは何か」「生とは何か」「生命の起源におけるエネルギーとは」「複雑な細胞の起源は」といった生物の根源的な謎に迫る意欲作で、さまざまな発見があります。なぜオスとメスによる「有性生殖」が存在するのか、「死の起源」とは、鳥類が飛翔を長く維持できるパワーを生み出せるのはなぜなのか、老化はなぜ起きるのかといった興味深いテーマが目白押しです。

「この本には驚かせられた」とゲイツは述べています。とりわけレーンが生物とエネルギーの関係に注目し、熱心に研究していることに関心を持ったといいます。「世界レベルでエネルギーを適切に利用すること、つまり手頃で信頼できるクリーンエネルギーを開発することが、貧困や気候変動との闘いにどのように役立つか」にゲイツは関心を持っており、自身の財団でもクリーンエネルギーの開発に取り組んでいます。

この本を読んで、レーンの研究に実用性があると考えたゲイツは本人に直接連絡したそうです。「ミトコンドリアはがんなどの病気への対策に役立つ可能性がある」と考え、ゲイツ財団のグローバルヘルスチームが栄養失調などをテーマにレーンと議論したそうです。

MITの名物教授が教える物理学の感動講義

物理学は難しくてとっつきにくいようなイメージを持っている人は少なくありません。物体の運動や光の性質、電気と磁力、天体の動きなどについて学校で学びますが、文系を中心に「苦手だった」という人も目立ちます。私もそうでした。世界的に有名な物理学者であるアルベルト・アインシュタインの「相対性理論」も難解で理解しづらい印象があります。

しかし物理学は、身近にあるさまざまな謎を解き明かしてくれるだけでなく、人間の生活を便利にしてきた多様な発明の根底にある学問です。スマートフォンやパソコンに使われる半導体、電車やEV（電気自動車）のモーター、住宅やビルの照明も、すべて物理学が明らかにした原理や法則によって成り立っています。

そんな物理学の魅力を伝える本が『これが物理学だ！　マサチューセッツ工科大学「感動」講義』です。著者のウォルター・ルーウィンはオランダの天体物理学者で米国に渡ってMITの教授を務めました。X線宇宙物理学の分野で活躍した後に、MITのケーブルテレビに出演し、物理学の講義をするようになります。自らが実験台になる体当たりで情熱的な講義は話題になり、その内容がインターネット上で公開されるようになると世界的に有名になりました。

例えば、エネルギー保存の法則を伝える振り子の授業はこんな様子です。教室の天井に吊るした鉄球を持ち上げてから離して、反対側に設置したガラスを粉砕します。そして今度は、その鉄球を自分のあごの前に持ち上げて、反対方向に向けて離します。戻ってきた鉄球があごにぶつかるのではないかと教室では悲鳴が上がりますが、振り子は離した高さ以上に戻ってくることはないので教授は無事でした。さらに自分自身もワイヤーにぶら下がり、振り子の一部に

これが物理学だ!
マサチューセッツ工科大学
「感動」講義
ウォルター・ルーウィン
文藝春秋

なって、大きな弧を描いて何回も往復します。

正直やりすぎのようにも思いますが、エンターテインメント性に富んだ体当たりの授業は見る人に強烈な印象を与えます。「物理学がとても刺激的で楽しいこと」を多くの人に伝えようとする講義は大変魅力的です。「ほとんどの学生は物理学者になるわけではないのだから、複雑な数理計算に取り組ませるより、発見することのすばらしさを胸に刻ませるほうが、ずっと大切ではないかと思う」とルーウィンは述べます。

「宇宙のビッグバンのときにはどんな音がしたのだろうか」「シュノーケルの長さを5メートルにすれば、人間は5メートルの深さまで潜れるのか」「自宅の庭で虹をかけることはできるのか」「冬場にドアノブに手をかけると衝撃を受けるのはなぜなのか」といった数々の疑問に、実験を交えて迫る講義は大変面白いものです。

ゲイツはルーウィンの講義がお気に入りで、「ルーウィンは物理学の美しさと世界の見方としての力に情熱を傾ける素晴らしい教師だ。彼は科学に命を吹き込む」と述べています。「なぜ星があるのか」「なぜ電話は機能するのか」といった謎を先に紹介し、物理学に基づいた解説をするという講義の進め方も気に入っているそうです。

ルーウィンの講義の醍醐味は、びっくりするような実験をするだけでなく、そこから物理学の本質や理論を極力わかりやすい言葉で伝えていることにあります。なかでも、宇宙に関する5つの講義は、本人の専門分野でもあり、興味深いものです。光以外の波で宇宙を捉えようとする天文学を取り上げる第10講の「まったく新しい天文学の誕生」、第12講「中性子星からブラックホールへ」」、第14講「謎のX線爆発」は、宇宙に関心がある人にお薦めです。

ばかげた疑問に科学的に答えると……

たくさんのばかげた疑問に科学的な思考に基づいて答えるユニークな本が『ホワット・イフ？：野球のボールを光速で投げたらどうなるか』です。著者は米航空宇宙局（NASA）の研究所でロボット開発に従事した後にインターネットコミック作家となったランドール・マンロー。自ら運営するウェブサイトに寄せられた「変てこで、しばしば厄介な質問」に答えていったことで注目を浴びるようになります。その中からマンロー自身が気に入った質問と回答を集めて本にしました。

例えば、「光速の90パーセントの速さで投げられた野球のボールを打とうとしたら、どんなことが起こるのか？」。

結論からいうと、身の毛もよだつような恐ろしいことが起きます。ボールが超高速で移動するため、ボールの前にある空気分子には、わきへよける時間がありません。ボールは分子に激突し、空気分子はボールの表面の分子と核融合します。そして大量のガンマ線が放射され、核融合によって生じた粒子が周囲に散乱するのです。球場の1・5キロ内にあるものはすべて消滅して、巨大なクレーターが生まれ、周辺の市街地全体が猛火に包まれます。

「普通の使用済み核燃料プールで泳いだらどうなるのか」という質問も気になるものです。意

ホワット・イフ?:
野球のボールを
光速で投げたらどうなるか
ランドール・マンロー
早川書房

外なことに、「使用済み燃料棒に不用意に近づかなければ、泳いでも安全だ」とマンローは述べます。使用済みの核燃料が出す放射線は、水中を7インチ（約17・8㎝）進むごとに線量が半減するからだそうです。もちろん燃料棒を入れる容器が腐食していないといった前提条件付きです。

「ステーキを高いところから落として、地上に到達したときにちょうど食べごろに焼いているようにするには、どれくらいの高さから落としたらいいのか」という質問もユニークです。宇宙空間との境目とされる高度100㎞から落とすと、ステーキはマッハ2を超える速度を1分半維持し、表面に焦げ目がつくかもしれませんが、焼けるには至らないそうです。高度250㎞から落としてもステーキの内部には全く火が通りませんが、これより高いところから落とすと、ステーキ前方の衝撃波で表面は完全に焼き尽くされて、炭素の固まり同然になってしまうそうです。

ほかにも「地球にいるすべての人間ができる限りくっついて立ってジャンプして、全員同時に地面に降りたらどんなことが起きるのか」「マシンガンをいくつか束ねて下向きに打ったら、ジェットパック（人間が背負う噴射式の飛行装置）の代わりになって飛ぶことはできるのか」「（スター・ウォーズの）ヨーダはどれぐらいのフォースを出せるのか」「ロンドンからニューヨークに橋を架けるには何個のレゴブロックが必要か」といった気になるテーマがそろっています。コミック作家ならではの個性的な絵や図も、どのような理屈が背景にあるのかを理解する助けになります。

「マンローの華麗で型破りな科学の授業に興奮した」。ゲイツはこの本をこう称賛します。世界中の科学者や専門家にコンタクトして、科学的に検証しようとするマンローの姿勢を高く評価しています。

この本の英語の副題は「Serious Scientific Answers to Absurd Hypothetical Questions（ばかげた仮定の疑問に対する真面目で科学的な回答）」です。突拍子もない疑問であっても、科学的に検証すると驚くような発見があることを教えてくれる刺激的な一冊です。

エネルギーの未来とテクノロジー

グローバルな石油や天然ガスの権益を巡る争いと、原子力や再生可能エネルギーなどのテクノロジーの進歩に迫った本が『探求――エネルギーの世紀』です。ウクライナ危機をきっかけに天然ガスや原油の価格が高騰し、世界的にエネルギー問題への関心が高まる中で読む価値の高い一冊といえるでしょう。

著者のダニエル・ヤーギンはエネルギー問題の権威として知られる人物で、経済史の研究者でもあります。１９９１年に出版した『石油の世紀』でピュリツァー賞も受賞しています。石油から、エネルギー安全保障、天然ガス、電力、再生可能エネルギーなど、エネルギー問題全般に関して卓越した知見を持つ著者ならではの鋭い洞察が光る本です。

ヤーギンがまず描くのは、原油や天然ガスなどエネルギーの権益確保を巡り、さまざまな国

探求
――エネルギーの世紀
（上・下）
ダニエル・ヤーギン
日本経済新聞出版

家や企業が繰り広げる壮絶な争いです。

とりわけ1991年にソビエト連邦が崩壊したことが世界のエネルギー地図を劇的に塗り替えました。新たに独立国家となったアゼルバイジャン、カザフスタン、トルクメニスタンなどは、豊富なエネルギー資源を持っていました。以前はソ連の一部だったため、西側諸国は手を出すことができなかった国々のエネルギー権益の争奪戦が始まったのです。色めき立つ米国、西欧の国家とエネルギー企業、権益を守りたいロシア、隣接する国からのエネルギー輸入を狙う中国、さらに日本の商社も参入します。

エネルギー権益の〝草刈り場〟になった中央アジアですが、ここで重要なのはロシアがその状況を苦々しく見ていたことです。ロシア帝国とソ連の後継者という意識が強いロシアは、かつての版図で多くの国が独立し、自分たちが保有していたはずの権益を奪われたと感じていました。

このような被害者意識が高まったことが、かつてロシア帝国の一部だった地域に軍事力も使って支配を広げる〝レコンキスタ（国土回復運動）〟的な動きにつながっています。2022年に起きたウクライナ侵攻もその延長線上にあるといえるでしょう。万が一、ウクライナ侵攻が成功すれば、ロシアが旧ソ連の一部だったほかの独立国を支配下におこうとする動きが加速する可能性があります。とりわけ外貨を稼ぐカギとなる資源を保有する国々に、ロシアは強い関心を持っています。

中国の経済成長がエネルギーを巡る争いに火をつけた側面もあります。世界の工場として生産能力が急増して電力を供給する発電所も増加、自動車も短期間に普及した結果、原油や天然ガスの需要が急速に高まったことがエネルギー価格高騰の一因になりました。中国はエネルギーも〝爆買い〟するようになっていたのです。しかし米国やカナダなどで天然ガスの一種である「シェールガス」の開発が進んだことなどから、エネルギー価格の高騰にはいったん歯止めがかかります。それを再び激変させたのが、ロシアのウクライナ侵攻でした。

この本ではロシアとウクライナの対立にからむエネルギー問題にも触れています。ロシアから欧州に天然ガスを送るパイプラインはウクライナを通っています。両国が対立したことから2006年にはロシアがウクライナへのガス供給を停止するという事件も起きました。

そこでウクライナはロシア産の天然ガスの欧州への供給を止めるという対抗手段にでます。この危機は数日で解決したものの、欧州にもロシアにも衝撃を与えました。そこでロシアは、ウクライナやポーランドを経由しないでドイツに天然ガスを送ることができる海底パイプライン「ノルドストリーム」の建設に踏み切ります。こうしたエネルギー問題の歴史を知ることは、ウクライナ危機を理解する助けにもなります。

この本では「エネルギーの安全保障」や「電気の時代」「気候変動」などのテーマも扱っています。さらに第5部の「新エネルギー」では、風力や太陽光に代表される再生可能エネルギーの復活とテクノロジーの進歩について詳説しています。「再生可能エネルギー産業の歴史は、イノベーション、大胆不敵な起業精神、政争、論争、失意と絶望、回復と僥倖の物語である」とヤーギンは述べています。再生可能エネルギーについては、期待が高まっては失望に変わるというサイクルが繰り返されてきたからです。再生可能エネルギーは現代では一大産業になっていますが、商業的に巨大な規模に成長するかどうかが問われる試練のときが来ているといいます。

そして多くの人が注目するEV（電気自動車）も取り上げます。「もし電気自動車に競争力があることを実証できれば、エネルギーの世界は作り変えられるだろう」とヤーギンは指摘します。すでに世界的なEVの普及は加速しており、エネルギーだけでなく、自動車産業の構造も根底から変わろうとしています。

ゲイツはヤーギンと、ウォール・ストリート・ジャーナルが主催するカンファレンスで対談しています。エネルギー革新における政府の役割と中国の新たなリーダーシップ、コスト競争力のある新世代の安全な原子炉の可能性、サハラ以南のアフリカが石油とガスの主要な供給源として成長する機会などについて議論しました。

とりわけゲイツはクリーンエネルギーとして原子力に強い関心を持っています。原子力ベンチャーのテラパワーの会長も務めており、同社は2021年6月にナトリウム冷却型の次世代原子炉の1号機をワイオミング州に建設することも発表しています。

テラパワーは日立GEニュークリア・エナジーと提携しており、さらに2022年1月にはテラパワーの次世代原子力プロジェクトに三菱重工業（MHI）と日本原子力研究開発機構が参加するという覚書も締結しました。ゲイツは日本企業と手を組み、エネルギーの世界でもイノベーションを起こそうとしています。

AI、ロボット、自律型兵器と未来の戦争

「ロボット黙示録（ロボカリプス）」が近づきつつある――。ビル・ゲイツが2018年に読むべき5冊の1つに挙げた『無人の兵団――AI、ロボット、自律型兵器と未来の戦争』は、戦慄を覚えるような内容です。AI（人工知能）を搭載するドローンや地上戦用ロボットが劇的な進化を遂げて冷酷かつ非情な殺人マシンが実用化され、20世紀に起きた2度の世界大戦からは想像もつかないような残酷な戦争が現実になりかねないという警鐘を鳴らしています。

筆者のポール・シャーレは米国の軍事アナリストで、米陸軍のレンジャー部隊に所属してイラクとアフガニスタンに計4回出征しています。2008～13年には米国防総省で自律型兵器に関する法的・倫理的課題と政策を研究し、現在は「新アメリカ安全保障センター（CNAS）」の副センター長兼研究部長を務めています。

シャーレがこの本の序章で取り上げるのが、1983年9月に起きた第三次世界大戦につながりかねなかった事件です。当時の米レーガン大統領は同年初春、〝スター・ウォーズ〟と呼ばれる戦略防衛構想（SDI）を発表。東西の両陣営が大量の核兵器を持つことでバランスが保たれていた冷戦の構造を変えかねない技術の登場に、当時のソビエト連邦は神経をとがらせていました。

そんな中で起きたのが、ソ連が構築したミサイル発射を監視する衛星システムが、米国のミ

無人の兵団
――AI、ロボット、自律型兵器と未来の戦争
ポール・シャーレ
早川書房

サイル発射を検知したと誤認識した事件でした。1発だけではなく、5発が発射されたとシステムは判断して〝ミサイル発射〟のアラートを出しました。

幸運だったのは、米国に対して核ミサイルで反撃するかどうかを判断するのは人間だったことです。全面戦争に踏み切ろうとするなら5発しかミサイルが発射されないのはおかしいと考えた担当者は、地上レーダーのオペレーターに連絡して状況を確認。飛翔しているはずのミサイルがレーダーで検知できていないことが判明し、責任者はシステムが不具合を起こしている可能性があると判断しました。

そして誤作動の可能があると上官に報告して、すんでのところで核戦争を回避できたのです。実際には、雲が上空に反射した太陽の光を捉えたソ連の衛星が誤報を発していたことが後から明らかになりました。

仮に人間の代わりに機械が自動的に判断する仕組みだったらどうなっていたのでしょうか？もちろん核ミサイルが飛び交う戦争は避けられなかったでしょう。

当時は機械に完全な信頼を寄せることは考えられない時代でした。しかし約40年が経ち、テクノロジーは飛躍的な進化を遂げています。

１９９０年代に導入された無人攻撃機は人間が遠隔制御する仕組みでしたが、その後、ＡＩの進化により自律化が加速。人間が関与しなくても、機械が自動的に状況を判断して飛行し、目標を破壊する技術が実用化されています。

空だけでなく、地上でも無人のロボット兵器が戦場に投入されています。ロボット掃除機の

「ルンバ」で知られる米iRobot社は、偵察用ロボット、地雷処理用のロボットを開発。アフガニスタンなどの戦場で実際に使用されました。

無人の兵団で繰り返し触れられている、1980年代にアーノルド・シュワルツェネッガーが主演した映画『ターミネーター』シリーズで描かれたようなAIを搭載したロボット兵器は、ヒト型ではないにしろ、実用化が着実に進んでいます。

実際にこの本の著者であるシャーレが指摘するような無人兵器の威力が実戦で証明される場面がありました。2020年9月末から11月にかけてアゼルバイジャンとアルメニアの間で争われたナゴルノ・カラバフ紛争です。

アゼルバイジャン軍は、トルコ製のドローンに加えて、イスラエル製の徘徊型の自爆兵器「ハロップ」などを活用。同軍が数百台のアルメニア軍の戦車や戦闘車両を捕獲・破壊し、数千人の兵士を殺害するのに、大きな役割を果たしたと報じられています。

アゼルバイジャン当局がSNSに投稿した映像は衝撃的でした。戦車や自走砲などを発見したドローンが次々と〝獲物〟に襲いかかり、瞬く間に標的を破壊していくのです。ピンポイント攻撃で、兵器の周囲にいる兵士たちが殺戮される様子は目をそむけたくなる光景でした。息子たちを無残に殺されたアルメニア人の母親たちの泣き叫ぶ映像も、見る者の心を揺さぶりました。

こうした無人兵器は、旧日本軍の特攻隊から名前をとった「カミカゼ・ドローン」と呼ばれています。有人ではなく、無人で攻撃できるため、使用するハードルは限りなく下がります。

20世紀の戦争は交戦国同士が同様の装備を持つ通常兵器同士の戦いを主に想定してきました。ナゴルノ・カラバフ紛争で見たような、無人ドローンを使って人間を攻撃する「非対称」な戦争は新しい形の戦争です。無人ドローンは2022年に起きたロシアのウクライナ侵攻でも双方の陣営が活用しています。

無人ドローンはそれまでの戦争で使用されてきた有人の航空機と比べると安価で、厳しい訓練も必要としません。だからこそ手ごろな大量破壊兵器として、注目が高まっています。問題はこうした無人の自律型兵器は開発や調達のハードルが低く、核兵器のように一部の国だけが独占できるようなものではないことです。

テクノロジーの進歩は人類にとってメリットもありますが、同時に恐怖ももたらします。とりわけAIは現在では予測できないような進化を遂げる可能性があります。「AIの使用は、民間人の犠牲者を減らし、より多くの軍隊を危険から遠ざけるという大きな期待があるが、注意を怠ると、意図しない結果が生じる可能性もある」とゲイツは述べています。テスラのマスクも、「AIの優位性をめぐる国家レベルの争いは、第3次世界大戦を引き起こす」と警鐘を鳴らしています。

PART 05

自己啓発

心と身体の健康を高め、自分を磨く方法

ストレスが和らぎ、リラックスできる「瞑想」の力

「瞑想」は胡散臭いものであるかのような印象を私は持っていました。1990年代前半にバックパッカーとしてアジア、中南米、アフリカ、中東、欧州などを貧乏旅行した際に、安宿で出会った旅人の中には、インドで瞑想した話をする人がしばしばいたからです。瞑想合宿に参加し、誰とも目を合わさず、会話もせずに瞑想やヨガにふけったところ、悟りが開けたかのように語るのです。長髪、ひげ面で、清潔感があるとはお世辞にもいえない不思議な雰囲気の人が多かったように記憶しています。

しかし今では瞑想は当たり前の健康法として市民権を得るようになりました。瞑想とセットでよく語られる、現在起きていることに意識を集中する「マインドフルネス」という言葉の認

知度が最近は高まっています。そんな瞑想、マインドフルネスについて分かりやすく解説した本が、『頭を「からっぽ」にするレッスン 10分間瞑想でマインドフルに生きる』で、筆者はアンディ・プディコムという元仏僧の臨床瞑想コンサルタントです。

大学時代にスポーツ科学を学んでいたプディコムは、絶えず不必要な心配やフラストレーションを感じており、心をコントロールできなくなっていました。そんな日々の中で、アジアに行って仏僧になろうと決心します。もちろん友人や家族は心配し、学年主任にも「君はこの決断を一生後悔することになるぞ」と言われましたが、プディコムの心は変わりませんでした。

プディコムは、僧院から僧院へと渡り歩き、インド、タイ、ミャンマー、ロシア、ポーランド、オーストラリアなどで暮らしました。そこで人生を一変させる可能性を秘めたスキルである瞑想のとりこになり、仏僧になります。しかし欧米社会において、頭をそり上げてスカートみたいなものをはいた人物は、なかなか理解されません。僧衣には宗教的なイメージもつきまといます。そこでプディコムは僧をやめ、俗人として「瞑想を日々の生活に取り入れること」を社会に広めようと決意します。

瞑想のルーツは仏教にありますが、マインドフルネスはそれが西洋に入ってきて、宗教とは切り離された形で研究されて発展してきたものです。「マインドフルネスは、ただ目を閉じて座るという形を超えた、瞑想のテクニックの中心となる要素です。マインドフルネスとは、気をそらさずに『今、ここ』に存在することを意味します。心を落ち着け、一切のこだわりも予断も捨てて自然な意識を保つということです」とプディコムは述べます。

頭を「からっぽ」にするレッスン 10分間瞑想でマインドフルに生きる
アンディ・プディコム
辰巳出版

プディコムが勧めるのは「頭をからっぽにするために一日10分間、座って瞑想すること」です。たった10分間、瞑想することでストレスが和らぎ、心がリラックスして、落ち着いた安らかな気分が得られるといいます。

それでは「10分間瞑想」とはどのようなものなのでしょうか。その前段階となる6つのエクササイズの要点を簡単に紹介します。いずれも軽く目を閉じて2分間でできるものなので、関心のある方はやってみてください。

まずエクササイズ1が「何もしない」。自由な座り方で、軽く目を閉じ、2分間そのままでいます。それだけでかなりリラックスできるそうです。エクササイズ2は「五感を意識する」。最初は音や視覚などの五感の1つに軽く意識を集中させます。例えば、視覚なら壁の一点に意識を集中させてみます。

エクササイズ3は「肉体の感覚に集中する」。お尻が椅子に押しつけられている感覚、足の裏が床に触れている感覚、本の上に載せた手の感覚といったものです。そしてエクササイズ4は「心地よさ、不快感に集中する」。体のどこかの心地よい感覚、または不快な感覚に集中します。手や足が軽く感じたり、肩の張りを感じたりするかもしれません。

エクササイズ5は「自分の感情に気づく」。目を閉じて、自分が今どんな気分なのか。体は重く感じるのか、軽く感じるのか、落ち着いているのか、窮屈な感じがするのかなどを自分自身に問いかけ、20〜30秒かけて答えます。エクササイズ6は「頭からつま先までをスキャンする」。頭のてっぺんから、足のつま先まで全身を心の中でスキャンするというものです。最初は10秒ですばやく、次に20秒かけて、最後はさらにじっくり30～40秒かけてスキャンします。

実際の10分間瞑想は、すでにとりあげた6つのエクササイズとよく似ています。ただ、始める前に気を付けること、導入時に意識すること、より深く瞑想するための呼吸法、瞑想を終えたらすることなどの注意点があります。10分間瞑想に関心があり、より詳しいマインドフルネスの要諦を知りたい方は、この本を読むことをお薦めします。

ゲイツは1週間に2～3回、約10分間瞑想しており、「瞑想は、スポーツをするときに筋肉を鍛えるのと同じように、心の運動であることがわかった」と述べています。さらにゲイツはプディコムに連絡を取り、自分と家族のために瞑想のトレーニングもしてもらったそうです。「瞑想は私の集中力を向上させるための優れたツールだ」とゲイツは語っています。

平凡な人間が記憶力を徹底して鍛えたら……

「読むだけで記憶力が倍増する」「最強の記憶術」……。アマゾンの検索窓に「記憶」というキーワードを入力すると、このようなタイトルの本が多数見つかります。テストの点数を上げたい、資格試験に合格したい、物忘れを減らしたいといった理由から、記憶力を高めたいと願う人がたくさんいるからです。

そんな記憶力をテーマにした本が『ごく平凡な記憶力の私が1年で全米記憶力チャンピオンになれた理由』です。筆者はジョシュア・フォアというフリージャーナリストで、本人が全米

ごく平凡な記憶力の私が1年で全米記憶力チャンピオンになれた理由
ジョシュア・フォア
エクスナレッジ

記憶力選手権で優勝するまでの1年間を描いたノンフィクション作品です。

フォアが記憶力を向上させるために使うのが「記憶の宮殿」という方法です。約2500年前に古代ギリシャのシモニデスという人物が、天井が崩れ落ちた宴会場で、命を落とした客人たちが座っていた位置を思い出すために編み出したといわれています。

記憶の宮殿は、「ジャーニー法」「場所法」とも呼ばれる記憶術で、キケロやクインティリアヌスといった古代ローマ人によって改良され、体系化されたそうです。ギリシャやローマの政治家はこの手法を使って演説を記憶し、市民の名前を憶えていました。中世ヨーロッパの学者たちもこの方法で本を丸暗記していたとされます。

具体的には、記憶する際に自分がよく知っている自宅や生まれ育った町などの場所を使います。自宅なら、テーブル、ベッド、バルコニー、学習机、食器棚など、どこに何があるか簡単に想像できます。故郷の町であれば、スーパー、居酒屋、ガソリンスタンド、学校、郵便ポストなど細かい部分までイメージしやすいでしょう。

そして頭の中にあるこれらの「場所」に、記憶を呼び起こすための「カギ」になるような強烈なイメージを描くのです。「脳は新しい、思いがけないことによって刺激を受ける。低俗なこと、口に出すのがはばかられるようなこと、普通では考えられないこと、すごいこと、信じられないこと、笑えるようなことなら、長期にわたって記憶に残る」とフォアは述べます。

例えば、パーティーを開催するために必要な、「ガーリックのピクルス」「カッテージチーズ」「スモークサーモン」「白ワイン6本」「靴下3足」「フラフープ3本」「シュノーケル」「ドライアイス製造機」「ソフィアにEメールする」「ぴったりしたジャンプスーツ」「ポール・ニューマンの映画（『傷だらけの栄光』）のDVD」「ソーセージ」「メガフォンとディレクターチェア」「ハーネスとロープ」「気圧計」を記憶するにはどうすればいいのでしょうか。

自宅を記憶の宮殿にする場合は、巨大なカッテージチーズの浴槽にスーパーモデルが浸かっている様子を、さらにスモークサーモンをピアノのふたを開けた状態でピアノ線の上においている様子を思い浮かべます。このような作業を繰り返していくのです。なるべく非常識なシーンを思い浮かべた方が記憶に残りやすくなります。

「そんなことで本当に記憶できるようになるの？」と疑問に思うかもしれませんが、よろしければだまされたと思ってやってみてください。私もトライしましたが、40分ほどで覚えることができ、1週間経っても忘れませんでした。

実は私も高校時代に英単語をイメージ化して記憶していました。例えば「compensate（補償する）」という単語を覚えるとしましょう。カタカナ発音はコンペンセイトなので、カンペイ（お笑いタレントの間寛平）が銭湯で暴れて、損害を補償するというイメージで記憶します。きちんとイメージ化できた英単語は30年以上経っても忘れることがありません。記憶の宮殿は、このようなイメージ化と場所を組み合わせた手法といえるでしょう。

記憶の宮殿は、映画『羊たちの沈黙』の続編『ハンニバル』で、天才的な頭脳を持つ殺人者のハンニバル・レクターが使った手法としても知られています。レクターは頭の中に、1000の部屋がある宮殿を築いており、それぞれの部屋を訪れることで、過去のどんな記憶でも思い出すことができました。

デジタル時代に記憶力を磨く意味は？

それでも今はスマートフォンやパソコンに膨大な情報を記録できる時代です。記憶力を磨いても意味があるのかという疑問もわきます。最近は、自分のスマホの番号はおろか、自宅の固定電話の番号さえ覚えていない人も少なくありません。予定はグーグルカレンダーなどのスケジューラーが教えてくれ、学生は教師が書いた板書をスマホのカメラで撮影するようになっています。

何より知りたいことはグーグルのような検索エンジンにキーワードを入力すれば、すぐに見つけることができます。電車で目的地に行くまでのルートも、30年前ならどの駅で乗り換えるのが一番便利なのかを、乗り換え案内の地図を見ながら記憶もたどり、自分の頭で考えていました。駅についてからは小型の地図を片手に目的地を探して、一度行った場所なら道順を記憶していました。

もちろん記憶力を試されるテストは今でも多数存在し、学生たちは記憶する能力が高いか低いかで評価されます。それでも、スマホやパソコンに内蔵されたメモリーとクラウド上のデータ保管サービスにより、人間は無限にも思える記憶保管庫を手に入れました。記憶力を試すテストは、将来的には今ほど重視されなくなる可能性があります。デジタルの「代理記憶」により、脳内の記憶を補完することが当たり前になりつつあるからです。

そんな現在において記憶力はいったいどのような価値を持つのでしょうか。「記憶の本質を知り、それを育てるというのは、異なる概念どうしを結びつけるためのイメージを瞬時に創造する能力を開発することだ」。記憶力世界選手権の創設者であるトニー・ブザンはこの本でこう述べています。

記憶と創造が同じコインの裏表であるという考え方は理解しにくいかもしれませんが、頭の中の引き出しに収納されている膨大な記憶を結びつけられれば、創造的なアイデアが生まれる可能性が高まるというのです。「新しいアイデアを生み出そうと思ったら、一種の錬金術を使って既存のアイデアを混ぜ合わせるしかない。発明するためには、まず目録、つまり引き出すことができる既存のアイデアがたくさん必要だ」。フォアはこう述べます。

もちろんスマホやパソコンの記憶装置に入っている情報を記憶の代わりに使うことも可能です。それでも自分の頭の中に多くの情報が記憶されているからこそ、ある瞬間にそれらが組み合わさって優れたアイデアが生まれやすくなるという意見は一定の説得力を持ちます。

天才と呼ばれるゲイツはこの本から何を感じたのでしょうか。「この本が素晴らしいのは、記憶と理解が2つの異なるものではないことを明確に示していることだ。推論する能力と情報を記憶する能力の構築は密接に関連している」。こうゲイツは述べています。

「親ガチャ」を嘆くよりも努力したほうがいい？

「心のあり方（マインドセット）」が人生のあり方を大きく左右する――。それがベストセラーになった『マインドセット「やればできる！」の研究』のテーマです。著者のキャロル・ドゥエックはスタンフォード大学の心理学教授で、パーソナリティー、社会心理学、発達心理学における世界的な研究者として知られています。

ドゥエックは人間のマインドセットを大きく2つに分けて捉えています。「こちこち（硬直）マインドセット」と「しなやかマインドセット」です。

こちこちマインドセットの人は、「自分の能力は石板に刻まれたように固定的で変わらない」と信じている人間を指します。知能も、人間的資質も、一定で変化しないと考えており、教室でも、職場でも、人づきあいの場でも、自分の有能さを示すことに心を奪われているような人です。

一方、しなやかマインドセットの人は「人間の基本的資質は努力しだいで伸ばすことができる」という信念を持っています。生まれながらの才能、適正、興味、気質は一人ひとり異なりますが、努力と経験を重ねることで、誰でもみんな大きく成長できるという考え方をする人です。しなやかマインドセットがあれば、うまくいかなかったり、失敗したりしたときに、粘り強く頑張ることができる、とドゥエックは主張します。

マインドセット
「やればできる！」の研究
キャロル・S・ドゥエック
草思社

同じ出来事に直面しても、こちこちマインドセットの人としなやかマインドセットの人では捉え方が異なります。例えば、学校で中間テストの成績がかなり悪かったとしましょう。こちこちマインドセットの人は「自分は完全なダメ人間」「私は不幸な人間だ」と考えてしまいます。一方、しなやかマインドセットの人は、「もっと身を入れて勉強するようにという警告だろう。期末テストがまだあるので、成績を伸ばすチャンスはある」「どこがまずかったか突き止めて弱点を克服しよう」と考えます。

「こちこちマインドセットの人は、自分が他人からどう評価されているのかを気にするのにたいし、しなやかマインドセットの人は、自分を向上させることに関心を向ける」とドゥエックは述べます。

学生だけでなく、企業のCEO（最高経営責任者）もマインドセット次第で大きく変わります。自分の欠点や失敗と向き合い、それらを克服しようと努力し続けるなら自分自身が成長し、経営が成功する確率も高まるでしょう。しかし自分の欠点に目をつぶり、それを指摘してくれるような人間を遠ざけて、周りをイエスマンで固め、批判する人を追放すると何が起きるのでしょうか。

ドゥエックは、フォード・モーターの元社長で1978年からクライスラーのトップを務めたものの経営に失敗したリー・アイアコッカを例に、自分の欠点に向き合わない、「学ばざる人」になってしまうことの危うさを説明します。

こちこちマインドセットの人は、成功か失敗か、勝ちか負けかといった「結果」を重視する一方、しなやかマインドセットの人は勝敗や成否よりも〝気づき〟や〝学び〟を得られたかを重視する傾向があります。

このため、しなやかマインドセットを持つような子どもに育てたければ、「結果」や「能力」ではなく、「努力」をほめるべきだとドゥエックは主張します。能力をほめると生徒の知能が下がり、努力をほめると生徒の知能が上がるという調査結果もあります。「子どもに『あなたは頭が良い』と言ってしまうと、その子は自分を賢く見せようとして愚かなふるまいに出るようになる」とドゥエックは述べます。

『マインドセット「やればできる!」の研究』では、恋愛、夫婦関係、いじめなど人間関係において役立つマインドセットを紹介し、さらに親や教師がどのように子どもたちのマインドセットを培えばいいのか、どうすればマインドセットがしなやかになるのかを、具体的な事例を交えて丁寧に説明しています。とても読みやすく、短時間で一気に読破できます。

才能は遺伝子に左右されるため、「生まれつきの天才がいる」と考える人は少なくありません。確かに遺伝子は知性や才能に影響を与えますが、人間の能力は努力し続けることによって開花するケースも多々あります。自分を成長させたいと思うなら、しなやかなマインドセットを持つべきだというのがドゥエックの主張です。

「親ガチャ」という言葉を最近よく耳にするようになりました。生まれながらの能力や容姿、家庭環境が人生を大きく左右するという考え方です。親ガチャは親が当たりか、外れかで人生の結果が決まるといった運命論のように語られることも少なくありません。

ドゥエックの理論に当てはめると、親ガチャの考え方はこちこちマインドセットといえるでしょう。もちろん親や家庭環境が不幸な場合、それは子どもの人生に影響しますが、それを嘆いても問題は解決しません。むしろ、どうすれば自分の能力を高められるのかを考えて、困難があっても前向きに努力を続けた方が、人生が豊かになる可能性は高まるはずです。

ゲイツは『マインドセット「やればできる!」の研究』を高く評価しています。「私がこの本を気に入った理由はソリューション指向だからだ。本の最後の章でドゥエックは、生徒たちを『こちこちマインドセット』から『しなやかマインドセット』に変えるために開発したワークショップについて説明している。こうしたワークショップは『成長の考え方について学ぶだけで、人々が自分自身と自分の人生について考える方法を大きく変えられる』ことを示している」。

最後に私が気に入ったドゥエックの言葉を紹介します。「マインドセットが変化するということは、ものごとの見方が根底から変化することなのだ。マインドセットがしなやかになると、夫婦、親子、教師と生徒といった人間関係のあり方が変わってくる。評価する者と評価を下される者という関係から、学ぶ者と学びを助ける者という関係に変わってくるのである」。

睡眠は心身の健康を保つ最強の薬

『睡眠こそ最強の解決策である』は、私がこれまでに読んだ睡眠に関する書籍の中で飛び抜けて素晴らしい本です。睡眠について多くの人が気になる疑問の大半が科学的に解き明かされています。「目からうろこ」とは、まさにこのことです。

著者のマシュー・ウォーカーは睡眠学者でカリフォルニア大学バークレー校の神経科学と心理学の教授です。睡眠・神経イメージ研究室の所長でもあり、「古今東西の偉大な科学者たちでさえも今まで解くことのできなかった、『人はなぜ眠るのか』という謎を解こう」と決意し、20年にわたり研究を続けてきました。睡眠をテーマにした本は多数ありますが、さまざまな科学的な根拠を示しているので、本書には説得力があります。

まず「睡眠不足が寿命を短くする」とウォーカーは指摘します。先進国に暮らす大人の3分2が、健康にいいとされる8時間の睡眠時間を確保できていません。「睡眠時間が6時間か7時間を下回る状態が長く続くと、免疫機能が衰え、ガンのリスクが2倍にもなる」そうです。アルツハイマー病や心血管病、脳卒中、うっ血性心不全などを発症するリスクも高まります。

「睡眠不足は先進国の流行病である」。世界保健機関（WHO）はこんな宣言を出しています。とりわけ日本人の睡眠不足は顕著です。OECDに加盟する約30カ国の睡眠時間の平均をみると、日本は最下位で約7・3時間に過ぎません。米国や英国、フランスと比べると1時間以上短く、韓国や中国よりも短いのです。この数字は、高齢者や若者も含んでおり、働き盛りの30～50代の睡眠はさらに短いことでしょう。

睡眠は心身の健康を保つ最強の薬で、「食事、運動、睡眠のうち、健康のためにもっとも大切なのは、睡眠である」とウォーカーは述べます。学習、記憶、合理的な決断と選択といった

睡眠こそ
最強の解決策である
マシュー・ウォーカー
SBクリエイティブ

機能を睡眠は強化し、免疫や病気への抵抗力も強化し、代謝や食欲を正常化し、高血圧を予防して、心臓の機能を正常に保ちます。

ウォーカーはこの本で睡眠に関するさまざまな疑問に答えています。例えば、「なぜ朝型人間と夜型人間がいるのか」。覚醒のピークが午前中に来て、夜の早い時間に眠くなる朝型人間と呼ばれる人は、人口のおよそ40％を占めています。一方、夜型人間は人口のおよそ30％で、残りの30％が朝型と夜型の中間だそうです。朝型か夜型か、中間かは「ほぼ遺伝で決まる」そうです。

「夜にコーヒーを飲むと眠れなくなる」というのも気になるテーマです。人間は起きている間に「アデノシン」と呼ばれる化学物質が増え続けます。アデノシンが増えると眠りたいという欲求が高まり、「睡眠圧」が高まります。

このアデノシンから出る睡眠信号を消す役割を果たすのがコーヒーなどに含まれる「カフェイン」です。体内のカフェイン量はコーヒーを飲んでから30分後にピークを迎えますが、半減期は平均して5～7時間になります。このため午後7時半ごろにコーヒーを飲むと午前1時半になってもまだ半分のカフェインが体内に残っていることになるそうです。

「カフェインは精神刺激性のドラッグだ」とウォーカーは指摘します。

この本が取り上げる「レム睡眠とノンレム睡眠」に関する説明も興味深いものです。

レム睡眠が浅い眠りでその間に夢を見ることは知られています。実はレム睡眠で夢を見ているときは時間の感覚が残っており、その間に流れる時間は「実際の時間よりも長くなっている」そうです。たった5分うたた寝したのに、1時間経ったような気がするのはそのためです。

一方のノンレム睡眠は深い眠りです。意識がなくなっているような状態で、脳波がゆっくりとしており、麻酔で眠っている患者の脳波とよく似ています。しかし、脳が活動していないと思い込むのは完全な間違いです。実際には高度なニューロン（脳を構成する神経細胞）の連携活動を行っています。

ウォーカーによると、深いノンレム睡眠のゆっくりした脳波は、記憶した情報が詰まったファイルを移動させる役割を持っているそうです。「深い眠りのゆっくりした脳波が、短期の記憶が保管されている場所から新しい記憶の入った荷物を受け取り、長期の記憶を保管する場所に届けている」状態で、ノンレム睡眠の間に、情報を整理し、記憶を脳にしっかり刻み込んでいます。

これに対して、レム睡眠の脳波は目が覚めているときの脳波にそっくりで、「整理された情報を統合している」といえるそうです。新たに得た情報が互いにつながり、保存されている過去の経験ともつながります。独創的なひらめきや問題解決のための作業も行っています。

さらに人間は本来、二相睡眠（二度寝）する生き物であると指摘します。1980年代までスペインやギリシャでは「シエスタ」のような昼寝をする習慣が有名でした。しかし最近はギリシャでも昼寝の習慣が減っています。そこで20～83歳の約2万3000人を対象に、昼寝をやめた人とそうでない人を比較した調査を実施しました。その結果、昼寝をやめた人は心臓病による死亡のリスクが、そうでない人より37%も高くなったそうです。とりわけ働く男性の場合は死亡リスクが60%以上も上昇したといいます。

ほかでは「イルカは脳の半分ずつしか眠らない」「飛行中の渡り鳥は、数秒というごく短時間だけ眠っている」「高齢者の健康状態が悪化するのは、深い睡眠が足りなくなるからだ」といった解説も面白いものです。

ゲイツは、この本を娘のジェンとベンチャー・キャピタリストのジョン・ドーアから勧められて読んだそうです。「プログラミングのために深夜まで起きていたり、徹夜をしたりしていた過去を反省し、睡眠が健康にどれだけ大切なのかを痛感した」と述べています。

一度きりの人生を生きるうえで大事なこと

一度きりの人生をどう生きたらいいのか？ それを考えるうえで、『あなたの人生の意味――先人に学ぶ「惜しまれる生き方」』は大変参考になる本です。著者のデイヴィッド・ブルックスはニューヨーク・タイムズの保守派コラムニストで、テレビのコメンテーターとしても知られており、イエール大学でも教えています。

人間の美徳には大きく分けて2つの種類がある――とブルックスは述べます。「履歴書向きの美徳」と「追悼文向きの美徳」です。履歴書向きの美徳とは、学歴やビジネスの成功など見栄えがよくて、就職（転職）活動に役立つようなものです。一方で、追悼文向きの美徳とは、親切、勇敢、正直、誠実など、あなたの葬式のときに集まった人たちが思い出話の中で語って

あなたの人生の意味
――先人に学ぶ
「惜しまれる生き方」
デイヴィッド・ブルックス
早川書房

くれるようなものです。

ブルックスはこの2つの美徳を、ジョセフ・ソロヴェイチックというラビ(ユダヤ教の指導者)が『孤独な信仰の人』という本で述べた、人間の本性の2つの側面である「アダムⅠ」と「アダムⅡ」に重ね合わせます。

アダムⅠとは、私たちの中のキャリア志向や野心的な面です。外向きで、人生で成功するために高い地位や勝利を求める履歴書的な側面といえるでしょう。一方のアダムⅡは、心の内になんらかの道徳的資質を持とうとします。穏やかでも、強固な善悪の観念を持ち、善き存在であることを求め、他人への奉仕のために自己を犠牲にすることを欲するような側面で、追悼文向けの美徳に近いものです。

ソロヴェイチックの理論では、私たちは皆、互いに矛盾する2人のアダムの中で揺れ動いて生きています。自己の利益を追求し、周囲からの評価を高めようとする外向きのアダムⅠと、道徳の論理に従い、他人に奉仕する謙虚で内向きのアダムⅡです。「私たちは永遠に二人の自分の対立から抜け出せないのだ」とブルックスは述べます。

「現代社会では、アダムⅠばかりが優先され、アダムⅡが忘れられがちだ」。こうブルックスは指摘します。地位や収入のような職業的な成功が注目を浴びる一方で、人生の意味を考え、人格や内面を磨くことへの関心は低下しています。齢を重ねても、自分自身の心の奥底をよく覗いたことがなく、自分の心を思い通りに制御することもできない。しかし漠然とした不安を感じており、このままでは人生に意味などないのではないかと感じている人は少なくないことでしょう。

だからこそアダムⅡに関する本を書きたいとブルックスは思ったそうです。「私はこの本を、自分の心を救うために書いた」。

まず第1章では、第二次世界大戦の直後まで米国の社会で主流を占めた、謙虚を美徳とし、欠点を克服しようと努力するような道徳観について述べます。最近の「あなたは特別な人間だ」「あなたはそのままで素晴らしい」といった自分を特別視し、変わらなくてもいいと考える価値観とは対照的です。そして「自分を過信せず、自分は足りない人間なので謙虚に学ぼうという姿勢が大事だ」とブルックスは指摘します。

第2章以降では、実在したさまざまな人物を取り上げ、それぞれが人生においていかにして人格を磨いていったのかを、伝記スタイルで描いていきます。魅力的な人物がたくさん登場しますが、特に印象に残った人を何人か紹介します。

「アイク」の愛称で知られるドワイト・アイゼンハワーは、第二次世界大戦の英雄で1953年から2期8年間大統領を務めた人物です。大統領というと華やかで雄弁な人物を思い浮かべるかもしれませんが、アイゼンハワーはそうではありませんでした。

1915年に卒業したウエストポイント（陸軍士官学校）での席次は164人中125番目。第一次世界大戦が終わる間際の1918年にいったん中佐になったものの、次の昇進は20年近く後の1936年でした。

不遇の日々の中でも、アイゼンハワーは学び続ける姿勢を失いませんでした。そのような姿勢が将軍から評価され、陸軍指揮幕僚課程に送りこまれ、今度は245人のクラスを首席で卒業しました。その後、フィリピンでダグラス・マッカーサーの部下になります。マッカーサーは尊大な人物で、今でいう〝パワハラ上司〟でしたが、アイゼンハワーは6年以上耐え抜き、忠実で謙虚な人柄は高く評価されました。

ついに参謀本部に栄転したアイゼンハワーは、優れた作戦立案能力が認められ、欧州における連合国軍最高司令官に抜擢されます。自分を抑え、鼻持ちならない人間とでも良好な関係を築くことができる能力は、英国など他の連合国の軍隊との高い調整力に生かされます。ジョージ・パットンや英国のバーナード・モントゴメリーといった自己主張の強い将軍たちから信頼され、現場の兵士からも愛されるようになります。

戦後、アイゼンハワーはコロンビア大学の学長、北大西洋条約機構（NATO）軍の最高司令官を経て、1953年に米国の大統領に就任しました。アイゼンハワーの素晴らしかった点は謙虚で学び続ける姿勢に加えて、優れた品格と良識を持っていたことです。

生粋の軍人であったにもかかわらず、大統領を退任する際に、民間企業と軍、政府が結託する軍産複合体を鋭く批判しました。さらに日本への原子爆弾の投下についても当時大統領だったトルーマンに「不要であり、反対する」と進言していたとされます。1957年にアーカンソー州で起きた、白人しか入学できなかった高校への黒人の入学を妨害するために州知事が州兵を動員した事件では、大統領権限を使って米陸軍の第101空挺師団を派遣し、黒人の生徒たちを護衛させました。

カトリック労働者運動の女性闘士、ドロシー・デイ

社会主義運動からカトリック労働者運動に身を投じた社会活動家のドロシー・デイの人生も興味深いものです。世界恐慌後の1933年に「ザ・カトリック・ワーカー」という新聞を創刊し、労働者階級を結束させ、カトリックの教えに基づく良い社会を築くことを目指しました。無料の食料配給所を運営し、貧困層向けの宿泊所の設置にも動き、米国と英国で合わせて30カ所以上を設置しました。デイは自らこうした宿泊所に住み、困窮者たちと生活を共にしました。さらに全米各地に農業コミューン（共同体）も設立します。

聖書のイザヤ書にある「真の信仰とは、正義のために働き、貧しい者、虐げられた者を慈しむことだ」という言葉をデイは実践していました。彼女が若い頃に愛読していたのはドストエフスキーやトルストイの小説です。デイの活動は、19世紀末に起きたキリスト教共産主義的な「トルストイ運動」に似ている部分があります。インドのマハトマ・ガンジーはトルストイ運動家の代表格で、農業コミューンを建設し、非暴力主義を掲げました。デイも非暴力の平和主義を訴え続けました。

このほかにも多くの人物をブルックスは取り上げます。第二次世界大戦中に陸軍参謀総長を務め、戦後は国務長官となり、ヨーロッパを復興させるマーシャル・プランをつくったジョージ・マーシャル、『告白』『神の国』などを著し、ローマ＝カトリック教会の理念を確立させた

アウレリウス・アウグスティヌス、フランクリン・ルーズベルト政権で米国史上初の女性閣僚として１９３３～45年にかけて労働長官を務めたフランシス・パーキンズなどです。いずれも、自己の内面を見つめて欠点と向き合い、強い信念を持って活躍した人ばかりです。

とりわけ第10章の「大きい私」は現代社会の価値観や道徳観の死角を鋭く突いており、この本で最も価値あるパートといえるでしょう。

自分を「大きい」「すごい」と思うことが求められ、「自分は優れている」「力がある」と心から信じなくてはならない。強い自己主張をしなくてはならず、自分を誇示しないといけない。そんな傾向が目立っている現代の米国社会に、ブルックスは厳しい眼差しを向けます。「この社会では人の視野は狭くなる。世俗的な成功以外のことに目を向けなくなるのだ」。

もちろんブルックスは履歴書的な美徳（アダムⅠ）を重視することを否定しているわけではありません。自己愛や自分を大切に思うことはもちろん重要で、成果を重んじ、社会的な成功を目指すことも大事です。同時に追悼文的な美徳（アダムⅡ）のような内面的な世界に関心を持ち、自分の欠点と向き合って人格を磨くことを忘れてはならない、大事なのは両方のバランスだ、とブルックスは主張します。

そして最後にブルックスが掲げる15の道徳律は著者の熱いメッセージが込められており、理想主義的ではありますが、身が引き締まるものです。

「すべての人間は、ただ快楽のために生きるのではなく、大きな目的のために生きてゆくものである。そして正しさ、美徳を求めて生きてゆくものである」「有意義な人生とは、理想を掲げ、その理想に向かって最後まで闘い続けた人生である」「弱点を克服するために闘っていれば、日々のちょっとした行動、選択もより慎重になり、絶えず深くものを考えることになる。そうするうちに、心は次第に良いものに育っていく」

ゲイツは「この本はとても刺激的で、自分自身のモチベーションと限界を新しい方法で考えるきっかけになった」と述べています。ブルックスはアダムⅠとアダムⅡを対立的に描いていますが、ゲイツは「一方がどこから始まり、他方がどこで止まるかは必ずしも明確ではない」と指摘します。マイクロソフトでゲイツが成し遂げたことはアダムⅠの履歴書的な美徳と思われがちですが、世界中の人々の可能性を解き放つ仕事をしたことで、内面的な深い満足感も覚えたそうです。

一方、ゲイツ財団の社会貢献的な活動は「追悼文向きの美徳」と受け取られがちですが、アダムⅠ型の満足感も得られるといいます。「2つの美徳のバランスを適切に保つ方法を考えることが重要だ」とゲイツは述べています。

PART 06

歴史

全人類的な視点から歴史を見つめ直す

ビル・ゲイツの読書リストを見ると、歴史関連の本が際立って多いことに気づきます。「私は昔から、点と点を結び付けて歴史の流れを理解しようとする作家のファンだ」とゲイツは述べています。限定された国や地域、特定の時代を取り上げるものよりも、人類の壮大な歴史を俯瞰し、大きな流れや本質を理解するために役立ちそうな本を多数読んでいます。多くの国々の歴史の教科書は自国中心の視点で書かれていますが、ゲイツは全人類的な視点に立った歴史に強い関心を持っています。

宇宙、地球、生命、人類を包括する『ビッグヒストリー』

そんなゲイツが熱狂的に支持する本が『ビッグヒストリー：われわれはどこから来て、どこへ行くのか――宇宙開闢から138億年の「人間」史』です。宇宙のビッグバンから現在、そして未来にわたる膨大な時間の中に「人間の歴史」を位置づけるという壮大な書籍で、多数の写真やイラストも掲載されています。

筆者は歴史家のデヴィッド・クリスチャンで、オーストラリアのマッコーリー大学でそのようなコースを教えている際に「ビッグヒストリー」という言葉を思いついたそうです。宇宙、地球、生命、人類の研究を統合した包括的なコースで、それまでの歴史の授業とは大きく異なる内容でした。

クリスチャンのビッグヒストリーにゲイツは強い感銘を受けます。「感激した。これは、科学、人文科学、社会科学を横断する形で1つのフレームワークにまとめたものだ。私も若い頃にビッグヒストリーを学べたらよかったのに。特に科学を興味深い歴史的な文脈に当てはめている点が優れている」とこの本を絶賛しています。

ゲイツはクリスチャンに1000万ドル（約14億円）の資金を寄付し、高校生向けのコースを作ってもらい、無料のオンライン学習プログラムとして提供してもらっています。ビッグヒストリーを世界の大学生が必須で学ぶ標準コースにしようとする活動もすでに始まっているそうです。

ビッグヒストリーは、宇宙が誕生してから138億年の間に8つの「スレッショルド（大跳躍）」と呼ばれる大きな転換点があったと主張します。スレッショルドとは、宇宙（世界）の複雑さが急激に増し、違う段階に進むことを指します。

まず1番目のスレッショルドが「ビッグバン宇宙論と宇宙の創造」です。宇宙は原子より小

ビッグヒストリー　われわれはどこから来て、どこへ行くのか──宇宙開闢から138億年の「人間」史
デヴィッド・クリスチャン
シンシア・ストークス・ブラウン
明石書店

さな点として始まりました。その中に、今日の宇宙に存在する全エネルギーが入っていたそうです。約138億年前に、この極小で超高温の物体が〝爆発〟し、一瞬の間にものすごい速さの膨張が起きました。それと同時に空間、時間、物質、エネルギーが生成されだしたとされます。一瞬の間に、宇宙は現在の宇宙におけるひとつの銀河系くらいの大きさになったそうです。

2番目のスレッショルドが「複雑な天体である恒星の創造」です。ビッグバンから数十万年後の初期の宇宙には恒星も惑星も生命体も存在していませんでした。しかし暗黒物質と原子物質による巨大な雲が凝縮し、熱を帯び始めました。密度が増した場所では、熱が原子にエネルギーを与え、原子同士が激しくぶつかり合うようになり、約1000万℃になって臨界値を超えると核融合反応が起きます。この過程がいたるところで繰り返されてたくさんの恒星が誕生しました。

こうして誕生した恒星は、膨大なエネルギーの流れを起こすだけでなく、3番目のスレッショルドである「化学元素の生成」にも重要な役割を果たします。4番目のスレッショルドが「太陽、太陽系、地球の誕生」です。太陽系が生まれたのは45億6800万年前とされています。巨大な分子雲の崩壊によって太陽が生まれ、地球や月を含む惑星系も成立します。

5番目のスレッショルドになってようやく地球の物語が始まります。ここでは、地球が形成されてから10億~20億年の間のある時期に起きた、海中の化学物質から生まれた生命に端を発する「生命の起源と進化」を取り上げます。そしてホモ・サピエンスの誕生から始まる「人間と旧石器時代」、次に「新石器時代の農業の出現」、「農耕文明と世界を近代化させた都市や国家」について詳しく説明していきます。

ビッグヒストリーでとりわけ面白いのが最終章の「未来のヒストリー」です。

3つの未来予測があり、1つ目は近未来で100年後です。人口増加、化石燃料供給の限界、気候の不安定化、傷ついた生態系などさまざまな問題を検証しますが、人間は数々の困難を乗り越えてきたので、明るい未来もありそうだと述べています。「人間はとてつもなく創意工夫に富んだ生物種であり、私たちが駆使するコレクティブ・ラーニング（集団的学習）は問題解決の際立った仕組みと言える」。クリスチャンはこう主張します。

次が今後数千年間の予測です。悲観的な予測がある一方で、寿命が延びてさらに健康な生活を送れたり、無限で実質的に無料のエネルギーを手に入れられたりするといったユートピア的な予測もあります。持続的な成長に向けて、さまざまな課題をテクノロジーの進歩で乗り越えるシナリオと、人口を減らして良好な生活を維持するというシナリオの両方が存在します。

最後に取り上げるのが5000万年から2億年後の「はるかな未来」です。大西洋が拡大する一方、太平洋は縮小し、アフリカ大陸は分裂することが予想されています。そして、さまざまな大陸が集まって「アメイジア」と呼ばれる超大陸が形成されるそうです。さらに30億～40億年後に太陽の燃料が尽きて膨張を始め、赤色巨星になり、地球を飲み込みます。

太陽系を含む「天の川銀河」は、近隣のアンドロメダ銀河と衝突する可能性が高いそうです。それでも宇宙は膨張を続け、膨張の速さはどんどん増していきます。恒星の数は減り、それとともに惑星もなくなり、生き物もいない世界になります。宇宙は死の世界となり、ブラックホールに飲み込まれて、最終的にはそれも蒸発するそうです。

クリスチャンは、ビッグヒストリーに新たな情報も加えて138億年の物語をまとめた『オリジン・ストーリー 138億年全史』という書籍も出版しています。オリジン・ストーリーとは「万物の起源の物語」という意味です。

オリジン・ストーリーを通読すると、内容的には多くの部分がビッグヒストリーと重なる印象を受けます。それでも写真や図表が少なく、テキストが中心であることにはメリットもあり、一気に読んで流れをつかみやすい本といえるでしょう。

この本で一番印象に残ったのは「まえがき」です。クリスチャンは作家のH・G・ウェルズが第一次世界大戦後に語った次のような言葉を紹介します。

「私たちは気づいた。今や、全世界における共通の平和以外に平和はありえず、全体の繁栄以外には繁栄はありえないのだ。だが、共通の平和と繁栄は、共通の歴史認識抜きにはありえない。……狭量で、利己的で相争うナショナリズムの伝統しかなければ、人類や民族は知らず知らず闘争と破壊へと向かう運命にある」。

多くの国がナショナリズムの視点から愛国心を高める手段として歴史を使っています。政府にとって都合のいい歴史を国民に教えて自分たちが偉大であると信じ込ませようとする政治家は少なくありません。しかしながら愛国心を高める歴史教育には危険性もあります。自分たちが国家、あるいは民族として優秀であるといった主張をすることは、外国や外国人を否定することにつながりかねないからです。

オリジン・ストーリー 138億年全史
デイヴィッド・クリスチャン
筑摩書房

「地球全体がつながった今日の世界では、ナショナリズムは特定の国の中で国民を結びつけるそばから、人間社会を引き裂くことは明らかだ」。クリスチャンはこう指摘します。

ナショナリズムの歴史に対して、ビッグヒストリーやオリジン・ストーリーは、宇宙の中の地球に暮らす、全人類の視点から歴史を描き直しています。「世界中の人間の社会と文化を受け入れる」新しい歴史は、戦争や争いが尽きない今こそ重要になっています。

なぜサピエンスだけが生き残り、発展できたのか

次に取り上げるのはゲイツが推薦するユヴァル・ノア・ハラリの3冊の本です。ハラリはオックスフォード大学で中世史、軍事史を専攻して博士号を取得した歴史学者、哲学者で、現在はヘブライ大学の歴史学教授を務めています。人類の過去を描いた『サピエンス全史 文明の構造と人類の幸福』、人類の未来を予測する『ホモ・デウス：テクノロジーとサピエンスの未来』、現在の人間社会の課題を分析した『21 Lessons: 21世紀の人類のための21の思考』の3冊は世界で累計3500万部以上という驚異的なベストセラーになりました。

サピエンス全史は250万年の人類史という壮大なテーマを取り上げた本です。サピエンス全史というタイトルを選んだのは、「人類」という言葉の本当の意味が「ホモ属に分類される動物」であり、サピエンス以外の種が存在していたからです。

人類が初めて姿を現したのはおよそ250万年前の東アフリカとされており、その後、長

サピエンス全史
文明の構造と人類の幸福
（上・下）
ユヴァル・ノア・ハラリ
河出書房新社

い年月を経て、ホモ・ネアンデルターレンシス（ネアンデタール人）、ホモ・ルドルフェンシス、ホモ・エレクトス、ホモ・ソロエンシス、ホモ・デニソワなどさまざまな種が誕生しました。しかしいずれも絶滅し、過去1万3000年間に地球上に存在した人類は、サピエンスだけでした。

なぜ人類の中でサピエンスだけが生き残り、驚異的な発展を遂げたのでしょうか。ハラリは、7万〜3万年前に新しい思考と意思疎通の方法が登場し、「認知革命」が起きたと述べます。たまたま遺伝子の突然変異が起きたという説が広く信じられていますが、重要なのはその変化がサピエンスのDNAに限って起きたことです。ネアンデルタール人に同じ変化は起きませんでした。

認知革命により、「噂話」ができるくらいコミュニケーション力が高まったサピエンスですが、まとまった集団として活動できる自然な大きさの上限は150人程度でした。この数字は社会学の研究でも裏付けられているそうです。古代ローマの軍隊における基本単位は100人隊（ケントゥリア）であったことを考えても、互いの顔が分かって、円滑にコミュニケーションできる人数にはおのずと限界があります。

にもかかわらず、サピエンスが数万人規模の軍隊や何十万人が住む都市、何億人もの民を支配する帝国を築けるようになったのはなぜでしょうか？

「その秘密はおそらく、虚構の登場にある」とハラリは主張します。膨大な数の見知らぬ人どうしも、共通の神話を信じることによって、協力できるようになります。近代国家も、中世の教会も、古代の王国も都市も、大規模な人間の協力はすべて、共通の神話に根差している、とハラリはいいます。

この「共通の神話」という指摘はとても興味深いものです。しかも共通の神話は取り換え可能だとハラリは述べます。「人々の協力の仕方は、神話を変えること、つまり別の物語を語ることによって、変更可能なのだ」。例えば、1789年の革命で、フランス人は王権神授説を捨て、国民主権の神話を信じるようになりました。共産主義という新たな神話が生まれたロシア革命や、天皇が絶対的な君主になった日本の明治維新も同じようなものです。古い神話は新しい神話にあっという間に置き換えられました。

サピエンス全史で面白かったハラリのもう1つの主張は、狩猟採集民の方が農耕民よりも恵まれていたというものです。「化石化した骨格を調べると、古代の狩猟採集民は子孫の農耕民よりも、飢えたり栄養不良になったりすることが少なく、一般的に背が高くて健康だったことがわかる」とハラリは述べます。

狩猟採集民は、木の実、果物、カタツムリ、肉、魚、野菜など日頃から何十種類もの食物を食べていました。このため、食糧が手に入りにくくなると別の土地に移動して食べ物を探すことが容易でした。

一方の農耕民は東アジアなら主食はコメで、欧州や中東の場合は麦を使ったパンが主食でした。しかし単一の種類の食べ物への依存度が高いと、干ばつや火災、地震などで主食が不作になると飢饉が起きて大打撃を受けます。

「私たちが小麦を栽培化したのではなく、小麦が私たちを家畜化したのだ」とハラリは指摘します。小麦の栽培は非常に手間がかかり、水を与え、草取りをしたり、岩などを取り除いたりする必要があるからです。農業労働により、ヘルニアや関節炎などの疾患に悩む人間が増えたそうです。小麦やコメを栽培するために人間の労働時間は狩猟採集時代よりも長くなったといいます。

「農業革命により人類は繁栄と進歩への道を踏み出した」というイメージが強いので、ハラリの見方は興味深いものです。農耕時代に入って人間が幸せになったかどうかについては議論がありますが、サピエンスの人口が急増したのは事実です。多くの人間が集まって暮らすようになると、王や役人、聖職者、軍人、学者といった支配層が生まれ、部族から国家へと発展していくようになります。

共通の神話を基にした「大規模な協力のネットワーク」が生まれ、神殿や城壁、ピラミッドといった巨大な建造物も建設されるようになります。協力というと聞こえはいいのですが、実態はエリート層による過酷な支配でした。人間の9割以上は農耕民でしたが、彼らは王や役人らに支配され、朝から晩まで小麦やコメを育てさせられ、しばしば奴隷的な労働や軍役に駆り出されました。

それでも農業革命は余剰食料を生み出し、文明の発展が加速します。とりわけ文明の進歩に大きく寄与したのは文字と数学の発展です。書記が収穫された穀物の量を計算し、文字として残した記録は古代メソポタミアの時代からあります。やがて書物が生まれ、人間の知識が保存されるようになり、技術や思想が発展するようになります。

サピエンス全史は、人類とは何者なのか、なぜほかの動物と違って文明を生み出し、地球を支配するような存在へと発展できたのかに迫った優れた本です。

「ホモ・サピエンスが成功した理由は、大規模な協力ができる唯一の動物であるということだ。私たちは、国、企業、宗教として自分たちを組織化する方法を知っており、複雑なタスクを実行する力を与えられた」。ゲイツはサピエンス全史を読んでこう感じたそうです。

とりわけ「ハラリが人々を結びつける物語や神話の力に焦点を当てている点がユニークだ」と評価しています。何百万もの見知らぬ人々を共通の神話によって団結させることができるのは人間ならではの特徴です。「自由、人権、神々、法律、資本主義などのアイデアは想像の中に存在するが、それらは私たちを結びつけ、複雑な課題に対して協力するよう動機づけている」とゲイツは述べています。

ハラリの主張は、吉本隆明が『共同幻想論』で説いた「国家とは共同の幻想であり、人間は詩や文学を創るように、国家と言うフィクションを空想し、創造した」という指摘にも通じるところがあります。

人類が〝神〟になる未来を予測する『ホモ・デウス』

人類の過去をテーマにしたサピエンス全史に対して、ホモ・デウス：テクノロジーとサピエンスの未来は、情報技術とバイオテクノロジーが進化を遂げる時代における人類の未来に焦点を当てています。

歴史が始まって以来、人類を何千年にもわたって苦しめてきたのは、「飢饉」と「疫病」と「戦争」です。もちろんこれら3つの悩みは今も克服されているわけではありませんが、過去と比べると状況は驚くほど良くなっています。この本が書かれたのはコロナ禍やウクライナ危機の前ですが、『ファクトフルネス』などでも触れられているように、全般的に世界は良くなっているとハラリも考えています。

「前例のない水準の繁栄と健康と平和を確保した人類は、過去の記録や現代の価値観を考えると、次に不死と幸福と神性を標的とする可能性が高い」。こうハラリは主張します。「今度は人間を神にアップグレードし、ホモ・サピエンスをホモ・デウス〔訳注『デウス』は『神』の意〕に変えることを目指すだろう」

『ギルガメシュ叙事詩』や『リグ・ヴェーダ』、ギリシャ神話、始皇帝の逸話、漫画の『火の鳥』シリーズや『不滅のあなたへ』が象徴するように、古今東西、不老不死は人類の夢でした。もちろん現実には、人間は必ず老いて死ぬことを運命づけられています。

しかしテクノロジーが進歩する中で「不老」や「不死」を研究する動きが最近になって加速しています。2013年にグーグルは不老長寿を研究する「キャリコ（Calico）」というスタートアップを設立しました。グーグルのベンチャー投資部門のトップだったビル・マリスが主導したプロジェクトです。マリスは大学時代に神経科学を研究しており、「人間が500

ホモ・デウス：テクノロジーとサピエンスの未来（上・下）
ユヴァル・ノア・ハラリ
河出書房新社

歳まで生きることは可能かと聞かれたら、答えはイエスだ」と答えるような人物で、キャリコ以外にも多くの生命科学のベンチャーに投資してきました。

不老不死を研究する動きは広がっており、ジェフ・ベゾスやピーター・ティールも老化細胞除去薬（セノリティクス）を開発するユニティ・バイオテクノロジー社に投資しています。ティールも「永遠に生きる」ことに強い関心を示しています。

イーロン・マスクはBMI（Brain Machine Interface）という人間をサイボーグ化するような技術を研究するスタートアップ「ニューラリンク（Neuralink）」を2016年に設立しています。脳に電極を埋め込むことで「AIと共生させる」ような世界を目指しており、麻痺や失聴、失明など、人間がある能力を失っても再生できるような技術の開発を視野に入れています。老化による機能低下の克服に役立ちそうなテクノロジーといえるでしょう。

永遠の命に強い関心を持つ人物としては、発明家で未来学者のレイ・カーツワイルが有名です。AIが進化すると、人間の知能を超えるシンギュラリティ（技術的特異点）に到達する、と早くから指摘していたことでも知られています。

カーツワイルは、シンギュラリティ後に「ポスト・ヒューマン」の時代がやってくると主張します。人間とAIが共生し、人間の心をコンピューターのような機械に転送することが可能になり、肉体的には機械やバイオテクノロジーによってサイボーグ化されるような世界です。人間は不老不死になるだけでなく、さまざまな機能をテクノロジーによって拡張できるようになるという未来予測をしています。現在の人類の感覚では〝神〟のような存在になるといってもいいでしょう。

「2050年の時点で健全な肉体と豊富な資金を持っている人なら誰もが、死を10年単位で先延ばしにし、不死を狙って成功する可能性が十分ある」というカーツワイルらの主張をハラリは紹介します。

もちろん人間が永遠の若さを手に入れるにはかなりのハードルがあります。それでも仮に21世紀中に人間の寿命を150年に伸ばすことが可能になると、人間社会は激変するでしょう。90歳で転職し、100歳で再婚することも可能で、孫どころかひ孫、玄孫にも会えるような世界がやってくることを意味するからです。

もちろん不老不死に近づくような長寿社会が到来しても、人間が幸せでなければ意味はありません。人生が長くなればなるほど、「人間の幸福とは何か」という本質的なテーマがより重視されるようになるでしょう。経済的に豊かになっても、幸福感を感じられないという人は、さまざまな先進国でかなりの比率を占めています。「21世紀の二番目の大プロジェクトには、永続的な快楽を楽しめるように、ホモ・サピエンスを作り直すことが必須のように見える」とハラリは述べます。

21世紀の三番目の大プロジェクトは、「創造と破壊を行う神のような力を獲得し、ホモ・サピエンスをホモ・デウスへとアップグレードするものになるだろう」とハラリは主張します。神性とは、全知全能を意味するのではなく、古代ギリシャやヒンドゥー教の神々のようなものを指しています。

神話に出てくる神々は、生き物を生み出したり、変身したり、環境や天候を意のままにしたり、相手の心を読んだり、遠くから意思を伝えたりするような超能力を持っていました。これらの中には、すでにテクノロジーの進歩によって実現され、当たり前になっているものも多くあります。

人間による神性の獲得は、ＡＩやナノテクノロジー、遺伝子工学などの技術が進化することで一層加速していくことでしょう。「アップグレードされた人間は、古代の神々より優れた〝超人〟となって、世界を作り変えていく可能性が高い。そしてその流れにブレーキをかけるのは難しい」とハラリは述べます。

人間が神になるという未来を描くホモ・デウスはとても刺激的な本です。最新のテクノロジーや研究から、私たちにどのような未来が待っているのかを想像するうえで間違いなく役だちます。

それではゲイツはこの本をどう読んだのでしょうか。「不死、幸福、神性という夢を実現することは、人類にとって悪いニュースになる可能性がある」とゲイツは述べます。少数のお金を持ったエリートがバイオテクノロジーと遺伝子工学によって自分自身をアップグレードし、一般大衆を置き去りにして神のように君臨する可能性もあるからです。

それでもゲイツはテクノロジーの未来に対してやはり楽観的です。「不公平や格差が存在するのは事実だが、お金を持っている人とそうでない人のギャップを埋めれば、イノベーションが広がるまでにかかる時間を短縮できる」と主張します。そのためには、ゲイツが自身の財団で長年取り組んでいる、さまざまなテクノロジーを先進国や新興国の持たざる人々に提供しようとする取り組みも有効かもしれません。

現代社会が抱える問題に切り込む『21 Lessons』

ゲイツが薦めるハラリの本の中で最後に紹介するのが、『21 Lessons：21世紀の人類のための21の思考』です。すでに紹介した2冊は人類の過去と未来に迫ったものでしたが、この本は「今」に焦点を当てており、現代社会が抱えるさまざまな問題に鋭く切り込んでいます。

最初に取り上げるのが、20世紀に台頭した「過去をそっくり説明するとともに全世界の将来を予測するという触れ込みの3つの壮大な物語」です。3つは「ファシズム」「共産主義」「自由主義」の物語で、ハラリは次のように説明しています。

ファシズムの物語は、歴史を異なる国家間の闘争として説明し、一つの集団が他のあらゆる人間の集団を力で征服して支配する世界を思い描きました。共産主義の物語は、異なる階級間の闘争として歴史を説明し、自由を犠牲にしても平等を確保する中央集権化された社会制度によって、あらゆる集団が統一される世界を思い描きました。自由主義の物語は、自由と圧政との闘争として歴史を説明し、あらゆる人が自由に平和的に協力し、平等はある程度犠牲にしても中央の統制を最小限にとどめる世界を思い描きました。

3つの物語の争いは、まず第二次世界大戦によりファシズムが敗北します。戦後は共産主義

21 Lessons:
21世紀の人類のための
21の思考
ユヴァル・ノア・ハラリ
河出書房新社

と自由主義が2大陣営としてしのぎを削りますが、ベルリンの壁崩壊と旧ソビエト連邦の崩壊を経て、自由主義が勝利したかのようなイメージが世界に広まります。過去の大きな政治的、経済的な問題は解決し、民主主義と自由主義、自由市場が唯一の選択肢となったと多くの人は考えました。

しかし２００８年のグローバルな金融危機を経て、世界中の人々が自由主義に幻滅するようになります。格差が目立つようになる中、移民や自由貿易に対する反発が強まり、自由主義の国でもナショナリズムを掲げる政党が台頭します。一方で、中国やロシアなど独裁的な国家が経済力を背景に存在感を高めてきました。

ハラリが鋭いのは、自由主義が決して単一のものではないと指摘していることです。かつて自由主義は民主主義とセットで語られてきました。しかし最近は権威主義的な独裁国家であっても、経済面で自由主義を採用するケースも目立ちます。

例えば、中国は共産主義の独裁体制で国民の自由を制限していますが、自由貿易を支持しています。ロシアは２０２２年のウクライナ侵攻により、世界経済から孤立するようになりますが、それまでは世界貿易機関（ＷＴＯ）に加盟して自由貿易に積極的でした。

このように民主主義とはいえない事実上の独裁国家でも「自由主義のビュッフェから好きなメニューを選ぶ」ことで経済成長を実現できることが21世紀になって明らかになりました。20世紀的な民主主義とセットで語られる自由主義の物語は、もはや通用しなくなっているといえるでしょう。

このほかのテーマでもハラリの慧眼は光ります。例えば、「雇用」では、多くの仕事がＡＩやロボットに奪われる可能性を指摘していますが、「それ以上に憂慮すべきことがある」と述べます。人間はＡＩに判断をゆだねるようになっており、人間からアルゴリズムへの権限の移行が起きていることです。「自分の人生を思い通りにできなくなることのほうがはるかに恐ろしい筋書きだ」とハラリは警鐘を鳴らします。

民主主義の選挙における投票は、個人の「自由意志」によるものです。しかしながら買い物、映画、音楽、出会い系サイトでも、人間はＡＩのアルゴリズムによる「お薦め」にどんどん頼るようになっています。

「何を学ぶべきかや、どこで働くべきかや、誰と結婚すべきかを、いったんＡＩに決めてもらい始めたら、人間の一生は意思決定のドラマでなくなる。民主的な選挙や自由市場はほとんど意味をなさなくなる」とハラリは指摘します。

「ナショナリズム」「宗教」「移民」「テロ」「戦争」「正義」といった社会や政治の問題から「謙虚さ」「無知」「瞑想」といった個人的なテーマまで、歴史と哲学に関する深い教養に裏打ちされたハラリの視点はユニークで刺激的です。

ゲイツもこの本でさまざまなテーマに関して、ハラリが歴史的、哲学的な視点を提供していることに感銘を受けたようです。さらに心に安らぎを与え、集中力も高めるマインドフルネスと瞑想が重要だと主張していることにも、共感を覚えたそうです。

「不安に終止符を打つ秘訣は、心配をやめないことだとハラリは示唆している。大事なのは、何を心配する必要があるか、どれだけ心配する必要があるかを知ることだ」。こうゲイツは述べています。

なぜヨーロッパ人はアメリカ大陸を容易に征服できたのか

ゲイツが「大ファンだ」と激賞するもう1人の歴史家がジャレド・ダイアモンドです。ゲイツはダイアモンドの3冊の本を推薦しています。『銃・病原菌・鉄 1万3000年にわたる人類史の謎』『昨日までの世界 文明の源流と人類の未来』『危機と人類』の3冊です。

ダイアモンドはカリフォルニア大学ロサンゼルス校の社会科学部地理学科の教授を務めた人物で、進化生物学者、人類学者としても知られています。鳥類やチンパンジーなど動物の生態に詳しく、人間がいかにしてほかの動物とは大きく異なるような進化を遂げたのかを研究してきました。

そんなダイアモンドが人類史の疑問に迫った本が銃・病原菌・鉄です。ダイアモンドがこの本を書くきっかけになったのが、鳥類の進化を研究するためにニューギニアに滞在した際に現地の政治家から受けたある質問です。

「あなたがた白人は、たくさんのものを発達させてニューギニアに持ち込んだが、私たちニューギニア人には自分たちのものといえるものがほとんどない。それはなぜだろうか」。この問いについて25年間考え続けたというダイアモンドは、なぜヨーロッパ人がアメリカ大陸や

銃・病原菌・鉄（上・下）
1万3000年にわたる
人類史の謎
ジャレド・ダイアモンド
草思社

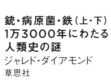

オセアニア、アフリカなどを征服し、先住民を支配できたのか、どうして逆ではなかったのかをテーマに本を書こうと思い立ちました。

とりわけ面白かったのが、銃・病原菌・鉄というタイトルの由来にもなっている第3章のフランシスコ・ピサロによるインカ帝国の征服です。ピサロ率いるたった168人のスペイン軍が何百万人もの臣民を抱える巨大な帝国に侵攻。何千人ものインカ人を殺戮し、皇帝のアタワルパも捕らえて、またたく間に屈服させ、植民地化しました。

一方的な征服の力になったのが、銃と、鉄製の剣や甲冑、そしてヨーロッパから持ち込まれた病原菌です。インカ人は銃を知らず、主な武器はこん棒で、防具も貧弱でした。さらにスペイン軍には、インカ人が見たこともない馬を乗りこなす騎兵もいました。

銃と鉄よりもはるかに恐ろしかったのが、病原菌です。スペイン人と共に、天然痘、インフルエンザ、チフス、ペストなどの伝染病がアメリカ大陸に初めて持ち込まれました。これらの感染症に対する免疫がなかったアメリカ大陸の先住民は、文字通りバタバタ倒れて命を失っていきます。

アタワルパの前のインカ皇帝は2代続けて天然痘で命を落としています。インカより先にスペインのエルナン・コルテスに征服された中央アメリカのアステカ帝国も天然痘の大流行で多くの命を失いました。

ヨーロッパ人が持ち込んだ疫病は短期間に南北アメリカ大陸の先住民の間に広まり、「コロンブスの大陸発見以前の人口の95%を葬り去ってしまった」とダイアモンドは述べます。アメリカ大陸の先住民たちは絶滅の危機に瀕したのです。あまりに多くの人が亡くなり、植民地を運営する労働力が足りなくなったことを受けて、アメリカ大陸の植民地はアフリカ大陸から奴隷を受け入れるようになりました。

同様の悲劇は、ヨーロッパ人が移住したオーストラリアやニュージーランドでも起きました。免疫がない疫病が新たに持ち込まれたことにより、それまで栄えていたアボリジニやマオリといった多くの先住民の命が失われました。

もちろん、銃、鉄、病原菌だけでなく、文字によるコミュニケーションや進んだ政治機構を持っていたことが、ヨーロッパ人がアメリカ大陸やオーストラリアを容易に征服するカギになりました。

狩猟採集型の伝統社会から学べること

『昨日までの世界 文明の源流と人類の未来』は、６００万年におよぶ人類の歴史の大半を占める狩猟採集型の伝統的な社会の謎と本質に迫った本です。ダイアモンドによると、狩猟採集社会から農耕社会への移行が始まったのはわずか1万１０００年前です。「初めて金属器がつくられたのは７０００年ほど前のことであり、初めて国家が成立し、文字が出現したのは、ほんの５４００年ほど前にすぎない」と述べます。

つまり現代的な社会へと発展していった時期は、人間全体の歴史から見れば、ほんの一瞬で

昨日までの世界
文明の源流と人類の未来（上・下）
ジャレド・ダイアモンド
日本経済新聞出版

しかありません。だからこそ「昨日までの世界」ともいえる伝統的な社会を見つめ直し、理解することが大事だとダイアモンドは考えています。「現代社会が伝統的な社会から何を学べるかを知ることができる興味深い本だ」。ゲイツは昨日までの世界をこう評価します。

伝統的な社会の一例として、ダイアモンドが注目するのがニューギニアです。多くの先住民が西洋文明と本格的に接触した時期が比較的最近で、伝統的な社会の痕跡が多く残っているからです。

印象的だったのは、第3章と第4章で取り上げている戦争です。狩猟採集が中心だった時代は、国家や職業軍人が存在せず、大規模な戦争がなかったようなイメージがあります。日本の縄文時代も争いが少ない平和な世界としてしばしば描かれます。

残念ながら、「伝統的な社会が平和だったという説は根拠がない」とダイアモンドは指摘します。例えば、1961年にニューギニア高地でドゥグム・ダニ族の戦闘が起きました。ダニ族の人々がそれぞれ人口5000人程度の2つの部族連合同盟に分かれて戦ったものです。戦闘は数カ月続き、奇襲や待ち伏せ攻撃などにより11人が死亡し、多くの負傷者もでました。さらに、その5年後に起きた虐殺事件では125人が命を落としました。

これは数だけをみると少ないように思えますが、人口比で考えるとかなりの死亡率です。しかも虐殺事件では、大人だけではなく、子どもも犠牲になりました。実は狩猟採集時代の紀元前5000年ごろの南ドイツの墳墓からも、斧などを使って虐殺された数十人の遺体が見つかっています。伝統的な社会にも、明らかに残酷な面が存在します。

一方で、伝統的な社会にはさまざまな良さがあり、学ぶべき点もあります。例えば、子育てです。「伝統的な社会の子育てを研究することにより、われわれ自身の子育ての選択肢も見えてくる」。こうダイアモンドは述べます。

多くの伝統的な社会には「アロペアレンティング（代理養育）」という生物学的な親以外が子どもの面倒をみる養育スタイルがあります。祖父母や親類だけでなく、近所に住む村人同士が協力して子育てするのです。アロペアレンティングにより、子どもは幼い頃から社会性を身につけ、周囲の人と協力して集団に貢献することを学んでいきます。

高齢者は、子守や長年の経験を生かした木の実などの採集、かごや武器などのものづくりで活躍します。現代の欧米社会のように、高齢者を介護施設に送るようなことはもちろんありません。高齢者は若い世代の人から豊富な知識を持つ先輩として尊敬されるケースが目立ちます。「文字体系のない社会ではすべてが人間の記憶頼りとなる。そのような社会では、高齢者は社会の生き字引なのである」とダイアモンドは述べます。

もちろん伝統的な社会には、体が衰えて世話をするのが大変な高齢者を置き去りにするような〝うば捨て山〟的な風習も少なからずあります。狩猟採集民にとっては、食料がある場所まで移動できない高齢者は足手まといになるからです。残酷な風習ですが、集団が生き残るためには仕方がないと見なされます。

伝統的な社会の残虐さと美点の両方を取り上げるこの本は、人間社会の原点と本質に迫る良書といえるでしょう。

危機に人類はどう向き合ってきたのか

一方、個人的危機というレンズを通して、国家の危機を読み解いた本が『危機と人類』です。ダイアモンドがこのアプローチを取るのは、「歴史家以外にとって、個人的危機のほうが馴染み深く理解しやすい」からだといいます。さらに個人的危機を左右する12の要因の多くは、そのまま国家的危機にも応用できる、とダイアモンドは主張します。

12の要因とは①「危機に陥っていると認めること」②「行動を起こすのは自分（自国）であるという責任の受容」③「囲いをつくり、解決が必要な個人（国家）的問題を明確にすること」④「他の人々（国々）やグループからの、物心両面での支援」⑤「他の人々（国々）を問題解決の手本にすること」⑥「自我（ナショナル・アイデンティティ）の強さ」⑦「公正な自己（自国）評価」⑧「過去の危機体験」⑨「忍耐力」⑩「性格（国として）の柔軟性」⑪「個人（国家）の基本的価値観」⑫「個人（地理学）的な制約がないこと」です。

ダイアモンドが取り上げるさまざまな国家的な危機の事例の中で、とりわけ印象的なのが第2章の「フィンランドの対ソ戦争」です。フィンランドは１９３９～40年と、１９４１～44年の2度にわたり、ソ連と戦います。ソ連は巨大な軍事力とフィンランドの50倍の人口を有していましたが、フィンランド人は激しく抵抗し、独立維持に成功しました。

絶望的な状況にもかかわらず、１９３９年、フィンランドはソ連による領土割譲と基地建設

危機と人類
（上・下）
ジャレド・ダイアモンド
日本経済新聞出版

の要求をはねつけ、戦う道を選びます。ソ連と共産主義に対する恐怖がそれだけ大きかったからです。航空機、戦車など近代的な兵器を備えたソ連軍は50万人の兵力を動員し、フィンランドに侵攻しました。一方のフィンランドは全軍で12万人、飛行機も戦車もありません。

にもかかわらず、フィンランド軍は、スキーを使ってゲリラ攻撃しては離脱する戦術や、火炎瓶を投げ込んで戦車を足止めして破壊する戦法、強固な防御陣地を築いて突破を図る敵を効率的に倒すことで、ソ連軍に甚大な被害を与えます。この結果、フィンランド兵の死者1人あたり、ソ連兵8人が死亡するというすさまじい損失差が生じました。さすがのスターリンも停戦に踏み切りますが、講和条件としてフィンランドは第2の都市を失います。

その後、1941年にナチスドイツがソ連に侵攻したことを受け、フィンランドはナチスに付いて、失った領土をいったん取り返します。しかしスターリングラードの攻防戦に勝利したソ連は勢いを盛り返して反攻に出て、再びフィンランドを攻撃します。この際もフィンランド軍は驚くべき勇敢さと巧みな戦術でソ連軍の侵攻を食い止めます。

もちろん長くは防衛できないと分かっていたフィンランド政府はソ連と講和し、領土を一部割譲し、賠償金も支払うことになります。屈辱的な条件でしたが、フィンランドの政治リーダーたちは冷静で、したたかでした。西側諸国からすると卑屈にも見える恭順の姿勢を示し続けることで、ソ連による占領と共産化を逃れたのです。

巧みな外交政策でソ連との良好な関係を維持したフィンランドは、自由主義を守りつつ、質の高い教育に力を注いで優れた労働力を生み出して、経済発展を遂げます。全人口に占めるエンジニアの比率は世界で最も高くなり、科学技術で世界をリードするようになりました。

フィンランドの危機克服は、12の要因のうち②責任の受容、③囲いをつくること、⑥強固なナショナル・アイデンティティ、⑦公正な自己評価など、7項目が当てはまっているとダイアモンドはいいます。

日本の近代化を成功させた「3つの原則」

もう1つ紹介したいのが、第3章「近代日本の起源」です。ダイアモンドは妻の親族が日本人と結婚しており、日本人の友人や知人も多いことで知られています。知日家の人類学者は、近代日本をどう見ているのでしょうか。

ダイアモンドが注目するのは明治維新です。19世紀の日本に大きな衝撃を与えたのは、1853年の黒船来航でした。米国のマシュー・ペリーが4隻の軍艦を率いて来航し、許可なく江戸湾（現東京湾）の入り口の浦賀沖に入り、さらに湾内にも侵入したのです。

黒い煙を吐く、大型の蒸気船を見たことがなかった当時の日本人は度肝を抜かれました。ペリーの目的は大統領の親書を渡すことでしたが、圧倒的な軍事力を見せつけて、江戸幕府を脅し、都合のいい返事を得ようとしたのです。

効果はてきめんで、翌1854年に日本が西洋の国と初めて結ぶ条約となる「日米和親条約」が締結されます。英国、ロシア、オランダもすぐに日本と同様の条約を結び、215年続いた鎖国は終わりを告げます。

無理やり開国させられるという危機に直面した日本は、大混乱に陥ります。外国人を排斥する攘夷論が台頭。外国に対して弱腰の幕府に対する批判も高まり、薩摩や長州を中心に討幕の動きが加速します。そして大政奉還により江戸幕府が滅び、明治維新が起きて新時代が幕を開けます。

欧米列強に侵略されかねない危機を日本はどう乗り越えたのでしょうか？　ダイアモンドは明治政府が採用した3つの原則が優れていたと評価します。

第一の原則は「現実主義」です。指導層には攘夷派だった人物もいましたが、すぐに現実主義が優勢になりました。「今の日本には西洋人を追い払う実力はない。西洋列強の強さの源である火器や政治・社会制度を広範に導入して先に国力を高める必要がある」という考え方です。

第二の原則は、「西洋諸国に強要された不平等条約を改正する」ことを最終目標にしたことです。そのためには、国力を養うだけでなく、西洋式の憲法や法律を備えた、正当な文明国だと欧米の列強に認めさせる必要がありました。

第三の原則は、「外国の手本をそのまま導入するのではなく、日本の状況と価値観にもっとも適合性が高いものを手本としつつ、日本向けに調整する」というものです。海軍は英国、陸軍はドイツ、司法省が民法典を制定する際にはフランスの法学者の助けを借りて最初の草案をつくり、その草案にドイツ民法を参考にした修正を加えました。

「和魂洋才」という言葉が象徴するように、明治政府は、欧米の進んだ学問や技術を取り入れる一方、日本の伝統的な要素も保持する道を選びます。大日本帝国憲法はドイツをモデルにしたものの、天皇家の始祖は神で、1000年以上前から世襲制で継承されているという「万世一系」という言葉が盛り込まれました。国民を束ねるイデオロギーとして、天皇への忠誠心を高め、道徳心や愛国心も高めようとしたのです。

要因⑤の「他の国々を問題解決の手本にする」、⑥「ナショナル・アイデンティティの強さ」、⑦の「公正な自国評価」などを発揮できたことが、日本が危機を乗り越えて大きな発展を遂げるカギになりました。

「公正な自国評価を成功させるには、2つの必要条件がある」とダイアモンドは述べます。1つは苦しくてつらい真実でも、厭わずに直視するという意思で、もう1つは、知識です。明治維新のリーダーたちはこの2つの条件を満たしていましたが、1930年代になると多くの日本軍人は欧米の軍事力に関する直接的な知識を持っていませんでした。

このほかにもチリの軍事クーデターやインドネシアの1965年の危機、ドイツの再建、米国の強みと問題など、さまざまな国家の危機をこの本は取り上げています。いずれの章も、人類史に詳しいダイアモンドならではの深い洞察が光っており、関心がある方はぜひご一読ください。

人類に繁栄をもたらした「交換」と「交易」

ゲイツの人類史に対する関心は尽きることがありません。次に紹介するのは『繁栄――明日を切り拓くための人類10万年史』です。著者のマット・リドレーは英国の貴族（子爵）で、英タイムズ紙にコラムを持ち、科学ジャーナリストとして活躍しています。

本書は、10万年もの人類の歴史を取り上げ、人類がほかの種と何が違ってなぜ繁栄できたのかに迫ったものです。リドレーが描く壮大な物語は、人類が成功できた理由は「商品の交換」にあるというアイデアに基づいています。

この本の冒頭でリドレーが紹介するのは、アダム・スミスが『国富論』で述べた言葉です。

「分業からは実に多くの利益が得られるのだが、そもそもこの分業が始まったのは、それによって世の中全体が豊かになることを人間の叡智が見越してその実現を意図したからではない。それほど広範な恩恵にあずかれるなどとは誰も思っていなかった。分業は、人間の持つ、ある性向のせいで、きわめてゆっくりと、わずかずつではあるが、必然的に達成されたのだ。それは、物と物とを交換するという性向である」

イーロン・マスクの章で触れたように、国富論では、ピンの製造を例に、分業により労働生産性が飛躍的に向上することが紹介されています。そしてスミスは、分業は、物々交換をしようとする人間の性向から発展したと主張しています。国富論に端を発するという意味でリド

繁栄
――明日を切り拓くための
人類10万年史
マット・リドレー
早川書房

レーのアイデアは古典的といえますが、分業と交換を人類の長い歴史に当てはめ直すことで、さまざまな発見がある本になっています。

そもそも人間が物々交換するのはなぜなのでしょうか？　リドレーによると、チンパンジーはある食べ物をほかの種類の食べ物と交換しようとしないそうです。「肉と木の実の交換などありえない」といいます。しかし人間は、肉と魚を交換したり、食べ物を道具や装飾品と交換したりします。

交換により、自分たちが手に入れられなかったり、作れなかったりする価値あるものを他人から得られることは分業化を加速させました。例えば、専門性がある人が作った性能が高い道具は価値があるため、たくさんの食べ物と交換することが可能になります。

「人間は交換によって『分業』を発見した。努力と才能を専門化させ、互いに利益を得るしくみだ」とリドレーは述べます。専門化はイノベーションを促しました。便利な道具を手に入れることができれば時間を節約でき、その時間を自由に使えるからです。

分業による時間の節約が繁栄を生んだ

「繁栄とは端的に言うと節約された時間であり、節約される時間は分業に比例して増える」とリドレーは主張します。人間が消費者として多様化し、生産者として専門化し、多くを交換すればするほど、経済は発展し、人々の生活も豊かになるという考え方です。

商品の交換を大規模化した交易は、古代から多くの国家の繁栄と文明の発展を支えてきました。紀元前15世紀から同8世紀ごろに栄えたフェニキア人は二段櫂の大型ガレー船を建造し、低コストで大量の物資を輸送できる海上交易によって繁栄します。史上初めて、海上輸送による大規模な分業が可能になりました。穀物、ワイン、はちみつ、油、樹脂、香辛料、象牙、皮革、羊毛、布、鉛、鉄、銀、馬、奴隷などが地中海全域で取引される時代が到来したのです。

古代ギリシャやローマ帝国の繁栄も、海上交易というフェニキア人が築いた基盤があったからこそ実現したといえるでしょう。フェニキア人が築いた都市国家のカルタゴは、ローマ帝国と3度にわたるポエニ戦争で死闘を繰り広げたものの、最終的には滅亡します。それでも、フェニキアの遺産ともいえる海上交易は、ローマ帝国の経済的な成功を支えるシステムの一部となり、発展していきます。ローマ帝国はインドとも交易し、ワイン、スズ、鉛、銀、ガラス製品を輸出し、綿布や当時のインド人が中国から仕入れた絹、クジャクなどを輸入していたそうです。

その後は、西ローマ帝国の滅亡と東ローマ（ビザンツ）帝国の衰退により、新たに台頭したイスラム教の国家が貿易の覇権を握ります。そして11世紀ごろになって、ヴェネツィアやジェノバが交易で栄えるようになります。15〜16世紀の大航海時代以降は、新大陸を植民地化したポルトガルやスペインが海上交易で栄え、17世紀になるとオランダ、次に英国が海外植民地を拡大して貿易を活性化させ、繁栄するようになります。中国の漢、唐や宋といった王朝も、貿易によって経済を発展させてきました。

商品の交換＝貿易が活発であればあるほど経済は発展するという観点から、リドレーが批判するのが、中国の明王朝です。「明の皇帝は産業と交易のほとんどを国有化し、塩、鉄、茶、酒、外国交易、そして教育を国家独占事業としただけなく、市民生活にも干渉し、表現を全体主義の観点で検閲した」といいます。官僚機構は肥大化する一方、給料は安かったため、汚職がはびこり、民間交易による経済のダイナミズムも失われたそうです。

15世紀前半には鄭和が大艦隊を率いて7次にわたって航海し、東南アジア、インド、アラビア半島にまで交易ルートを広げましたが、その後、明は内向的になり、大規模な艦隊の派遣はなくなります。貿易を制限し、規制に頼った明はその後衰退し、異民族の侵入をたびたび許し、最後は満州族に滅ぼされます。

この本におけるリドレーのもう1つの重要なアイデアは「合理的な楽観主義」です。人類の歴史を通じて、常に暗い未来予測が存在しましたが、それらは実現しませんでした。人類はさまざまなイノベーションによって困難を乗り越え、寿命、栄養、識字率、富などの点で大幅に改善されたとリドレーは繰り返し主張しています。

ゲイツは「悲観的な見通しを批判し、合理的な楽観主義を唱えるリドレーの姿勢は称賛に値する」と評価しますが、アフリカの開発や気候変動に関する見方に対しては批判的です。

例えば、「リドレーの意見は『アフリカに対する援助は機能しておらず、今後も機能しないだろう』といった一部の研究に寄りすぎている」と指摘します。援助は、マラリアやＡＩＤＳのワクチンを現地で広めるのに役立っているとゲイツは考えています。

さらに気候変動の懸念に対して否定的で、「温室効果ガスの削減に投資すべきではない」とするリドレーの意見にも批判的です。ゲイツは親しい科学者に、繁栄の気候変動について書かれた部分を読んでもらい、意見を求めたそうです。

もちろんリドレーが主張するように、過度の悲観論はしばしば間違っていますが、「バイオテロやパンデミックなどを含めた脅威の可能性と潜在的な影響を最小限に抑えるための措置を講じることは重要だ」とゲイツは述べています。合理的な楽観主義者であっても、現実に起きる可能性がある脅威に対しては、正しく心配し、リスクを検証して、必要な対策を講じるべきだとゲイツは考えています。

科学の歴史上、最も強力かつ危険な概念『遺伝子』

ゲイツの薦める歴史関連の本の中で最後に紹介したいのが、『遺伝子――親密なる人類史』です。19世紀に産声を上げ、20世紀以降に大きな発展を遂げた「遺伝学」がどのように発展してきたのかを取り上げた歴史書です。著者はシッダールタ・ムカジーというがん研究者の医師で、コロンビア大学メディカル・センターの准教授を務めています。

この本はプロローグから心を奪われます。ムカジーの一族の驚くような精神疾患の話から物語は幕を開けるからです。ムカジーの父親は5人兄弟の末っ子でしたが、2人の兄が心の病を患い、若くして命を落としています。別の兄の息子である、ムカジーのいとこも統合失調症と

遺伝子
――親密なる人類史
(上・下)
シッダールタ・ムカジー
早川書房

診断されて精神疾患の患者のための施設に入所しており、「少なくとも二世代にわたり、狂気はムカジーの家系の中に存在している」とムカジーは考えるようになりました。

このため、ムカジーの家族の間では、「遺伝、病気、正常、家族、アイデンティティ」といった会話が頻繁に交わされるようになったそうです。ムカジー自身も、同じ狂気の遺伝子を持っているのではないか、自分の娘も検査を受けるべきだろうかと悩みます。

しかしながら、この精神疾患の家族歴が、腫瘍生物学者であるムカジーが遺伝子の正常と異常に強い関心を持ち、研究に情熱を傾けることにつながります。遺伝子に取りつかれたムカジーは、「科学の歴史上最も強力かつ危険な概念のひとつである『遺伝子』の誕生と、成長と、未来についての物語」を書こうと決意しました。

第一部でまず取り上げるのが〝遺伝学の祖〟とも呼ばれるグレゴール・ヨハン・メンデルです。現在のチェコのブルノにあるブルノ神学大学で学んだメンデルですが、司祭としては散々でした。ドイツ系でチェコ語はたどたどしく、臆病で自信がない人物でした。高校の教師になろうとしますが、試験に落第します。自然科学を学び直すべきだと考えたメンデルは修道院側の助けもあってウィーン大学に入学し、生物学を学びます。

ウィーン大学で2年間学んだ後に、メンデルは教師の採用試験を受け直しますが、再び落第してしまいます。メンデルはショックだったでしょうが、遺伝学にとってはメンデルの不合格は福音でした。

失意の中で、メンデルが始めたのはエンドウを植えることです。34品種のエンドウを近くの農家から調達し、交雑実験を繰り返します。「背の高いものと低いものを交雑させたら、中くらいの背丈のエンドウができるのか」「ふたつの対立する形質（背が高いか、低いか）は融合するのか」といった疑問を、実験によって検証しようとしたのです。

メンデルは1857～64年にかけて交雑実験を繰り返し、膨大なデータを入手しました。2万8000の苗木、4万の花、40万近くの種子を育てた結果、さまざまなパターンが見いだされました。

交雑第一世代では、背の高いものと低いものをかけ合わせると、必ず背が高いものだけが生まれ、種子が丸いものとしわがあるものをかけ合わせると、種子が丸いものだけが生まれることが分かりました。メンデルは親から子へと引き継がれる形質を「優性」、引き継がれない性質を「劣性」と名付けます。

こうしてできた雑種同士をかけ合わせて、メンデルは交雑第二世代をつくります。結果は驚くべきものでした。交雑で生まれた背の高いもの同士をかけ合わせたのにもかかわらず、第二世代では、「低い」形質が完全な形で再出現したのです。「雑種」というのは、実験結果から表に出る優性の形質と、表に現れない劣性の形質の混合物であることにメンデルは気づきます。膨大な調査データを分析することで、メンデルは形質の遺伝を説明するためのモデルをつくることに成功しました。

メンデルとほぼ同時代に活躍したのがチャールズ・ダーウィンです。子どものころから昆虫採集好きだったダーウィンは大人になってからも生物標本の収集に強い関心を持っていました。南米のさまざまな地域を巡り、動物の骨や皮、植物に加えて、絶滅した動物の化石も収集します。ダーウィンはガラパゴス諸島で採集した小鳥の死骸を系統的に分析した際にあることに気づきます。ツグミには2、3種の亜種が存在しましたが、それぞれの特徴は明確に異なっており、どの亜種もある特定の島でしか見つからなかったことです。

さらに13種類のフィンチと呼ばれる鳥やアルマジロなども研究する中で、ある仮説を思いつきます。「すべてのフィンチが共通の祖先の子孫だったとしたら？」というものです。そこから木の枝のように、祖先の幹から次第に枝分かれして、現在の数十の動物になったのではないかと考えるようになります。

そして「（自然選択という）状況のもとでは有利な変異体が生き残り、不利な変異体が死に絶え、その結果、新しい種が形成されるのだ」というアイデアへと発展させ、進化論という新しい理論を構築します。ダーウィンが１８５９年に出版した『種の起源』は瞬く間に注目を浴びるようになりました。

それでも人間がサルに似た祖先から進化した可能性を示唆する衝撃的な理論には「広い空白」を埋める必要がありました。それが「遺伝」という空白です。遺伝のメカニズムを解き明かすヒントはメンデルの「植物の交雑実験」という論文にありましたが、当時はほとんど注目されませんでした。

メンデルの論文が科学者たちによって〝再発見〟され、脚光を浴びるようになったのは20世紀に入ってからです。１９００年になってようやく多くの生物学者がメンデルの理論に注目するようになり、実験によりその正しさが証明され、「遺伝学」へと発展を遂げます。

ヒトラーも魅了された恐るべき学問「優生学」

しかしながら進化論が広がるのと同じタイミングで、恐るべき学問が力を持ち始めます。それが「優生学」です。ダーウィンのいとこであるフランシス・ゴールトンは、1883年に『人間の能力とその発達の研究』という本を出版しました。自然選択のメカニズムを真似て、人類を改良しようとする戦略を描いたものです。

20世紀に入って世界に広がった優生学は恐ろしい方向へ発展していきます。「弱者の選択的な断種（消極的優生学）によって、強者の選択的な繁殖（積極的優生学）を増強して初めて、優生学はうまくいくという考え方だ」。こうムカジーは指摘します。

優生学が急速に広がった2つの国が米国とドイツでした。米国では1920年代から「知的障害」があると鑑定された人を隔離し、手術によって子どもが産めないようにする断種が始まります。インディアナ州では「常習的な犯罪者、白痴、痴愚、レイプ犯」に対して断種を実施する法律が施行され、同様の動きはほかの州でも広がりました。最良の遺伝的特性を持つ赤ちゃんを決める品評会である「赤ちゃんコンテスト」も開催されるようになりました。

ドイツでは「民族衛生」という言葉が生まれます。「個人衛生が身体から汚れや排泄物を日々取り除く作業であるように、民族衛生は遺伝的な汚れを取り除き、その結果、より健康で不純物のない民族をつくり出す作業だった」とムカジーは述べます。

このような優生学者たちの思想に、1920年代に触れたヒトラーはたちまち魅了されます。1933年に政権を握ると「遺伝性疾患子孫防止法（断種法）」を制定。遺伝的疾患のリストが作成され、知的障害、統合失調症、てんかん、うつ病、全盲、ろうあ、奇形が対象に含められました。

その後、ナチスの政策は、断種にとどまらず、安楽死へと発展していきます。まず3歳以下の「障害のある」子どもの殺害に始まり、次に思春期の子ども、大人にまで対象が拡大していきます。安楽死の施設はドイツ中につくられました。このプログラムはベルリンのティーアガルテン通り4番地に本部があったことから「T4作戦」と呼ばれることになります。1941年までにT4作戦により25万人が安楽死させられ、1933〜43年にかけて断種法で40万人が強制的な断種手術を受けました。

ドイツ民族には優れた遺伝子があると信じるナチスは、彼らが〝劣等〟とみなす民族の虐殺にも手を染めます。600万人のユダヤ人と20万人のロマ（ジプシー）、数百万人のソ連やポーランドの市民が大量殺戮の犠牲になったとされています。

日本でも優生学の観点から1940年に「国民優生法」が制定され、戦後の1948年に「優生保護法」へと名前を変え、精神疾患を持つ人やハンセン病の患者の断種手術や人工妊娠中絶が行われていました。1996年になってようやく優生思想に基づく障害者差別にあたる部分が削除され、名称も「母体保護法」に改められました。

〝黒歴史〟も存在する遺伝学ですが、戦後に研究が進み、最近はＩＴの進化に伴い急速な発展を遂げています。遺伝子組み換えされた農産物は、そうでないものと比べて、収穫量が多く、害虫に強いので農薬の使用量が減らせるなどの利点があり、大豆やトウモロコシ、ワタ、キャノーラなどの生産が拡大しました。遺伝子組み換えの医薬品も、ヒトのインスリンや成長ホルモン、Ｂ型肝炎ワクチンから、さまざまな医薬品やワクチンにまで、利用が広がっています。

人間を遺伝子操作で〝改変〟できる未来も

21世紀に入ると、人間の全遺伝子（ゲノム）の解読が完了しました。ゲノム工学は短期間で著しい発展を遂げています。「われわれはヒトのゲノムを意図的かつ永久に変える技術を生み出し、それと同時に、ゲノムをもとにして個人の運命を予測する能力を飛躍的に進歩させた」。こうムカジーは述べています。ゲノム工学は、がんなどの難病の治療に役立つことが期待されています。

人間のゲノムを「読む」ことができ、「書く」こともできる技術が生まれたことは、同時に危険な時代が到来したことを意味します。ゲノム工学で遺伝子を操作することで、人間を改変することが可能になったからです。倫理的な問題が指摘されているものの、中国ではヒト受精卵の遺伝子操作により、病気への耐性、脳機能や認知能力を強化するような「デザイナーベイビー」が誕生したという報道もあります。

ゲイツは、この本の第6部「ポストゲノム：運命と未来の遺伝学」が特に気に入っていると述べています。ゲノム編集の難しい倫理的問題に焦点を当てた素晴らしい内容だと評価しているからです。

「出生前検査で、ゲノム編集を行わない限り、自分の子どものIQが低いことが高い確率で分かったらどうするのか」「子どものIQを非常に高いものに引き上げられるとしたらどうするのか」といった問題が起きることをゲイツは想定しており、「特にこのテクノロジーが裕福な人々だけが利用できる場合、すでに大きな問題となっている不平等を悪化させる可能性がある」と指摘します。

さらに、自閉症スペクトラム障害（ASD）の発生率を劇的に減らすようなゲノム編集が実用化されたら、人類の多様性を危険な方法で減らすことにつながりかねないと懸念します。第二次世界大戦中にナチスドイツのエニグマ暗号の解読に活躍し、ASDだったとされるアラン・チューリングのような天才が将来生まれる可能性も排除されかねないからです。

PART
07

国家論・思想

国家の繁栄と衰退のカギは何か

世界にはなぜ豊かな国と貧しい国があるのか

『国家はなぜ衰退するのか』は国家の繁栄と衰退の理由に迫った本です。古代ローマからマヤ文明、ヴェネツィア共和国、英国、ソビエト連邦、メキシコ、米国など、多様な国を取り上げて、どのような政治的、経済的な制度が、それぞれの繁栄と衰退に影響を与えたのかを考察しています。

著者はマサチューセッツ工科大学（ＭＩＴ）の教授で経済学者のダロン・アセモグルと、シカゴ大学の教授で政治学者のジェイムズ・ロビンソンです。アルメニア系トルコ人で米国籍も持つアセモグルは、２００５年に若手の優秀な経済学者に贈られる「ジョン・ベイツ・クラーク・メダル」を受賞した俊英で、論文の引用数の多さでも知られています。

国家はなぜ衰退するのか（上・下）
ダロン・アセモグル
ジェイムズ・A・ロビンソン
早川書房

「世界にはなぜ豊かな国と貧しい国があるのか」という疑問からこの本は始まっています。第1章の冒頭に登場するのが、米国とメキシコの国境で2つに分断されているノガレスという都市です。もともとはメキシコの1つの都市でしたが、19世紀半ばに米国が購入した土地にノガレスの北半分は含まれていました。

同じ先祖を持ち、同じ物を食べ、同じ音楽を聴き、同じ「文化」を持っていますが、ノガレスの平均的世帯年収は米国側がメキシコ側の3倍もあります。米国側では、ティーンエイジャーの大半が学校に通っており、大半の大人は高校を卒業していますが、メキシコ側はそうではありません。両者の格差は、平均寿命や乳児死亡率、犯罪率でも目立ちます。

韓国と北朝鮮も取り上げ、同じ民族で、もともとは1つの国であったにもかかわらず、「わずか半世紀ほどを経た1990年代末までに、10倍もの経済格差を生み出した」とアセモグルらは指摘します。

格差が生まれる理由を「地理」や「文化」に求める学説も少なくありませんが、このような見方をアセモグルらは否定し、国家の経済制度の違いに注目します。それが「包括的（inclusive）な経済制度」と「収奪的（extractive）な経済制度」です。

包括的な経済制度においては、大多数の人が経済活動に参加でき、安全な私有財産、公平な法体系、公共サービスの提供が保証されています。自由主義的で、新しい企業がビジネスに参入でき、人々が自分のキャリアを選ぶことも可能です。米国や英国、ドイツに加えて、日本も包括的な経済制度の国に当てはまります。

一方の収奪的な経済制度では、一部のエリートに権力と富が集中しています。独裁的な政権とそこに結びついた企業が強い力を持つケースが多く、自由な競争は制限されています。収奪的な制度では、エリートが自分の利益を優先し、国民全体が豊かになることをあまり重視しません。さらに私有財産も守られないことが少なくありません。ロシアや北朝鮮、ペルーやベネズエラなどのラテンアメリカの一部の国もここに含まれます。

2つの経済制度を比較したうえで、アセモグルらは、次のような一般原則があると主張します。「包括的な経済制度は、経済活動、生産性の向上、経済の繁栄を促すのだ。安全な私有財産権が重要なのは、そうした権利を持つ人しか投資しようとか生産性を向上させようなどとは思わないからだ」。

包括的な経済制度であるかどうかが、国家の繁栄と衰退にどのように影響するかをアセモグルらはさまざまな事例を使って説明していきます。

例えば、英国で産業革命が起きた背景には、17世紀半ばから後半に起きた清教徒革命や名誉革命により、国王の権力が制限されたことがありました。「国家が好き勝手に課税したり、個人の権利や財産を取り上げたりできないようになったことが、民間の投資を促進し、イノベーションを加速させることにつながった」といいます。

日本における徳川家の統治も絶対的で収奪的でしたが、ペリー来航を契機に薩摩藩や長州藩などの反対勢力が結集し、明治維新という政治革命が起きます。この結果、包括的な経済制度へと移行し、渋沢栄一や岩崎弥太郎に代表されるさまざまな民間の企業家が台頭し、経済が急速に発展しました。

一方で、「ローマ帝国やヴェネツィア共和国は、包括的な制度による交易などの自由な経済活動を促進して繁栄したものの、次第に収奪的な制度に移行して衰退した」と指摘します。ソ連も共産主義エリートが支配する収奪的な制度が、イノベーションと経済的な発展を阻害しました。持続的な成長を実現できなくなって経済が崩壊し、1991年にソ連は解体されます。

多くの米国の知識人に高く評価されているアセモグルらの国家はなぜ衰退するのかに対するゲイツの評価は辛口です。

「著者の分析は曖昧で単純化されている。政治的および経済的な制度に関する『包括的』対『収奪的』という見方にとらわれて、ほかのすべての要因をほとんど無視している」と批判します。とりわけ、ローマ帝国やヴェネツィア共和国、マヤ文明の衰退に関して、無視すべきではないほかの要因があると指摘します。

さらに独裁的なリーダーが国家の成長につながる正しい選択をする場合もあり、その後、国がより包括的な体制を持つ形に進化する可能性がある、とゲイツは考えています。韓国や台湾、シンガポールがその好例といえるでしょう。

「経済成長は政治システムとは無関係であり、資本主義経済を受け入れることと強く相関している」とゲイツは主張します。例えば、中国は共産主義エリートによる独裁国家で、国民の自由も制限されていますが、資本主義の仕組みを巧みに取り入れて持続的な成長を実現してきました。政治体制にかかわらず、国がインフラ整備や教育改善に力を注ぎ、市場原理に沿った自由主義的な経済政策を採用すれば、成長の可能性は高まります。

私もゲイツの見方に同意しますが、注目すべきポイントが1つあります。それはアセモグルらの意見が米国の知識人に支持される理由です。冒頭の「本書の賛辞」には、ケネス・アロー、ゲイリー・ベッカー、ピーター・ダイアモンド、マイケル・スペンス、ロバート・ソローの5人のノーベル賞経済学者に加えて、『歴史の終わり』で知られる保守派の政治学者のフランシス・フクヤマや歴史学者のスティーブン・ピンカスが名を連ねています。

保守派の知識人たちが、国家はなぜ衰退するのかを推薦するのは、アセモグルらの主張が「米国にとって都合がいい」からです。包括的な経済制度の理想となる国家は、もちろん米国です。だからこそ「個人の自由や私有財産を守り、イノベーションを促進することが国を富ませる。多くの国がこの制度を取り入れることが、世界の繁栄にもつながる」といった主張に、賛同する人が多いのでしょう。

中国の脅威にどう向き合うべきか?

『かつての超大国アメリカ――どこで間違えたのか どうすれば復活できるのか』は、急速な経済発展を遂げ、スーパーパワーとして台頭する中国に、さまざまな課題を抱える米国がどう向き合い、いかにして競争力を高めるべきかについて論じた本です。

グローバル化の動向を分析した『フラット化する世界』がベストセラーになったニューヨー

ク・タイムズのコラムニストでジャーナリストのトーマス・フリードマンと、ジョンズ・ホプキンス大学の国際政治学の教授であるマイケル・マンデルバウムが共同で執筆しました。

この本がまず描くのは急成長する中国の脅威です。巨大なコンベンション・センター、高速列車、高速道路網、空港、高層マンションに象徴される中国のインフラ、高度な科学技術、学生の高い学力などを列挙し、「アメリカの全盛期は去り、中国の全盛期に取って代わられた」という意識が米国中で高まっていると指摘します。

中国の台頭を1980年代の日本に重ねる向きもありますが、「日本は冷戦中に通り抜けた一本の竜巻だった。中国とグローバリゼーションは、冷戦後の世界の海に居座り続けるカテゴリー5のハリケーンだ」とフリードマンらは述べます。

しかし米国が中国のやり方を真似ても仕方がありません。むしろ「アメリカが世界でもっとも活気のある経済や民主主義を打ち立てた〝繁栄の秘訣〟に改めて目を向け、強化すべきだ」と2人の筆者は主張します。

米国の繁栄の秘訣には5本の柱があります。「国民向けの公共教育の充実」「インフラの整備」「移民への門戸開放」「基礎研究・開発への政府の支援」「民間経済活動への必要な規制の実行」です。これらの秘訣は「この20年間、ほとんどあらゆる面で腐り果てるままにほうっておかれた」とフリードマンらは厳しく批判するものの、努力すれば、米国は競争力を取り戻せると述べます。

教育では、新たな価値を生み出す「クリエイター」をもっと育てる必要がある、といいま

かつての超大国アメリカ
――どこで間違えたのか
どうすれば復活できるのか
トーマス・フリードマン
マイケル・マンデルバウム
日本経済新聞出版

す。クリエイターとは、発明家、エンジニアなど非定型的で高度なスキルを持つ人材です。定型的で中程度のスキルが求められるホワイトカラーの仕事は、ＡＩや賃金が低い海外の人材にどんどん奪われていきます。

移民については、２００１年の同時多発テロ以降、厳しくなった規制を見直すことで、再び優れた人材が世界中から集まるようにすべきだと主張します。移民は米国の人口のわずか12％ですが、シリコンバレーのＩＴ産業の52％を起業し、米国の特許の25％以上に貢献しているとのデータもあるそうです。

政府の基礎研究・開発への支援は、米国の医療や航空宇宙、通信・インターネットなどの技術の発展に貢献してきました。今はＥＶや電池を含むクリーンエネルギーへの支援を強化すべきだ、とフリードマンらは主張します。中国に比べて見劣りする老朽化したインフラの刷新も欠かせない、といいます。

この本は〝いい意味〟で愛国的な本です。中国の脅威をやや誇張している印象はあるものの、米国の課題は何で、強みはどこにあるのか、どのような手を打てば復活できるかを、さまざまなファクトを提示して詳細に説明しています。

思い出されるのは、ハーバード大学教授で社会学者だったエズラ・ヴォーゲルが１９７９年に書いた『ジャパン・アズ・ナンバーワン　アメリカへの教訓』です。戦後に日本が高度経済成長を実現できた要因を分析し、米国はそこから学ぶべきだと主張しました。日本人の勤勉でほかの国から学ぼうとする姿勢や、質が高く平等な基礎教育、公正な分配、福祉などを高く評価する内容でした。

「西洋（米国）が東洋（日本）から学ぶべきだ」という主張は物議をかもしましたが、米国の危機感を高めることにつながりました。米国は政府も研究者も民間企業も日本の脅威を現実のものとして受け止めて対策を考えるようになります。さらにトヨタ自動車に象徴される生産性改善の手法を日本から学ぼうというううねりも起きました。

このため中国に対しても同じことが起きていると日本人が思うのは当然です。しかし中国は日本よりもはるかに人口が多く、技術系の人材も豊富で、インパクトがケタ違いです。だからこそフリードマンらは、その脅威を真剣に受け止めて、米国は競争力を高めるべきだと熱心に訴えかけるのでしょう。

「『かつての超大国アメリカ』は素晴らしい本なので、ぜひ読んでほしい。米国の経済的課題に対する答えは過去に見出されるという2人の著者のメッセージにはほぼ同意する」。ゲイツはこの本をこう評価しています。米国がどのような課題を抱えているのかをよく説明しており、何をする必要があるかについて優れた提案をしているからです。

それでもゲイツは米国に限定されない、よりグローバルな視野から物事を見ています。「米国以外の国が成長して繁栄し、貧困から抜け出しているのは米国にとって悪いことではない。他国が繁栄することは、米国にもプラスになる」と述べます。新興国がより豊かで健康になれば、米国の商品やサービスの新しい顧客が生まれ、世界全体がより安定する、とゲイツは信じています。

トランプが人気になる時代にこそ大事な「啓蒙主義」

21世紀の社会で、「啓蒙主義（啓蒙思想）」という言葉を耳にする機会は滅多にありません。デジタル大辞泉によると、啓蒙思想は「ヨーロッパで17世紀末に起こり、18世紀に全盛になった革新的思想。合理的・批判的精神に基づき、伝統的権威や旧来の思想を徹底的に批判し、理性の啓発によって人間生活の進歩・改善を図ろうとした」と紹介されています。

一見すると古くさく思える啓蒙主義が今こそ大事だと主張する本が『21世紀の啓蒙 理性、科学、ヒューマニズム、進歩』です。ハーバード大学の心理学教授である著者のスティーブン・ピンカーは、「理性」「科学」「ヒューマニズム」「進歩」といった「啓蒙主義の理念」を改めて見つめ直さないと、恐ろしい事態が起きると警鐘を鳴らします。

理性に基づき、科学的な見方で物事を捉えるのではなく、根拠のない陰謀論や不運を誰かのせいにするような危険な主張を信じる人が増えているからです。

「トランプ当選の素地をつくった物の見方は、実のところ右派にも左派にも、知識階層にもそれ以外にも幅広く浸透している。世界は悪化しつつあるという悲観論や、現代の諸制度に対するシニシズム、宗教よりも高い目標をどこにも見つけられないといった無力感は、今やどこにでもはびこっている」。こうピンカーは述べます。

理性を磨いて世界を理解するという啓蒙主義の理念は、科学による無知と迷信からの脱却を

21世紀の啓蒙
理性、科学、ヒューマニズム、進歩
（上・下）
スティーブン・ピンカー
草思社

目指していました。17世紀まで、多くの人間は、豪雨や雷、日照り、地震などは神の怒りだと信じており、ヨーロッパでは魔女狩りや異端審問のような非科学的な迫害も当たり前のように行われてきました。科学の発展により、このような迷信的な世界がようやく変化するようになったのです。

啓蒙主義により、宗教に代わる新たな道徳基盤としてヒューマニズムも広がりました。部族や国家、宗教の栄光よりも、個人の幸福を重視する考え方です。ジェレミー・ベンサムが唱えた「最大多数の最大幸福」も個人を基礎単位にしています。そして個々の人間が持つ、喜んだり苦しんだりできる能力が、他者への「共感」につながり、家族、部族からやがて人類全体へと広がり、「コスモポリタニズム（世界市民主義）」に発展します。ヒューマニズムが発展して、奴隷制度や残虐な刑罰が廃止されるなど、社会も進歩するようになりました。

啓蒙主義の発展により、呪術的な世界観と決別したはずの人類ですが、最近になって「反啓蒙主義」ともいえる動きが目立つようになったとピンカーは指摘します。「2010年代になって啓蒙主義の理念をあからさまに否定するポピュリスト運動も台頭した。この運動を繰り広げる人々は、コスモポリタニズムより部族主義、民主主義よりも権威主義を掲げ、知識を尊重することなく、専門家を蔑視し、よりよい未来を期待するより素朴な昔を懐かしむ」。

一番大事なのは集合体の栄光であり、人間はそれを形成する使い捨ての一細胞にすぎないというナショナリズムに象徴される思想も改めて勢いを増しています。自分たちの国家（民族）さえよければ、ほかの国（民族）はどうなってもいいといった独善的な考え方は、ヒューマニズムとは相いれません。

だからこそ理性的で科学的な啓蒙主義の理念に今こそ立ち返るべきだとピンカーは主張します。メディアが頻繁に報じる「世界が悪くなっている」ように思える悲観的なニュースを信じこむのではなく、「数字」をベースに物事を科学的に検証すると、事実と異なることがしばしばあるからです。

ピンカーはさまざまな統計を示して、世界が目を見張るような進歩を遂げているという現実を明らかにします。この部分は『ファクトフルネス』などが取り上げている内容と重なるため詳細は省きますが、世界の大半の国で、平均寿命は大幅に伸び、乳児死亡率は低下し、妊産婦死亡率も低下しています。世界人口が増えても食糧事情は改善しており、飢餓による死者数は劇的に減っています。

もちろん20世紀を振り返ると、大規模な飢餓が発生したこともありました。合計すると約7000万人が死亡しており、「その8割は共産主義が招いた」とピンカーは指摘します。旧ソ連の集団農場化やスターリンがウクライナで起こした計画的な大飢饉、毛沢東の「大躍進政策」、カンボジアのポル・ポトの圧政、北朝鮮の独裁体制下で起きた大飢饉などがありましたが、1990年代以降は多くの国で必要な食料がいきわたるようになりました。

最近では、中国や東南アジア、東欧、アフリカの国々でも経済の急速な発展が目立つようになりました。国民が豊かになり、海外旅行も当たり前になって、中国人やタイ人の観光客が「日本は何でも安い」と爆買いするような時代です。多くの国で富が増大し、貧困が減ったのは間違いないでしょう。

さらに、ピンカーは過去と比べると世界は平和になっており、環境問題も解決することが可能だと主張します。ＳＤＧｓ（持続可能な開発目標）の考え方が受容され、外国人への偏見や女性差別や同性愛差別が減り、児童労働も減少しています。

21世紀の啓蒙をゲイツは高く評価しています。「世界が良くなっている理由を強力に説明している。最も興味深いのは、進歩の各尺度を探求する15の章だ。一次情報を深く掘り下げて、予想外の進歩の兆候を引き出すピンカーの書き方は素晴らしい」。

ただ、ＡＩ（人工知能）とロボットに関するピンカーの見方は少し楽観的すぎる、と指摘します。ゲイツは、ＡＩロボットが人類を絶滅させようとする映画『ターミネーター』のような危険に人類がさらされているとは思っていませんが、「その恐怖の根底にある疑問、つまりロボットをコントロールしているのは誰かという疑問は妥当なものだ。ある時点で、誰がＡＩをコントロールするかは重要な問題になるだろう」と述べています。

PART 08

人物

世界を変えた巨人たちの生きざま

3度の失脚を乗り越え、中国の未来を変えた鄧小平

１人の人間が国家の運命をここまで大きく変えた例は歴史を見渡しても数えるほどしかないでしょう。鄧小平《とうしょうへい》。１９７８～89年まで中国の最高指導者を務めた人物です。１９７０年代の中国は貧しい国でしたが、鄧の下で改革開放を推し進め、世界的な経済大国へと発展する道が開かれました。

そんな鄧の伝記が『現代中国の父 鄧小平』です。著者はハーバード大学の社会学教授だったエズラ・ヴォーゲルで『ジャパン・アズ・ナンバーワン』でも知られています。日本の経済大国としての発展とその構造を早い時期に関心を持って分析したヴォーゲルは、アジアの次の変化を理解するうえで最も役立つのは中国についての本を書くことだと考えました。

現代中国の父
鄧小平
（上・下）
エズラ・F・ヴォーゲル
日本経済新聞出版

さまざまな人の意見を聞いたうえで、鄧に焦点を絞ろうと考えたのは「現代中国の軌道に最も影響を与えた人物だった」と感じたからだそうです。執筆に10年を費やしたというこの本は、鄧という人物に深く迫った大著で、言論に制約がある中国でも出版を許されてベストセラーになりました。

鄧の苦難に満ちた人生は壮絶で、読む人の心を打ちます。今は栄光ばかりが語られていますが、3度の失脚を経験しており、1966年に始まった文化大革命時代には資本主義に走る「走資派」と批判され、すべての役職を奪われます。地方に追放され、トラクター工場で働かせられるという屈辱も味わいました。本人だけでなく子どもたちも厳しい批判と攻撃にさらされ、鄧の息子は下半身麻痺になりました。しかしそんな逆境を乗り越えて鄧は権力の座に返り咲き、中国の最高指導者になります。

そもそも鄧は、どのような人物だったのでしょうか。

1904年に四川省の地主の家庭で生まれた鄧は、5歳の頃から儒学教育を受けており、幼少期から優秀でした。県に一校しかなかった高等小学校に入学し、初等中学校にも進学します。早熟だった鄧はわずか14歳で、1919年に起きた「五・四運動」と呼ばれる日本の帝国主義に反対する運動の一環として展開されたデモに参加しています。

ちょうどその頃、第一次世界大戦で労働力が不足したフランスに、中国人の若者を派遣して、働きながら学んでもらう「勤工倹学」というプログラムが始まっていました。鄧は重慶に設立された留学準備のための予科校に合格し、16歳でフランスへと旅立ちます。

1920年に鄧はフランスに到着しますが、すでに戦争は終わっており、生き残ったフランス人青年が職場復帰していました。中国人がフランスで仕事を見つけるのは難しく、しかもインフレも進む中、四川省の派遣元の基金は資金不足に陥り、到着からわずか3カ月でプログラムが続けられなくなります。

鄧はいくつかの工場を転々とし、やっとこを使って鉄の塊を引き出したり、造花を作ったり、ゴムの靴底を作ったりするなどして働きます。しかし重労働の仕事が多い一方、中国人に支払われる給料は少なく、なかなかお金が貯まりません。働きながら大学への入学を目指した鄧ですが、資金不足で、進学を断念することになります。

フランスで共産党に入党するも、ソ連に逃亡

先が見えない状況下で、鄧はフランスにいる中国共産党の下部組織のメンバーが始めた勉強会に参加するようになります。そこで出会ったのが後に中華人民共和国の初代首相になる周恩《しゅうおん》来《らい》です。周の下で、鄧はグループが発行する共産主義思想を宣伝する雑誌の印刷などで活躍します。

そして1924年に鄧は、正式に共産党に入党しました。熱意と能力を認められてリヨンの党組織のトップに就任。抑圧的な中国政府に協力するフランスに対する抗議デモを展開します。しかしフランス政府による取り締まりが厳しくなり、鄧はソ連に逃亡することを決めま

す。1926年にモスクワに到着した鄧は、マルクス、レーニンらの著作や史的唯物論など共産主義の思想や理論を教えるモスクワ中山大学（編集注：中国革命の父、孫文の号である中山にちなんで名付けられた）で学びます。

　1927年に中国に戻った鄧は、毛沢東《もうたくとう》と出会い、党内で次第に存在感を高めていきます。抗日戦争を戦った後に始まった国民党との戦い（国共内戦）では、多くの死傷者を出しながらも部隊を前進させて支配エリアを拡大し、共産党の勝利に貢献します。

　1949年に中華人民共和国が成立し、社会主義国家の建設が始まると、鄧は毛の信頼を得て、次第に重責を担うようになります。1956年以降は、党中央書記処の総書記として、対外関係において最も重要だった他国の共産党との連携を担当します。毛に付き添ってソ連を訪問し、共産主義の偉大な理論家とされていたミハイル・ススロフと激論を戦わせるなどして、毛からの信頼を一層高めました。

　毛の忠実な側近として、党に批判的な約55万人の知識人を攻撃した「反右派闘争」や経済と社会を短期間で改造しようとした「大躍進政策」を指導します。反右派闘争は、科学技術に詳しい中国の優れた頭脳を破滅させ、大躍進政策は、土で作った小さな釜で質の悪い鉄を生産する手法に象徴される非科学的なアプローチが失敗し、1600万人以上が餓死する悲惨な結果を招いたとされます。

　大躍進政策の失敗が明らかになる中で、毛の求心力は揺らぎます。国家主席だった劉少奇《りゅうしょうき》と鄧は、改革が不可欠と考えて、経済を再生するためのさまざまな取り組みを始めました。しかし自分の言うことに耳を傾けなくなった部下たちにいらだちを募らせた毛は、自分の革命的な見方を支持しない幹部を一掃しようとします。

文化大革命で味わった苦難

そして1966年に「文化大革命」が始まります。毛の指導力に完全に従わない人間に「資本主義の道を歩む実権派（走資派）」というレッテルを貼り、多数の上級幹部を指導的な地位から追放し、農村での肉体労働や再教育に送り出しました。『毛主席語録』を掲げた、紅衛兵と呼ばれる若者たちが、実権派や反革命分子と見なす地主や知識人を攻撃しました。

一番のターゲットになったのは国家主席の劉です。大躍進政策が失敗し、大飢饉が起きた後の1962年に開かれた会議で、劉から批判されたことを毛は忘れていませんでした。劉と鄧が大躍進政策で落ち込んだ経済を立て直すために、市場主義を取り入れた経済政策を実施したことなどが批判されたのです。2人は恐るべき集中砲火を浴びることになります。

「毛沢東の攻撃はしつこく、激しいものだった。1966年の末以降、毎日毎日、何カ月もの間、メディアは劉少奇と鄧小平に関する批判を展開し続けた。劉は監禁され、必要な治療も受けられず、家族にもみとられず、妻が別の牢獄でうなだれている間に死んだ」とヴォーゲルは述べます。

同じく階級の敵とされた鄧と妻も自宅に軟禁され、家の外に追い出された子どもたちの消息は、2年間もわからなくなります。鄧の子どもたちは紅衛兵の迫害を受け、労働に従事させられるために農村へと送られました。

1969年になると鄧と妻も江西省の南昌に送られ、肉体労働に従事しながら毛沢東思想の再教育を受けることになります。鄧夫婦はトラクターの修理工場で機械工として働き、菜園でも働くことになります。毛は、極左派の暴力から守るために鄧を軍の宿舎に住まわせるなどの一定の配慮はしましたが、総書記として活躍した頃とは打って変わったみじめな監禁生活が続きました。

文革により、鄧が溺愛した一番下の息子は、極左派の攻撃を受けて、高所の窓から転落し、脊椎を損傷します。それでも病院は批判の対象となっている人間を治療したがらず、ようやく人民病院に運び込まれたときには脊椎が砕け胸椎も骨折しており、3日間も生死の境をさまよいました。その結果、排泄機能も制御できないような重度の麻痺障害が残ることになります。

後に中国の最高指導者となる人物とその家族が、文革でここまで残酷な扱いを受けていたのはショックです。しかし鄧は苦難の日々を、驚くべき忍耐力で乗り越えます。情勢の変化を見極めつつ、毛にアピールする手紙を書き、再び共産党のために働きたいという意志を伝えます。

ようやく鄧が北京に呼び戻されたのは1973年になってからです。6年ぶりに毛との面会を許され、鄧は副総理に任命されます。総理の周とともに鄧は海外の要人と会えるようになります。

1971年のニクソン訪中以降、周は米国との対話を続けてきました。73年には米国務長官だったヘンリー・キッシンジャーが訪中し、何十時間も議論します。しかしその報告を聞いた毛は、米国の意見に譲歩するような周の姿勢に不満を覚えます。そして今度は周への激しい批判が始まります。

周に代わって米国との交渉を任されたのが鄧でした。1974年には国連総会で演説を行う中国代表にも任命され、国際的な注目を集めます。鄧の演説は大成功で、多くの国の指導者とも個別に会談を持ちます。1975年になると、がんに冒されていた周は、事実上の引退を迫られ、代わりに鄧が実権を握ることになります。

鄧は毛の意見に配慮しながらも、矢継ぎ早に改革を進めていきます。人民解放軍の総参謀長に任命されると、財政を圧迫していた軍の規模縮小に乗り出します。鉄道の輸送能力を強化し、石炭・鉄鋼産業の拡大、中国の科学機関の再建にも取り組みます。このような改革は徐々に実を結ぶようになります。

しかし改革を急ぐ鄧に、毛は自分を完全に支持していないという疑念を抱き、文化大革命が基本的に正しかったと認めるように迫ります。再び批判を受け、失脚することを覚悟した鄧ですが、圧力に屈しませんでした。譲歩していれば、地位は守れたかもしれませんが、あえてそうしなかったのです。

「鄧が文化大革命の政策を肯定するなら、これまで起こってきた改革もほとんど元に戻さなければならない。これまでの間違った政策を支持したことが記録に残るため、自分が必要と考えていたことも実行できなくなると考えたのだろう」とヴォーゲルは指摘します。

１９７６年1月に、鄧は辞表を提出し、再び失脚します。その直前には周が死去していました。同年4月になって周と鄧を支持する多数の人が北京の天安門広場に集まりますが、鎮圧されます。そして鄧はすべての職位から解任されてしまいました。

しかし76年9月に毛が心臓発作で亡くなります。絶対権力者がいなくなると必ず起きるのが権力闘争です。まず周を引き継いで総理となった華国鋒《かこくほう》らによって、毛沢東の夫人だった江青ら四人組と呼ばれた幹部は逮捕され、失脚します。

経済の自由化を進め、中国が発展する道を開く

１９７７年になって鄧は再び復活を果たします。華は外交経験がなく、リーダーとしては力不足だったこともあり、１９７８年に鄧は中国の最高指導者になり、ようやくその優れた手腕を発揮できる時代が到来しました。

鄧は、日本や米国に自ら足を運び、製鉄所や自動車などの工場や農業の現場を視察し、共産主義を守りながらも、西側世界から優れた技術や仕組みを取り入れることで、中国を発展させようとします。

１９７８年に日本を訪れた鄧は、驚くほど温かな歓迎を受けました。日中平和友好条約の批准書を交換しただけでなく、最新鋭の自動車や電子機器の工場や製鉄所を見学、天皇陛下と昼食をともにし、新幹線に乗って京都や大阪も訪れます。

とりわけ日本人の心を打ったのは、鄧が明らかな日本への好意と敬意を示し、自国の政策について自信を持って語りつつも、中国の欠点を認める率直さも持ち合わせていたことです。当時の日本の政治家やビジネスリーダーの多くは、戦時中に日本が中国でどれだけひどいことをしてきたかをよく知っており、謝罪や反省の気持ちを持っていました。

鄧は、このような事情をよく理解したうえで、「反省」や「不幸な出来事」といった婉曲的な言葉を日本人なりの謝罪として受け取り、未来志向の関係を築こうとします。その姿勢が日本の政財界のリーダーたちを感動させました。この結果、最先端の製鋼所や、テレビ工場が日本企業の支援により中国に建設されます。

「白い猫でも黒い猫でもねずみを捕まえてくるのはよい猫だ」という鄧の言葉は有名です。徹底した現実主義で、西側世界からの援助を引き出し、最新の技術を取り入れて、遅れていた中国経済を発展させようと考えたのです。鄧は米国も訪問し、当時のジミー・カーター政権から熱烈な歓迎を受けました。

共産主義を守りながら、自由主義、資本主義からよいものを取り入れるという路線は、鄧の権力が拡大するのに伴い、一層鮮明になります。それは大変難しく、リスクもある政策でした。かつて走資派と批判されたように、共産主義の偉大な犠牲を否定しているように捉えられかねなかったからです。しかし鄧は、毛を全面否定せず、華を尊重し、軍部も掌握するという老練な手腕により、自身の権力を巧みに維持・拡大していきます。

鄧のリーダーシップのもとで中国の改革・開放路線は後戻りすることのない長期的な政策と

して確立し、経済発展へとつながっていきます。鄧は90歳が近づいた1992年にも、深圳や武漢、上海など各地を視察して、経済の改革・開放の重要性を訴えた「南巡講話」を打ち出しました。1989年に民主化の動きを弾圧した天安門事件は汚点とされますが、現代中国の発展への寄与が極めて大きい人物といえるでしょう。

「毛沢東以降の現代中国についての本を1冊選ぶなら、この本を読むべきだ」とゲイツは現代中国の父 鄧小平を高く評価しています。鄧の功績は、「天安門広場で学生の抗議行動を阻止するために取った残忍なアプローチと切り離すことはできないものの、経済改革は何百万もの人々の生活を改善した」と述べています。

世界的な金融危機と戦ったFRBのバーナンキ

2007～2008年にかけて起きた世界的な金融危機に、米国の中央銀行に当たるFRB（米連邦準備制度理事会）のベン・バーナンキらがどのように立ち向かったのかを描いた本が『バーナンキは正しかったか？ FRBの真相』です。筆者のデイビッド・ウェッセルはピュリツァー賞を二度受賞したウォール・ストリート・ジャーナルの敏腕ジャーナリストです。

この本を読むとよく分かるのが、日本人が使っている「リーマン・ショック」は、危機を矮小化しかねない、誤解を招くような言葉であることです。日本では2008年秋に米投資銀行大手のリーマン・ブラザーズが破綻したことに焦点が当たりがちですが、金融危機の実態は

バーナンキは正しかったか？
FRBの真相
デイビッド・ウェッセル
朝日新聞出版

もっと連鎖的ではるかに広範囲にわたるものでした。

簡単にその流れを説明します。2007年に米国でサブプライム住宅ローン危機が顕在化し、その後に住宅ローン関連の投資が目立っていた米投資銀行のベア・スターンズが経営危機に直面していることが明らかになります。2008年3月にベア・スターンズは破綻し、FRBの支援を受けて、同業のJPモルガン・チェースにより救済されることになります。

米国の住宅金融専門機関である連邦住宅抵当公庫（ファニーメイ）と連邦住宅金融抵当公庫（フレディーマック）も破綻状態にあり、政府が2000億ドル（約29兆円）という巨費を投じて国有化します。

その流れの中で起きたのが、リーマンの破綻です。ベア・スターンズの救済が税金の無駄遣いと批判される中、バーナンキ率いるFRBはリーマンを救済しないことを決めました。その事実が公表されると株価は大暴落し、信用不安が野火のように広がります。住宅ローン関連に多額の投資をしていた会社は多数あり、巨大な金融機関が相次いで倒産する懸念が高まり、市場がパニック状態に陥ったからです。

リーマン破綻に対する恐ろしい市場の反応を見たバーナンキは、米保険大手アメリカン・インターナショナル・グループ（AIG）の救済に動きます。850億ドル（約12兆円）を緊急融資して、AIGを国有化します。しかしシティ・グループなど危機に瀕している金融機関は後を絶ちませんでした。「次はどこか」という疑心暗鬼が市場に広がります。

狼狽した投資家は米国のMMF（マネー・マーケット・ファンド）から1440億ドル（約20兆円）

を引き出します。電子的な取り付け騒ぎが起きたような状態になり、「信用市場が完全なメルトダウンに近づいている」と認識したバーナンキと財務長官のヘンリー・ポールソンは、米下院議長だったナンシー・ペロシと会談し、7000億ドル（約100兆円）の救済プログラムの実施を要求します。

このプログラムが含まれる「緊急経済安定化法」は下院でいったん否決されたため、市場はさらに動揺し、ダウ工業株平均、ナスダック総合指数は底が抜けたような大暴落となり、世界各国の株式市場も崩壊します。その後、同法案はなんとか下院を通過しますが、世界経済の大混乱は収まりませんでした。

世界経済が破滅しかねない絶体絶命の危機にあって、バーナンキは、ポールソンや、ニューヨーク連銀のトップだったティモシー・ガイトナーらと協力し、週末や深夜にも会議を開いて、緊急対策を次々と繰り出していきます。

バーナンキらの対策は前例のないものであり、従来のFRBの権限を大幅に超えたタブーなきものでした。例えば、ベア・スターンズは、FRBが普段監督している銀行ではなく、SEC（米証券取引委員会）が監督する証券会社（投資銀行）です。それでも金融危機に対処するために、平時なら越権行為となることも辞さない「ルビコン川を渡るような方針転換」を決断しました。

そしてバーナンキは金融危機を乗り越えるためには、「必要なことは何でもやる」と宣言します。ベア・スターンズ救済は、そのために踏み込んだ最初の一手であり、文字通りあらゆる打ち手を実行していきます。巨額の国費を投じたファニーメイやＡＩＧなどの救済も、平時では考えられないものでした。

「何でもやる」の象徴といえるのが、「ヘリコプター・マネー」とも呼ばれる、空から現金をばらまくような大量のマネーを市中に供給する政策です。財政赤字を、国債発行ではなく、通貨発行でまかなうような財政ファイナンスに踏み切ります。さらに金利を短期間で大幅に引き下げて、事実上のゼロ金利政策も実施しました。これらの前例のない政策は強い批判を浴びます。「ヘリコプター・ベン」と揶揄され、ゼロ金利の継続はハイパーインフレを招きかねないと糾弾されましたが、バーナンキは揺らぎませんでした。

なぜバーナンキはここまで大胆な危機対応に踏み切ったのでしょうか？　それは彼自身が経済学者として１９８０年代から大恐慌の原因を研究しており、信用崩壊を断固として食い止めることが必要だと考えていたからです。バーナンキは大恐慌を研究した『大恐慌論（Essays on the Great Depression）』を２００４年に出版しています。

〝大恐慌オタク〟だったからできたこと

〝大恐慌オタク〟を自認するバーナンキは、かつてミルトン・フリードマン（経済学者）らも主張したように「貨幣供給の収縮」が大恐慌の長期化を招いたと考えていました。だからこそマネーの無制限にも思える供給を実施したのです。

さらに「信用」という貨幣供給以外の要因も大恐慌が起きた一因だったと考えていました。恐れていた信用メルトダウンがリーマン破綻後に起きつつあったので、あらゆる手段を使って大手金融機関を救済し、信用回復に力を注ぎました。

この本のタイトルにあるように、バーナンキは本当に正しかったのでしょうか？　もちろんさまざまな判断の誤りはありました。２００６年にＦＲＢ議長に就任してすぐにもっとすばやく行動すべきだった、リーマンは破綻させずに救済すべきだったといった指摘をする人は少なくありません。

それでもリーマン破綻後のバーナンキらの行動は迅速で、パニックの中で信用不安を解消するため、矢継ぎ早に大胆な政策を打ち出しました。「バーナンキが大恐慌の研究を行っていなかったとしたら、どうなっていただろうか？」「第二の大恐慌を防ぐために必要なことは何でもやろうと、彼が腹をくくっていなかったとしたら、どうなっていただろうか？」。筆者のウェッセルはこう問いかけます。これらの問いは答えやすいもので、そうでなかったなら、景気はもっと悪くなり、破滅的な結果を経済にもたらした可能性があります。

「この本の著者は（金融危機の際に）バーナンキがどのように行動したのか。そしてＦＲＢが実際に取った措置がいかに斬新であったかを非常にうまく説明している」。ゲイツはこの本を高く評価しています。

危機に立ち向かったもう１人の闘士、ガイトナー

２００７～08年に起きた金融危機にバーナンキとともに立ち向かったのが、ティモシー・ガイトナーです。ガイトナーは２００３～09年にかけてニューヨーク連銀の総裁を務め、２００９～13年に米国の財務長官を務めました。そんなガイトナーの著書が『ガイトナー回顧録――金融危機の真相』です。

ガイトナーも世界的な金融危機に向き合い、正面から闘ったという強い自負心を持っています。その無二の盟友がバーナンキでした。「この戦争をずっと戦った主な戦闘員は、私を除けば、連銀に勤務していたころも財務長官になってからももっとも親しい同僚だったベン・バーナンキだけだ」とガイトナーは述べています。

米国と世界にとって幸運だったのは、バーナンキが大恐慌を研究しており、ガイトナーは過去に起きた複数の金融危機への対応を経験していたことです。ガイトナーは米財務省と国際通貨基金（ＩＭＦ）に在籍し、１９９４～95年のメキシコの通貨危機、１９９７年のアジア通貨危機、１９９８年のロングターム・キャピタル・マネジメント（ＬＴＣＭ）破綻などを経験していました。

このようなキャリアを経て、ガイトナーは２００３年にニューヨーク連銀総裁に就任します。興味深いのは、就任当初からガイトナーが、ＦＲＢの管轄外でセイフティーネットも適用

ガイトナー回顧録
――金融危機の真相
ティモシー・F・ガイトナー
日本経済新聞出版

されない「シャドーバンク」や「ノンバンク」は危険だと考えていたことです。投資銀行や住宅金融専門会社のファニーメイやフレディーマックなどが含まれています。「全体として見ると、アメリカの金融債務の半分以上が、ＦＲＢの目がじかに届かない、銀行の外に移動していた」とガイトナーは述べています。

このようなリスクを懸念した米国の金融当局はファニーメイやフレディーマックに厳しい規制を課しましたが、不十分でした。両社は、低利のレバレッジ（てこの原理）を使って金融商品を大量に買い入れていましたが、それを規制しなかったからです。「両社とも議会に超党派の絶大な影響力があったので改革は難しかったが、やるべきだった」とガイトナーは当時を振り返ってこう悔やみます。

２００７年夏になるとサブプライム・ローン問題が顕在化し、同市場の崩壊が明らかになります。金融危機は目の前に迫っていましたが、「私たちは、世界的金融危機の過酷などん底も、金融システムの問題と経済全体の問題が共振して悪化する循環も、予想できなかった」とガイトナーは率直に反省します。

地獄の釜の蓋が開き、すでに述べたような連鎖的な危機が襲いかかりますが、ガイトナーはバーナンキらと協力して、毅然と立ち向かいます。ガイトナー回顧録を読むと、それは〝モグラたたき〟のようで、次から次へと金融機関に深刻な問題が見つかったことがうかがえます。ギリギリの状況でのガイトナーとバーナンキらのやりとりは緊迫感があり、危機下で大きな決断を迅速に下すには、強い意志と行動力が求められることがよく分かります。

リーマン破綻とその後の対応についてはすでに触れたので割愛しますが、ガイトナーは２００９年のバラク・オバマ政権の発足に伴い、財務長官に任命されます。ＦＲＢを率いるバーナンキと引き続き力を合わせて、金融危機後の経済のかじ取りに奔走します。バーナンキは２０１０年にＦＲＢ議長に再任されました。ガイトナーの財務長官就任とバーナンキの再任には反対も多かったのですが、当時大統領だったオバマは２人を手腕を高く評価していたといえるでしょう。

今から振り返ってみると、タブーを恐れずに「何でもやる」というバーナンキらの方針は、金融危機のショックを短期間で乗り越える力になりました。信用不安は払拭され、雇用も回復し、２０１０年から米国経済は急回復を遂げます。もちろん7年続いた事実上のゼロ金利政策と借金漬けが当たり前になって財政規律が著しく低下したことについては、さまざまな批判があります。それでも恐るべき金融危機をあらゆる手段を総動員して乗り越えたという意味で、バーナンキとガイトナーらは、一定の評価をされてしかるべきでしょう。

米著名投資家のウォーレン・バフェットは２０１３年に、バーナンキが「5年前のパニック以来、すばらしい仕事をしてきた」と評価し、任期満了時に「私なら彼を再指名するだろう」とテレビのインタビューで語っていました。バーナンキは２０２２年にノーベル経済学賞を受賞しました。

この本を読んだゲイツは、「ガイトナーとＦＲＢや財務省で働く彼の仲間が、世界経済が断崖から転落するのを防いだことは称賛に値する。米国も世界も壊滅的な不況に見舞われる可能性があったからだ。しかも金融機関の救済は米国の納税者にかなりの利益をもたらした」と評価しています。危機の際に金融機関を救うために注入された公的資金は、多くのケースで予定よりも早く返済され、米政府に利益をもたらしました。

レオナルド・ダ・ヴィンチとは何者だったのか？

人類の歴史に燦然と輝く天才がレオナルド・ダ・ヴィンチです。名画「モナリザ」や「最後の晩餐」はあまりに有名ですが、彼は傑出した〝マルチタレント〟でした。興味の範囲は実に幅広く、解剖、化石、鳥類、心臓、飛行装置、光学、植物学、地質学、水の流れや兵器といった分野で独創的な研究に打ち込みました。

ダ・ヴィンチの伝記『レオナルド・ダ・ヴィンチ』を著したのが、ウォルター・アイザックソンです。スティーブ・ジョブズやアインシュタインの伝記でも知られるアイザックソンがダ・ヴィンチを取り上げたのは、伝記作家として一貫して追い求めてきたテーマを一番体現する人物だと考えたからです。

「芸術と科学、人文学と技術といった異なる領域を結びつける能力こそが、イノベーション、イマジネーション、そして非凡なひらめきのカギとなる」。こうアイザックソンは述べます。別のパートでも触れたように、ジョブズは文系と理系の間に立ち、アートとテクノロジーを結びつけた人物でした。

レオナルド・ダ・ヴィンチ（上・下）
ウォルター・アイザックソン
文藝春秋

ダ・ヴィンチはジョブズのヒーローで、「レオナルドは芸術とテクノロジーの両方に美を見いだし、二つを結びつける能力によって天才となった」とジョブズは語っていたそうです。夢想家のようなイメージもあるダ・ヴィンチですが、非常に科学的で、観察や実験を重ねることによって得た知識を生かして芸術作品を生み出していました。

アイザックソンは、奇跡的に現在まで残された7200ページも及ぶダ・ヴィンチの膨大なノートを出発点に、ダ・ヴィンチの実像に迫ります。そこには数学の計算式から、水の流れ、頭蓋骨、血管、心臓、鳥、飛行装置、植物、目と光学など、驚くほど多彩なテーマが取り上げられ、スケッチと細かな文字で埋め尽くされています。

ダ・ヴィンチはまさに好奇心の塊のような人物で、偏執的な関心を持って、生物や自然の根本的な原理に迫ろうとしていたことがうかがえます。このような観察や実験の成果は、もちろんダ・ヴィンチが生み出した芸術作品に生かされています。モナリザでは自然なほほ笑みを描き、最後の晩餐では遠近法や明暗法を駆使していました。

ダ・ヴィンチは非嫡出子でしたが、実はそれは幸運だったとアイザックソンは指摘します。そうでなければ、五代前までの一族の嫡男がそうであったように、公証人になる可能性が高かったからです。正規の教育を受けられませんでしたが、逆に型にはまらない発想で、「独学」で経験と実践を重んじる生き方を身につけていきます。

14歳になると芸術家で技術者でもあるアンドレア・デル・ヴェロッキオという親方の工房に弟子入りします。当時のフィレンツェはメディチ家の支配により、芸術の都として繁栄しており、この工房でも宝飾品、彫像、絵画、家具までさまざまな作品を手がけていました。ここでダ・ヴィンチは、スケッチや幾何学などのスキルを身につけ、親方を驚愕させるような才能を発揮するようになります。

観察や解剖により生物の特徴を深く理解したダ・ヴィンチは、当時としては群を抜くレベルの写実的な絵画を描く能力を身につけます。遠近法や明暗法など、絵を描く際の方法論も発展させました。さらに内なる感情の動きを外形的に表現することにも挑戦します。

「描かれた動きは、人間の心理状態に合致しなければならない。人間の動きや体勢は、真の心の状態をそのまま映すこと。動作は心の動きを表すこと」というメモを、ダ・ヴィンチは残しています。脳を解剖し、知覚と感情と動作がどのようにつながっているかまで調べようとしていました。

感情表現にのめりこんだ背景には、ダ・ヴィンチが精神的に不安定だったこともあります。うつ病をわずらっていたこともあり、「東方三博士の礼拝」や「荒野の聖ヒエロニムス」といった作品を完成させられなかったのは、うつ症状が影響した可能性があると、アイザックソンは指摘します。

兵器開発者ではなく、余興プロデューサーとして活躍

30歳になったダ・ヴィンチは、フィレンツェを去り、ミラノに向かいます。リラという楽器

の奏者でもあったダ・ヴィンチは、〝外交上の贈り物〟として現地に派遣されました。当時のミラノの支配者だったルドヴィーコ・スフォルツァは欲しいものにおしげもなく金を使う人物で、ダ・ヴィンチは自身を兵器の専門家として売り込みます。はしごを使って城壁を登ってこようとする敵を振り落とす仕掛け、大鎌を車輪に装備した戦車、巨大な石弓などさまざまなアイデアを持っていましたが、本人に軍事経験がなかったこともあり、実際にはほとんどが採用には至りませんでした。

結局、ミラノで17年間を過ごしたダ・ヴィンチは、兵器開発者ではなく、余興のプロデューサーとして活躍します。ミラノの宮廷では来賓客をもてなす大がかりなショーが盛んで、そのための舞台設計、衣装、舞台装置、自動機械や小道具の製作などが必要でした。ダ・ヴィンチは、可動式の回転舞台や俳優がまるで飛んでいるかのように空中を浮遊する装置などを開発し、芸術と科学の両方のスキルを存分に発揮しました。

こうした経験を生かして、ダ・ヴィンチが打ち込んだのが、飛行装置の研究です。「1490年頃から20年以上にわたり、珍しく地道かつ持続的に、鳥の飛翔と人間のための飛行装置の研究に打ち込んだ。このテーマについて500点以上のスケッチと、10冊以上のノートのあちこちに合計3万5000ワードの文章を綴っている」とアイザックソンは述べています。

ダ・ヴィンチの強い情熱にもかかわらず、飛行装置は結局、実現しませんでした。それでも熱心な研究はさまざまな成果を生んでいました。「移動する空気が静止した物体に及ぼす作用は、動いている物体が静止した空気に及ぼす作用と同じである」というメモを残しており、

「ガリレオの相対性原理の前触れと言えるような洞察をしている」とアイザックソンは評価しています。さらにダ・ヴィンチは、飛行機の翼において揚力が発生するのは、翼の上を流れる空気が下を流れる空気より速く流れるからだという「ベルヌーイの定理」を暗示するような発見もしていたそうです。

ゲイツもダ・ヴィンチに強い関心を持っています。1994年に、現存するダ・ヴィンチの32冊のノートの中の1冊である『レスター手稿』を約3000万ドル（約42億円）で購入したほどです。

「レオナルドに魅了された私は、アイザックソンの新しいレオナルド・ダ・ヴィンチの伝記を読みたくてたまらなかった。私が過去に読んだほかのすべてのレオナルドの本よりも、この本は彼がどれほど特別であったかを理解するのに役立つ」。こうゲイツはアイザックソンが書いた伝記を高く評価しています。

ダ・ヴィンチの天才性が、彼の残した作品の細部にいかに宿っているかがこの本を読めば分かるからです。「何よりも際立つレオナルドの特性は、驚異的な好奇心だ。彼が何かを理解したいと思ったとき、それが心臓を通る血液の流れであろうと、キツツキの舌の形であろうと、彼はそれを注意深く観察し、考えを書き留めてから、すべてを理解しようとしていた」。

病的なまでに強い好奇心を持ち、関心を持った対象を徹底的に観察し、その構造と仕組みを研究して、芸術作品で表現したり、機械的に再現しようとしたりしたダ・ヴィンチ。芸術と科学をつないだ希有な才能は、ジョブズだけでなく、ゲイツもとりこにしています。

PART 09

小説・ノンフィクション

どん底でも希望を捨てない生き方

絶望的な状況で、人生を楽しむ方法

絶望的な状況でも、人生を楽しむ方法はあるのか——。『モスクワの伯爵』はコロナ禍のような逆境下で、人間がどう生きたらいいのかを考えるためのヒントに満ちた不思議な小説です。ゲイツが2019年と2020年の2年連続でこの本を「この夏おすすめの5冊」に推薦したのは、コロナ禍に直面して改めて読むべきだと感じたからでしょう。

物語は1922年のモスクワで始まります。1917年にロシア革命が起き、2月革命、10月革命を経てソビエト連邦が成立。ロシア帝国で最後の皇帝となったニコライ二世一家は幼い子どもたちを含めてボリシェビキの銃弾により命を絶たれました。多くの貴族たちも人民の敵として、国外追放されたり、銃殺されたりした時代でした。

モスクワの伯爵
エイモア・トールズ
早川書房

主人公はロシアの名門貴族のアレクサンドル・イリイチ・ロストフ伯爵という人物です。革命により、ロストフ伯爵も、先祖代々所有してきた邸宅や領地を奪われることになります。革命委員会による裁判で銃殺こそ免れたものの、革命が勃発してから4年間住んでいた高級ホテル「メトロポール」の豪華なスイートルームから追い出され、一生外出を禁じられて、同じホテル内の屋根裏部屋で暮らし始めます。

このような物語の設定からは、ソ連時代の収容所で耐え忍ぶ日々を描くアレクサンドル・ソルジェニーツィンの『収容所群島』のような陰惨な話をイメージするかもしれませんが、全く違います。

不遇な環境でも、ウイットとユーモアに富んだロストフ伯爵は颯爽としています。「自らの境遇の主人公とならなければ、その人間は一生境遇の奴隷となる」というモットーに背くことなく、貴族としてまた紳士として前向きに生きていきます。

読み進めていくと、ロストフ伯爵の人柄にどんどん魅了されていきます。貴族なら見下してしまいそうなホテルの従業員や、レストランで出会った9歳の少女に対しても、決して偉ぶることなく、敬意をもって近しく接します。その結果、心を通わせられて、お互いに分かり合える関係を築いていきます。

優れた人間観察力、文学や食に関する深い知識・教養を持ちつつも、それをひけらかさない態度。真の紳士といえる颯爽としたたたずまいで、明るくふるまう姿は印象的です。「叡智のもっとも確かな印は、常に朗らかであること」という言葉が伯爵の人柄をよく表しています。

30代～60代にかけての32年間をホテルから一歩も外に出られずに過ごすことになったロストフ伯爵ですが、多くの人と出会って友情を温め、自分の娘のように愛情を注げる少女に出会い、一生続く友情と愛情を注げる女性にも巡り合います。

もちろん実際にはロシア革命以降のソ連で、ロストフ伯爵のように優雅に生きられた貴族はほとんどいませんでした。英国の歴史家、サイモン・セバーグ・モンテフィオーリの『スターリン――赤い皇帝と廷臣たち』に詳しいのですが、スターリン時代のソ連は「チェーカー」とその後継に当たる「ＮＫＶＤ」といった秘密警察が暗躍。ニコライ・エジョフやラヴレンチー・ベリヤといった非情な長官の指揮の下、驚くほどの残虐性で「反革命分子」を摘発・拷問し、「グラーグ」と呼ばれる強制収容所に送るだけでなく、容赦ない処刑を繰り返していました。血塗られたソ連の史実に照らせば、モスクワの伯爵はあくまでフィクションとして読むべきものでしょう。

それでもこの不思議な小説は、逆境下でどう生きるべきかを考えさせてくれる良書です。新型コロナの影響が長期化し、外食や旅行・交通関連の企業は、かつてないような逆境に直面しました。コロナ禍に限らず、人生では自分の力ではどうしようもない立場におかれてしまうことがあります。そんなときに、将来を悲観したり、自暴自棄になったりする人は少なくありません。「運命に身をゆだねるしかない」と思考停止に陥る人もいることでしょう。

絶望的なときにこそ、「自らの境遇の主人公となるにはどうすればいいのか」をロストフ伯爵のように前向きに考えたいものです。

避けられない死とどう向き合うか

自分の祖父母や親、親せき、友人をがんで亡くした人は少なくないでしょう。それでも死に至る可能性が極めて高いこの病との闘病生活は、自分自身が直面しないとなかなか実感がわかないものです。

ある日、末期がんと診断されたら自分はどうなるのか。死が着実に迫ってくる絶望的な状況の中で、何を希望に生きたらいいのか、家族や友人とどう接したらいいのか――。

『いま、希望を語ろう　末期がんの若き医師が家族と見つけた「生きる意味」』はあらゆる人が考えておくべき、がんとの向き合い方を、リアリティーある形で克明につづっています。読んでいると本人や家族や友人がどんな気持ちになるのかが痛いほど伝わってきます。

「とても感動した。私は涙もろい人間ではないが、涙をこらえきれなかった。これは私がこれまで読んだ中で最高のノンフィクションの物語だ」。ゲイツはこの本をこのように絶賛しています。

著者はポール・カラニシ。1977年生まれの脳外科医です。インド系で父親から親戚まで医師が多い家系に育ったカラニシですが、当初はあえて別の道を歩むつもりでした。幼少期から読書好きで、とりわけ文学に関心を持っていたからです。

カラニシは、米スタンフォード大学で英文学の学士号と修士号、英ケンブリッジ大学で、科

いま、希望を語ろう
末期がんの若き医師が
家族と見つけた
「生きる意味」
ポール・カラニシ
早川書房

学と医学の歴史・哲学の修士号を取得。次第に医学への関心を高めて、イエール大学メディカル・スクールに進学し、将来の妻とも出会います。その後、カラニシはスタンフォード大学に戻り、脳神経外科医を務めながら、脳科学の研究に打ち込んできました。

米国の脳神経外科医学会で最高賞を受賞するようなピカピカのエリート医師が、36歳で突然直面したのが末期がんです。肺が無数の腫瘍に覆われ、脊椎が変形、肝臓にもがんが転移していました。体重が激減し、ひっきりなしに咳が出るようになります。

医師として、患者の生死に日々向き合ってきたカラニシは「死と能動的にかかわり、……死と闘う訓練を受け、そうする中で人生の意味に向き合ってきた」といいます。このため、死とは何か。患者や家族がどのような気持ちになるのか。どのように勇気づければいいのかなどについては、一般の人と比べて格段に豊富な経験がありました。

そんなカラニシでさえ、がんが多くの臓器に転移し、死が確実に近づいている現実に直面すると、平静ではいられなくなり、妻との別れを覚悟して、心が激しく揺さぶられます。仕事ではおなじみだった死の訪れが自分自身にふりかかったとたん、医師ではなく、1人の人間に戻ってしまうのです。

冷静でとびぬけて優秀な外科医だったカラニシが、自分自身の末期がんに動揺している様子は痛々しいものです。「これまでの人生を再生しようと、あるいは、新しい人生を見つけようと、自分自身の死と向き合いながらもがいていた」といいます。

しかし絶望的な状況の中で、カラニシは前向きに人生を生きようと決意しました。自転車に乗ることができるようになろう、ランニングできるようになろうと目標を定めます。リハビリのために反復運動の回数と負荷トレーニングの時間を増やし、嘔吐するくらい自分を追い込んでいきます。

壮絶な闘病生活を続けながらも、がんの症状は安定して一定の体力も回復し、カラニシは仕事に復帰します。がんと診断されてから半年近くが過ぎて、外科医として再び手術ができるまでに回復したのです。外科医は1㎜に満たない血管を傷つけることなく扱う繊細なテクニックとスピードが求められるので並大抵のことではありません。

驚くのは、闘病を続ける中で、カラニシは妻のルーシーと話し合い、子どもをつくろうと決めたことです。自分が死んだ後に、夫も子どももなく、妻がひとりぼっちになるのが耐えられないと考えました。それでも、子どもを持つべきかどうかの決断は、もちろん妻や両方の家族の賛同が欠かせません。カラニシのがんが進行すれば、妻は彼と子どもの両方の面倒を見るという大変な状況に追い込まれるからです。

自分にとって一番大切なものは何か

自分だったら、このような死と向き合う場面でどう行動するのか。正直想像もつきませんが、カラニシの妻は、「体外受精」という手段を使って、子どもを持つことに同意します。

こうして、2人に最愛の娘のケイディが誕生します。もちろんカラニシは、娘が成長するまで生き続けられません。そんな娘に対する思いをカラニシがつづった言葉は読む人の心を打ちます。

「娘が私についてなんらかの記憶を持つまで、生きられればいいと思う。言葉は私と違って長生きする。娘に手紙をいくつか残すことも考えた。でもいったい何を書けばいいのだろう？」

「これからお前の人生で、自分について説明したり、自分がそれまでどんな人間だったのか、何をして生きてきたのか、世界に対してどんな意味を持ってきたのかを記した記録をつくったりしなければならない機会が何度もあるはずだ。そんなときにどうか、死にゆく男の日々を喜びで満たしたという事実を差し引かないでほしい。……やすらかで、満ち足りた喜びだ。今、まさにこの瞬間、これ以上のものはない」

担当医がカラニシにこう語りかけるシーンも印象的です。「自分にとって一番大切なものは何か、考えなければなりません」。当たり前のように聞こえますが、実は大変重い問いかけです。避けられない死を覚悟したときに、残された時間をどう生きるべきかを考える助けになる貴重な一冊です。

おわりに

「書物の新しいページを1ページ、1ページ読むごとに、私はより豊かに、より強く、より高くなっていく」。19世紀に活躍したロシアの劇作家で小説家のアントン・チェーホフはこんな格言を残しています。この言葉の通り、マスク、ベゾス、ゲイツは、多くの書籍を読みあさって得た膨大な知識を人生や仕事に役立てています。

新たに得た知識は、すでに人間の脳に保存されている多くの情報とつながり、「ひらめき」を生む力になります。ゲイツが推薦する書籍『睡眠こそ最強の解決策である』によると、脳は人間が深く眠っている間に、情報を整理し、記憶をしっかり刻み込んでいるそうです。

ひらめきとは「すばらしい考えなどが瞬間的に思い浮かぶこと」と、小学館のデジタル大辞泉で説明されています。読書を通じて知識の量や幅が広がれば、「今知った知識を、以前から答えを探していた別の分野で活用できそうだ」といったインスピレーションが生まれ、イノベーションが生まれる可能性も高まります。

人間は、ある情報を受け取ったときに、面白い、なるほど、すごい、といったふうに感じると脳の内部で「発火」と呼ばれる現象が活発に起きるそうです。脳は約860億個の神経細胞（ニューロン）で構成された巨大なネットワークになっており、興奮して細胞内部の電位がしきい値を超えると、ある神経細胞から別の神経細胞に情報が伝達されるそうです。これを発火と呼びます。つまり新しい発見や驚きが多い本を読むと、脳内で発火が頻繁に起きるといえるでしょう。

「本のない部屋は魂のない身体のようなものだ」

古来より、人間は読書を通じて多くの知識を得てきました。「本のない部屋は魂のない身体のようなものだ」と古代ローマの政治家、キケロは語っています。膨大な情報を文字として書物に記録できるようになったことは、文明の発展に大きく貢献しました。ローマ帝国が滅んで文明が衰退した中世でも、古代から受け継がれた人類の叡智はキリスト教の修道院などで守られてきました。ウンベルト・エーコの小説『薔薇の名前』には、中世の修道士たちが写本を製作するスクリプトリウム（写字室）の様子が描かれており、「知の宝庫」として書物が大事にされていたことがうかがえます。

12～13世紀になるとヨーロッパ各地に大学ができて教授や学生たちの間に読書が広がります。ギリシャ、ローマ時代の文化を再発見することによりルネサンスが起き、芸術や科学が発展しました。さらに15世紀になると、ヨハネス・グーテンベルクがもたらした活版印刷の技術により、大量の本が出回るようになります。

本の数が爆発的に増えたことは、ヨーロッパにおける科学技術の発展を後押ししました。インターネット時代の「情報爆発」にも匹敵するような現象が起きたといえるでしょう。学者が最新の研究内容をまとめて本として出版すると、それを多くの人がすぐに入手できるようになりました。大量印刷で安価になった本が簡単に手に入るようになり、「知の共有」が加速度的に進みます。古典から最新の研究成果まで多数の本が読めるようになって「ひらめいた」と叫ぶ人が続出するような時代が到来しました。

この結果、16~19世紀にかけて科学技術の発展が加速したヨーロッパは、中東やアジア、アフリカなど他の地域を圧倒する力を持つようになります。その原動力の1つが、知識が蓄積された大量の本の普及でした。

20世紀まで人間が知識を得る一番の手段は書物を読むことでした。しかし21世紀になってインターネットが普及すると、膨大な情報を誰もが手軽に得られる時代がやってきます。

スマートフォンやパソコンで検索すれば簡単に情報が得られる時代に、本を読む意味なんてあるの？　若い世代を中心にそんな声も多くなっています。ネットを検索して見つかる情報だけで何でも理解できると考える人も少なくありません。

それでも物事の本質に迫る深い情報を得るのはやはり本が一番だと私は思います。断片的だったり、根拠があいまいだったりするネット情報と比べると、専門的な研究を踏まえた本には裏付けがあり、多くの気づきを得られます。不確かな情報が氾濫している時代だからこそ、良い本の価値は高まっていると私は思います。

紙の書籍が再び人気になる理由

最近の本には紙と電子書籍の2つのバージョンがあります。デジタル化が進む時代ですが、この本で取り上げる100冊を読むために、私は紙の書籍を買うことにしました。ポストイットをページに貼ったり、メモを書き込んだりできるという紙の書籍ならではのメリットが大きいからです。デジタル革命の旗手だったゲイツも、「余白にメモを取ることができるので書籍はやはり紙がいい」と述べており、年間50冊以上の本を紙で読んでいるそうです。

米国では電子書籍が伸び悩む一方、紙の書籍は好調が続いています。出版業界の情報誌であるパブリッシャーズ・ウィークリーによると、2021年の米国における紙の書籍販売は前年比9%増の約8億2600万部と過去最高の水準に達しました。2007〜2008年の金融危機後にいったん落ち込んだものの、2013年以降はほぼ一貫して右肩上がりの成長を続けています。

デジタル化で世界の最先端を走る米国で、紙の書籍が再び人気になっているという事実は示唆に富んでいます。日本でもマンガの電子書籍は伸びているものの、ほかの一般的な書籍は紙のフォーマットを選ぶ人が圧倒的に多いのが現実です。もちろん携帯性に優れる電子書籍は、旅行や出張、通勤などの場面で便利ですが、現時点では紙の書籍を補完するような存在にとどまっています。

私は子どもの頃から図書館と書店が大好きでした。とりわけ書店は、思いがけない本との出会いがある素敵な場所です。今でも毎週書店に足を運び、さまざまな新刊や書店員さんのお薦めの本を探すのを楽しみにしています。マスク、ベゾス、ゲイツも子どもの頃に足しげく通った図書館や書店で数多くの魅力的な本に出会い、読書を人生の習慣にしてきました。

学ぶことをやめるまで、本当に年を取り始めることはない

たくさんの本を読むことは、学び続けることを意味します。「学ぶことをやめるまで、本当に年を取り始めることはない。すべての本は私に何か新しいことを教えてくれたり、物事の見方を変えたりするのに役立つ。読書は世界への好奇心を刺激し、それが私のキャリアや仕事を前進させる力になった」。ゲイツはこう述べています。

デジタルの変革をリードしてきた世界的な天才たちがどれだけ読書を愛しているのかが、本書を通じて伝われば幸いです。そしてネットに膨大な情報が氾濫する時代でも、素晴らしい本から得られる知識が輝きを失うことはないことも、改めて強調したいと思います。

マスク、ベゾス、ゲイツが読んだ100冊の多くは、歴史を踏まえて現在を理解したり、未来を予想したりするのに役立つ「本物の教養」になり得るものです。仕事に使える経営論から、逆境に直面したときに役立つ生き方の教科書になる本まで揃っています。読者のみなさまが本書を読んで興味を持たれたタイトルがあれば、ぜひ手に取っていただければ幸いです。

最後に本書の構成や内容について、さまざまな有益なアドバイスをくださった日経ビジネス副編集長の小野田鶴さんと、出版を後押ししてくださった同クロスメディア編集長の竹居智久さんにお礼申

し上げます。また日経ＢＰ執行役員の伊藤暢人さんと同経営メディアユニット長の北方雅人さんには、私が日々の業務と並行して書籍を執筆することについてご理解とご支援をいただいたことに心より感謝申し上げます。

２０２２年11月　山崎良兵

参考文献

アシュリー・バンス『イーロン・マスク　未来を創る男』講談社

ヘイミッシュ・マッケンジー『ＩＮＳＡＮＥ ＭＯＤＥ インセイン・モード イーロン・マスクが起こした１００年に一度のゲームチェンジ』ハーパーコリンズ・ジャパン

トーマス・ラッポルト『ピーター・ティール 世界を手にした「反逆の起業家」の野望』飛鳥新社

ブラッド・ストーン『ジェフ・ベゾス 果てなき野望』日経ＢＰ

ブラッド・ストーン『ジェフ・ベゾス 発明と急成長をくりかえすアマゾンをいかに生み育てたのか』日経ＢＰ

ジェフ・ベゾス、ウォルター・アイザックソン『Invent & Wander――ジェフ・ベゾス Collected Writings』ダイヤモンド社

スティーブ&カレン・アンダーソン　『ベゾス・レター：アマゾンに学ぶ14ヵ条の成長原則』すばる舎
ビル・ゲイツ『地球の未来のため僕が決断したこと』早川書房
ジェームズ・ウォレス、ジム・エリクソン　『ビル・ゲイツ――巨大ソフトウェア帝国を築いた男』翔泳社
サイモン・セバーグ・モンテフィオーリ　『スターリン――青春と革命の時代』白水社
J・G・A・ポーコック　『野蛮と宗教Ⅰ――エドワード・ギボンの啓蒙』　名古屋大学出版会
アダム・スミス　『道徳感情論』講談社
カール・マルクス、フリードリヒ・エンゲルス　『マルクス・エンゲルス 共産党宣言』岩波書店
斎藤 幸平　『人新世の「資本論」』集英社
斎藤 幸平　『カール・マルクス「資本論」2021年12月（NHK100分de名著）ムック』　NHK出版
ダニエル・カーネマン　『ファスト&スロー あなたの意思はどのように決まるか？（上・下）』　早川書房
ダン・アリエリー　『予想どおりに不合理：行動経済学が明かす「あなたがそれを選ぶわけ」』　早川書房
マット・リドレー　『人類とイノベーション：世界は「自由」と「失敗」で進化する』
NewsPicksパブリッシング

アイン・ランド『われら生きるもの』ビジネス社
ロバート・A・ハインライン『宇宙の戦士』早川書房
ウィル・デューラント『西洋哲学物語（上・下）』講談社
マイケル・I・ハンデル『孫子とクラウゼヴィッツ：米陸軍戦略大学校テキスト』日本経済新聞出版
ジム・コリンズ、ビル・ラジアー『ビジョナリー・カンパニーZERO ゼロから事業を生み出し、偉大で永続的な企業になる』日経BP
エリヤフ・ゴールドラット『ザ・チョイス――複雑さに惑わされるな！』ダイヤモンド社
ニール・スティーヴンスン『スノウ・クラッシュ（上・下）』早川書房
ニール・スティーヴンスン『クリプトノミコン（1～4）』早川書房
スティーブン・ピンカー『暴力の人類史（上・下）』青土社
トーマス・フリードマン『フラット化する世界 経済の大転換と人間の未来（上・下）』日本経済新聞出版

「マスク、ベゾス、ゲイツが選ぶ100冊」リスト

※著者名の日本語表記は出版社によって異なる場合があり、原則として出版社の表記に合わせた
※出版社名は出版時点の社名
※「＊」：マスクとベゾスが共通して選ぶ本

マスクが選ぶ本

	書籍名	著者	出版社	ジャンル
1	ゼロ・トゥ・ワン 君はゼロから何を生み出せるか	ピーター・ティール	NHK出版	イノベーション
2	[新訳]ローマ帝国衰亡史	エドワード・ギボン	PHP研究所	歴史
3	誰が文明を創ったか——ブッダからシェークスピアまで	ウィル・デューラント	PHP研究所	歴史
4	歴史の大局を見渡す——人類の遺産の創造とその記録	ウィル・デュラント、アリエル・デュラント	パンローリング	歴史
5	アインシュタイン その生涯と宇宙（上・下）	ウォルター・アイザックソン	武田ランダムハウスジャパン	歴史上の人物
6	スティーブ・ジョブズ（I・II）	ウォルター・アイザックソン	講談社	歴史上の人物
7	スターリン——赤い皇帝と廷臣たち（上・下）	サイモン・セバーグ・モンテフィオーリ	白水社	歴史上の人物
8	エカチェリーナ大帝：ある女の肖像（上・下）	ロバート・K・マッシー	白水社	歴史上の人物
9	ファウンデーション——銀河帝国興亡史〈1～3〉	アイザック・アシモフ	早川書房	SF
10	デューン 砂の惑星〔新訳版〕（上・中・下） ＊	フランク・ハーバート	早川書房	SF
11	異星の客	R・A・ハインライン	東京創元社	SF
12	月は無慈悲な夜の女王	ロバート・A・ハインライン	早川書房	SF
13	銀河ヒッチハイク・ガイド シリーズ（全5巻）	ダグラス・アダムス	河出書房新社	SF
14	肩をすくめるアトラス（第一部、第二部、第三部）	アイン・ランド	アトランティス	SF

	書籍名	著者	出版社	ジャンル
15	ゲーム・プレイヤー ＊	イアン・M・バンクス	角川書店	SF
16	ステンレス・スチール・ラット	ハリイ・ハリスン	サンリオ	SF
17	デーモン（上・下）	ダニエル・スアレース	講談社	SF
18	機械が止まる（E・M・フォースター著作集 5 天国行きの乗合馬車 短篇集〈1〉に収録）	E・M・フォースター	みすず書房	SF
19	指輪物語（全10巻）	J・R・R・トールキン	評論社	ファンタジー
20	七王国の玉座（氷と炎の歌1）（上・下）	ジョージ・R・R・マーティン	早川書房	ファンタジー
21	王狼たちの戦旗 （氷と炎の歌2）（上・下）	ジョージ・R・R・マーティン	早川書房	ファンタジー
22	竜との舞踏（氷と炎の歌5）（上・中・下）	ジョージ・R・R・マーティン	早川書房	ファンタジー
23	この宇宙の片隅に——宇宙の始まりから生命の意味を考える50章	ショーン・キャロル	青土社	科学
24	広い宇宙に地球人しか見当たらない75の理由——フェルミのパラドックス	スティーヴン・ウェッブ	青土社	科学
25	点火！——液体燃料ロケット推進剤の開発秘話	ジョン・D・クラーク	プレアデス出版	科学
26	世界を騙しつづける科学者たち（上・下）	ナオミ・オレスケス、エリック・M・コンウェイ	楽工社	科学
27	構造の世界——なぜ物体は崩れ落ちないでいられるか	ジェイムス・エドワード・ゴードン	丸善出版	科学
28	LIFE3.0——人工知能時代に人間であるということ	マックス・テグマーク	紀伊國屋書店	AI
29	スーパーインテリジェンス 超絶AIと人類の命運	ニック・ボストロム	日本経済新聞出版	AI
30	人工知能 人類最悪にして最後の発明	ジェイムズ・バラット	ダイヤモンド社	AI
31	深層学習	Ian Goodfellow, Yoshua Bengio他	KADOKAWA	AI
32	国富論（上・下）	アダム・スミス	講談社	経済学
32	国富論 国の豊かさの本質と原因についての研究（上・下）	アダム・スミス	日本経済新聞出版	経済学

「マスク、ベゾス、ゲイツが選ぶ100冊」リスト

	書籍名	著者	出版社	ジャンル
	マスクが選ぶ本			
33	資本論（全9巻）	カール・マルクス、フリードリヒ・エンゲルス	岩波書店	経済学
34	縮訳版 戦争論	カール・フォン・クラウゼヴィッツ	日本経済新聞出版	戦争
35	孫子：現代語訳	杉之尾 宜生	日本経済新聞出版	戦争
35	ひと目で分かる 孫子の兵法	ジェシカ・ヘギー	ディスカヴァー・トゥエンティワン	戦争
36	72歳、今日が人生最高の日	メイ・マスク	集英社	生き方
37	さよならを待つふたりのために	ジョン・グリーン	岩波書店	生き方
38	ゴドーを待ちながら	サミュエル・ベケット	白水社	生き方
	ベゾスが選ぶ本			
39	ビジョナリー・カンパニー 時代を超える生存の原則	ジム・コリンズ	日経ＢＰ	経営
40	ビジョナリー・カンパニー2 飛躍の法則	ジム・コリンズ	日経ＢＰ	経営
41	イノベーションのジレンマ	クレイトン・クリステンセン	翔泳社	経営
42	イノベーションへの解 利益ある成長に向けて	クレイトン・クリステンセン	翔泳社	経営
43	ザ・ゴール——企業の究極の目的とは何か	エリヤフ・ゴールドラット	ダイヤモンド社	経営
44	リーン・シンキング	ジェームズ・P・ウォーマック、ダニエル・T・ジョーンズ	日経ＢＰ	経営
45	小さなチーム、大きな仕事——働き方の新スタンダード	ジェイソン・フリード、デイヴィッド・ハイネマイヤー・ハンソン	早川書房	経営
46	ブラック・スワン 不確実性とリスクの本質（上・下）	ナシーム・ニコラス・タレブ	ダイヤモンド社	リスクマネジメント
47	人月の神話	フレデリック・P・ブルックスＪｒ．	丸善出版	リスクマネジメント
48	データ・ドリブン・マーケティング 最低限知っておくべき15の指標	マーク・ジェフリー	ダイヤモンド社	データ解析
49	盲目の時計職人 自然淘汰は偶然か？	リチャード・ドーキンス	早川書房	進化論

		書籍名	著者	出版社	ジャンル
ベゾスが選ぶ本	50	ドラッカー名著集1 経営者の条件	P・F・ドラッカー	ダイヤモンド社	リーダー論
	51	私のウォルマート商法 すべて小さく考えよ	サム・ウォルトン	講談社	リーダー論
	52	ダイヤモンド・エイジ(上・下)	ニール・スティーヴンスン	早川書房	SF
	53	日の名残り	カズオ・イシグロ	早川書房	小説
ゲイツが選ぶ本	54	RANGE(レンジ) 知識の「幅」が最強の武器になる	デイビッド・エプスタイン	日経BP	経営
	55	FACTFULNESS(ファクトフルネス) 10の思い込みを乗り越え、データを基に世界を正しく見る習慣	ハンス・ロスリング、オーラ・ロスリング	日経BP	経営
	56	人と企業はどこで間違えるのか ――成功と失敗の本質を探る「10の物語」	ジョン・ブルックス	ダイヤモンド社	経営
	57	SHOE DOG(シュードッグ)	フィル・ナイト	東洋経済新報社	経営
	58	ディズニーCEOが実践する10の原則	ロバート・アイガー	早川書房	経営
	59	コンテナ物語 世界を変えたのは「箱」の発明だった	マルク・レビンソン	日経BP	経営
	60	Measure What Matters 伝説のベンチャー投資家がGoogleに教えた成功手法 OKR	ジョン・ドーア、ラリー・ペイジ(序文)	日本経済新聞出版	経営
	61	絶望を希望に変える経済学 社会の重大問題をどう解決するか	アビジット・V・バナジー、エステル・デュフロ	日本経済新聞出版	経済学
	62	貧乏人の経済学 ――もういちど貧困問題を根っこから考える	アビジット・V・バナジー、エステル・デュフロ	みすず書房	経済学
	63	21世紀の資本	トマ・ピケティ	みすず書房	経済学
	64	大脱出――健康、お金、格差の起原	アンガス・ディートン	みすず書房	経済学
	65	超ヤバい経済学	スティーヴン・D・レヴィット、スティーヴン・J・ダブナー	東洋経済新報社	経済学

ゲイツが選ぶ本

	書籍名	著者	出版社	ジャンル
66	ヤバい経済学	スティーヴン・D・レヴィット、スティーヴン・J・ダブナー	東洋経済新報社	経済学
67	楽観主義者の未来予測（上・下）	ピーター・H・ディアマンディス、スティーヴン・コトラー	早川書房	未来予測
68	シグナル&ノイズ 天才データアナリストの「予測学」	ネイト・シルバー	日経BP	予測学
69	データを正しく見るための数学的思考 数学の言葉で世界を見る	ジョーダン・エレンバーグ	日経BP	データ解析
70	ドーキンス博士が教える「世界の秘密」	リチャード・ドーキンス	早川書房	科学
71	人類を変えた素晴らしき10の材料：その内なる宇宙を探険する	マーク・ミーオドヴニク	インターシフト	科学
72	生命、エネルギー、進化	ニック・レーン	みすず書房	科学
73	これが物理学だ！ マサチューセッツ工科大学「感動」講義	ウォルター・ルーウィン	文藝春秋	科学
74	ホワット・イフ？：野球のボールを光速で投げたらどうなるか	ランドール・マンロー	早川書房	科学
75	探求――エネルギーの世紀（上・下）	ダニエル・ヤーギン	日本経済新聞出版	科学
76	無人の兵団――AI、ロボット、自律型兵器と未来の戦争	ポール・シャーレ	早川書房	科学
77	頭を「からっぽ」にするレッスン 10分間瞑想でマインドフルに生きる	アンディ・プディコム	辰巳出版	自己啓発
78	ごく平凡な記憶力の私が1年で全米記憶力チャンピオンになれた理由	ジョシュア・フォア	エクスナレッジ	自己啓発
79	マインドセット「やればできる！」の研究	キャロル・S・ドゥエック	草思社	自己啓発
80	睡眠こそ最強の解決策である	マシュー・ウォーカー	SBクリエイティブ	自己啓発
81	あなたの人生の意味――先人に学ぶ「惜しまれる生き方」	デイヴィッド・ブルックス	早川書房	自己啓発

ゲイツが選ぶ本

	書籍名	著者	出版社	ジャンル
82	ビッグヒストリー われわれはどこから来て、どこへ行くのか——宇宙開闢から１３８億年の「人間」史	デヴィッド・クリスチャン、シンシア・ストークス・ブラウン他	明石書店	歴史
83	オリジン・ストーリー １３８億年全史	デイヴィッド・クリスチャン	筑摩書房	歴史
84	サピエンス全史 文明の構造と人類の幸福（上・下）	ユヴァル・ノア・ハラリ	河出書房新社	歴史
85	ホモ・デウス：テクノロジーとサピエンスの未来（上・下）	ユヴァル・ノア・ハラリ	河出書房新社	歴史
86	21 Lessons：21世紀の人類のための21の思考	ユヴァル・ノア・ハラリ	河出書房新社	歴史
87	危機と人類（上・下）	ジャレド・ダイアモンド	日本経済新聞出版	歴史
88	銃・病原菌・鉄（上・下）１万３０００年にわたる人類史の謎	ジャレド・ダイアモンド	草思社	歴史
89	昨日までの世界 文明の源流と人類の未来（上・下）	ジャレド・ダイアモンド	日本経済新聞出版	歴史
90	繁栄——明日を切り拓くための人類10万年史	マット・リドレー	早川書房	歴史
91	遺伝子―親密なる人類史（上・下）	シッダールタ・ムカジー	早川書房	歴史
92	国家はなぜ衰退するのか（上・下）	ダロン・アセモグル、ジェイムズ・A・ロビンソン	早川書房	国家論
93	かつての超大国アメリカ——どこで間違えたのか どうすれば復活できるのか	トーマス・フリードマン、マイケル・マンデルバウム	日本経済新聞出版	国家論
94	21世紀の啓蒙：理性、科学、ヒューマニズム、進歩（上・下）	スティーブン・ピンカー	草思社	思想
95	現代中国の父 鄧小平（上・下）	エズラ・F・ヴォーゲル	日本経済新聞出版	人物
96	バーナンキは正しかったか？ ＦＲＢの真相	デイビッド・ウェッセル	朝日新聞出版	人物
97	ガイトナー回顧録——金融危機の真相	ティモシー・F・ガイトナー	日本経済新聞出版	人物
98	レオナルド・ダ・ヴィンチ（上・下）	ウォルター・アイザックソン	文藝春秋	人物
99	モスクワの伯爵	エイモア・トールズ	早川書房	小説
100	いま、希望を語ろう 末期がんの若き医師が家族と見つけた「生きる意味」	ポール・カラニシ	早川書房	ノンフィクション

山崎良兵（やまざき・りょうへい）

上智大学文学部卒、ニューヨーク大学大学院修了。1996年、日経BP入社。日経ビジネス編集部、ニューヨーク支局、日本経済新聞編集局証券部、日経ビジネス副編集長、クロスメディア編集部長、日経ビジネス電子版編集長を経て、2022年4月から経営メディアユニット長補佐。日経ビジネスの記者として自動車やIT、小売りなどの分野を担当。テスラCEOのイーロン・マスク氏、アマゾン創業者のジェフ・ベゾス氏、マイクロソフト創業者のビル・ゲイツ氏を個別にインタビューし、それぞれの特集記事も執筆した。

天才読書

世界一の富を築いた
マスク、ベゾス、ゲイツが選ぶ100冊

2022年12月12日　初版第1刷発行
2023年2月20日　初版第4刷発行

著者	山崎 良兵
発行者	北方 雅人
発行	株式会社 日経BP
発売	株式会社 日経BPマーケティング
	〒105-8308
	東京都港区虎ノ門4-3-12
ブックデザイン	小口翔平+畑中茜（tobufune）
校閲	西村創（円水社）
編集	小野田鶴
制作	クニメディア
印刷・製本	図書印刷

ISBN 978-4-296-10957-9